本书系贵州财经大学引进人才科研启动项目"中国对外直接投资的特殊性与母国增长效应研究"（2018YJ66）阶段性成果，得到了云南大学发展研究院杨先明教授与郭树华教授的指导与宝贵意见。

基于中国对外直接投资特殊性的母国增长效应研究

JIYU ZHONGGUO DUIWAI ZHIJIE TOUZI
TESHUXING DE MUGUO ZENGZHANG XIAOYING YANJIU

蒙昱竹 著

人民出版社

目　　录

前　言

　　增长是经济学研究的核心问题之一。2008 年全球金融危机与欧洲债务危机以来,世界经济进入了后危机时代,中国经济也进入了新常态。随着中国经济的发展,新时代中国需要新的增长动力。据经典的经济学理论,劳动力、资本与技术要素是推动经济增长的主要动力,但随着劳动力成本上升、人口红利不再,改革红利丧失,以及世界市场需求不足、全球化红利丧失,传统拉动增长的要素缺乏活力。与此同时,中国对外直接投资迅速发展,表现出了良好发展的态势,成为新时代推动母国增长的重要动力之一。本书旨在回答,"中国对外直接投资的特殊性是否带来母国增长效应的特殊性"问题。一方面基于现有的国际投资理论、开放经济理论、国际贸易理论及经济增长理论,形成了适用于发展中国家中国的对外直接投资母国增长效应研究视角,对生产折中理论与投资增长路径理论予以拓展;另一方面,不仅为中国对外直接投资与对外开放的发展提供了政策依据与参考,也为提升我国国际竞争力,从经济体大国走向经济体强国提供决策参考。

　　本书建立在已有的理论基础上,寻找适用于中国对外直接投资特殊性的母国增长效应理论分析视角。在明晰中国对外直接投资特殊性的问题基础上,采用中国的经验证据,对基于中国对外直接投资特殊性的母国增长效应进行了识别与来源分析,提供了相应的决策参考,这是本书的主要创新点与边际贡献所在。第一,发达国家的对外直接投资能够带来母国增长效应,本书通过梳理相关研究范围,从对外直接投资的母国经济增长效应、对外直接投资的母国就业增长效应、对外直接投资的母国技术增长效应、对外直接投资的母国贸易增长效应、对外直接投资的母国产业增长效应、对外直接投资的母国综合增长效应等方面,阐述了对外直接投资的母国增长效应机理,并研究了现有的理论模型。第二,本书纳入了对外直接投资具有国家异质性的观点,认为欧美、亚洲的日本等发达国家、发展中国家以及发展中国家的中国的对外直接投资特点不一。一般来说,欧美国家和日本的对外直接投资主要流向较之发展水平低的国家,是建立在所有权优势、区位优势和内部化优势基础上的生产折中理论范式。其母国增长效应的发挥满足五阶段的投资增长路径理论,且被划分为了垂直型与水平型对外直接投资;日本的对外直接投资满足边际产业转移理论,实质上也是建立在生产折中理论范式与投资增长路径理论基础上的;不同于发达国家的对外直接投资及增长路径,Lucas 悖论主要出现在发展中国家,在中国较为明显。中国等国家的对外直接投资,在不具备生产折中理论基础上的 OLI 优势前提下,流向了较之发达程度高的发达国家,在投资动机抉择、进入方式抉择与东道国抉择等方面与发达国家都存在较大差距。第三,在Rugman(1981)的生产交易成本国际化理论基础上,本书进一步完善了国家特定优势理论与企业特定优势理论,从企业竞争优势、母国竞争优势与东道国竞争优势等层面研究了企业的对外直接投资行为。建立在发达国家对外直接投资的母国增长效应基础上,本书纳入了对外直接投资的异质性观点与 Rugman的国家特定竞争优势与企业特定竞争优势观点,形成了本书的理论分析视角,适用于基于中国对外直接投资特殊性的母国增长效应研究。

为回答中国对外直接投资的特殊性是否带来母国增长效应的特殊性,首先进行问题识别,通过对中国对外直接投资特殊性的识别与描述性统计研究,阐明中国对外直接投资的特殊性。发现中国对外直接投资具有规模大,趋势良好,采用跨国并购为主与绿地投资为辅的东道国进入方式,主要投向避税天堂与发达国家,偏好东道国制造业、地产金融业与服务业等行业,对外直接投资企业集中于上海、广东、天津、北京、山东等东部发达省份,以国有企业和中小企业为投资主体等七大特点。进一步建立在本书的研究视角下,通过四个实证研究回答中国对外直接投资的特殊性是否带来母国增长效应特殊性的问题。第一,通过机理分析发现,中国对外直接投资的母国经济增长效应不显著,中国母国的经济增长主要由劳动力、资本、技术等传统要素拉动且具有地区差异。对外直接投资的母国增长效应的发挥,在短期内将承受一个沉没成本,无法较好地发挥出促进母国经济增长效应的效果。而我国的对外直接投资又具有自身特殊性,其目标多以资源寻求型、市场寻求型与技术寻求型为主。存在一定的盲目投资与跟风投资问题,投资失败的可能性较大。因此,失败了的对外直接投资的母国增长效应并不明显,而成功了的对外直接投资的母国增长效应还未发挥出来,整体上短期中我国对外直接投资的母国经济增长效应并不显著。第二,通过面板自回归模型研究发现,中国对外直接投资的母国增长效应在短期内需要支付沉没成本,但长期来看,中国对外直接投资能够带来母国经济增长效应的正向影响,主要是受中国特殊性的中央直管地方分权制度影响。中国国有大型企业的对外直接投资通常有国家资金与政策支撑,回报周期长,而中小型企业的对外直接投资"制度套利"的过程也需要一定的周期,因此对外直接投资的母国增长效应在短期需要支付沉没成本,在长期才能显现出正向的影响效果。

第三,进一步寻找"中国对外直接投资特殊性带来的母国增长效应特殊性来源问题"的答案,通过 SFA(随机边界分析方法)发现,较之国家特殊性而言,中国对外直接投资的特殊性的母国技术增长效应特殊性更多的来源于对外直接投资自身特殊性。主要是由于跨国企业无论采取跨国并购还是绿地投资的方式开展对外直接投资,其母国技术增长效应主要是来源于企业自身的特殊性,而中国对外直接投资的特殊性,既包括竞争优势又包括竞争劣势,既由跨国企业自身特殊性决定,又由母国竞争优势与东道国竞争优势决定,因此,在中国对外直接投资特殊性的母国增长效应特殊性来源中,对外直接投资的自身特殊性作用更大。第四,通过 Horse Rise Test(赛马测试)的方法发现,母国特殊性和东道国特殊性都在一定程度上削弱了中国产业对外直接投资的母国产业就业增长效应,一定程度上挤出了中国的母国就业。

进一步,本书对中国无优势的跨国企业、欧美国家、日本、发展中国家的对外直接投资的母国增长效应进行了对比分析,并着重分析了"一带一路"下的国际产能合作与对外直接投资的契合点。重点分析"一带一路"的中国对外直接投资的特殊性基础上的母国增长效应,发现其不同于以往的对外直接投资方式,是互利共赢的模式。与以往的经验不同,"一带一路"的对外直接投资不仅能够带来自身母国增长效应的升级,也能够同时助推东道国与其他周边国家的增长与发展,并不是一种"攫取性"的对外直接投资,而是一种互利共赢的发展模式。并在新时代反腐倡廉的形式下,研究了腐败惩治、腐败距离对对外直接投资的影响进行了研究。

　　本书对适用于基于中国对外直接投资特殊性的母国增长效应分析的研究视角予以了初步探讨,并提供了相应的经验证据,采用理论分析与实证分析相结合的分析方法,对拓展现有的国际投资理论与增长理论做出了一定的边际贡献。提供了建立在生产折范式、投资增长路径理论、异质性对外直接投资理论、国家特定优势理论及企业特性优势理论基础上的一个适用于中国问题的理论分析视角,并在研究视角下提供了相应的经验证据。得出了支持中小型企业发展、发挥国企对外直接投资优势,契合国际产能合作与"开发优先",助推"一带一路"倡议发展,培育企业自身竞争优势、母国竞争优势,充分考虑东道国进入风险等方面的政策内涵。

绪　　论

　　增长是经济学研究的重要问题之一。随着中国对外直接投资规模的扩大，对外直接投资的东道国增长效应逐渐纳入了研究者的视角，近年来，研究者也逐渐开始关注发达国家对外直接投资的母国增长效应，并得出了相应的理论与实证经验。研究发现，中国对外直接投资不同于发达国家，有其自身特点，其母国增长效应也有自身特点，研究者就此得出了一些理论与经验支撑，但仍然缺乏一个统一的研究视角，对中国对外直接投资的母国增长效应予以研究。本书拟探索这样一个研究视角，并建立在此研究视角上提供相应的经验证据。

第一节　研究背景

　　随着 2008 年全球金融危机的爆发及接踵而来的欧债危机，全球经济增长陷入僵局，中国经济增速也开始放缓，2012 年—2015 年中国经济增长速度徘徊在 7% 附近，甚至在 2015 年达到了低谷的 6.9%。世界经济进入后危机时代，中国经济随即进入新常态，寻找世界经济走出危机的新动力势在必行。随着中国经济的发展，中国进入了新时代，对外直接投资成为拉动新时代经济增长的重要动力之一。与此同时，中国作为世界主要的经济体国家之一，有必要寻找中国经济新的增长点。据经典的经济学理论可知，拉动经济增长的主要动力包括劳动力、技术进步与资本，随着世界经济形式的变化，过去许多拉动中国经济增长的动力要素已缺乏活力。

一、时代背景

中国的对外直接投资面对时代发展契机与挑战。首先,随着区域经济一体化与全球化的推进,伴随着世界市场的疲软,世界市场对中国制造的需求市场逐渐萎缩,全球化红利丧失;同时,中国的改革红利与人口红利也伴随着劳动力市场要素价格的上涨、青壮年劳动力数量的下降等要素禀赋的逐渐丧失而难以继续发挥优势,推动中国经济增长。依靠充足廉价劳动力,发挥中国制造价格优势,获取中国经济增长与中国在全球竞争优势的时代已一去不复返。为了继续发挥人口资源禀赋优势,中国政府全面放开了二孩政策,但据劳动力成长的生命周期估计,新一轮劳动力的投入将耗时 20—30 年,且对其效果尚持观望态度,劳动力优势难以继续成为当前促进我国经济增长的中坚力量。

其次,随着中国 1978 年改革开放战略的实施,在经济建设为中心的核心理论指导思想下,中国经济取得了巨大成功。但与此同时,也伴随着过度投资、国内产能过剩、过度资源开采与环境破坏等问题。随着我国对外开放战略的发展,中国政府逐渐从单纯的引进外资的开放发展到了引进外资与对外直接投资并举的发展,且近年来对外直接投资的规模在逐渐扩大。中国政府单纯的开展国内投资的做法已难以满足中国经济增长的需求,有大量的国内过剩产能、外汇储备以及过剩资金亟待转移到国际市场上,寻求新的经济增长点。国家商务部 2016 年发布了《商务发展第十三个五年规划纲要》指出,截至 2020 年我国高层次的开放型经济体系将基本形成,中国对外直接投资额 5 年将累计达到 7200 亿美元,对外直接投资的迅猛发展将大大增强我国国际经济合作与竞争力,带动中国整体经济增长与区域经济增长,形成全球经济增长新动力。"一带一路"倡议与国际产能合作的提出,为中国对外直接投资的大规模发展提供了历史契机。

第三,科学技术进步是经济增长的决定力量,随着世界四次科技革命的诞生,带来了世界经济发展多次质的飞越。在经济增长过程中,技术革命往往发生在发达的资本主义国家,而发展中国家多是作为技术革命的尾随者、模仿者与发达经济体的追赶者。而第四次科技革命与以往的科技革命不同,其中心逐渐由发达的资本主义国家转移到了互联网技术与人工智能技术活跃的中国。如何实现中国等发展中经济体对发达经济体的追赶与赶超,如何实现中国的经济快速发展,适应新时代,科学技术的进步是决定力量。而以往的历史发展经验告诉我们,单纯凭借发展中国家的技术创新来实现科技的突飞猛进与经济的快速增长的可能性较小,发展中国家多是采用对发达国家技术模仿或引进技术的方式并加以自身改良与应用来实现技术进步与经济增长。因此,开展对外直接投资势在必行,一方面能够发挥中国对外直接投资资源寻求型优势,利用国外优势资源,另一方面能够发挥中国对外直接投资技术管理经验搜寻型的特点,充分学习和利用外国先进技术。另外,能够发挥科学技术的逆向传导机制的作用,促进经济增长,因此,在当今的中国,开展对外直接投资有其时代和历史现实背景。

二、现实与理论背景

据 2016 年联合国贸易和发展委员会《世界投资报告》显示,2015 年,来自发达国家企业的对外直接投资(Outward Foreign Direct Investment,全文简称对外直接投资)达到了 1.1 万亿美元。较 2014 年增长了 33%,其增长主要来自于欧洲各国与日本的贡献,欧洲国家的对外直接投资在 2015 年上升了 85%,达到 5760 亿美元。而来自发展中国家与转型中经济体企业的对外直接投资则几乎呈现出下降趋势,2014 年曾一度作为世界最大对外直接投资区域的亚洲,其跨国企业对外直接投资降低了 17%至 3320 亿美元,其中,来自中国香港的对外直接投资减少了 56%,减少额达 700 亿美元。发达国家与发展中国家的对外直接投资发展趋势带来了发达国家在国际对外直接投资总量占比的上升(从 2014 年的 61%上升到 2015 年的 72%)。具体来看,自 2008 年国际金融危机以来,世界主要中低等收入国家与中高等收入国家的对外直接投资发展趋势呈现出了完全相反的发展态势,形成了巨大的剪刀差。中高等收入国家对外直接投资净流出呈快速上升趋势,而中低等收入国家对外直接投资净流出呈快速下降趋势(图 0-1)。

在中低收入国家中,中国的对外直接投资表现出了不同于发展中国家的趋势:回顾中国对外直接投资的历程可以发现,中国的对外直接投资增长迅速。1992 年邓小平南行带来了中国对外直接投资的第一个高潮并伴随着 40 亿美元的对外直接投资额。随后,1999 年对外直接投资正式成为中国融入与

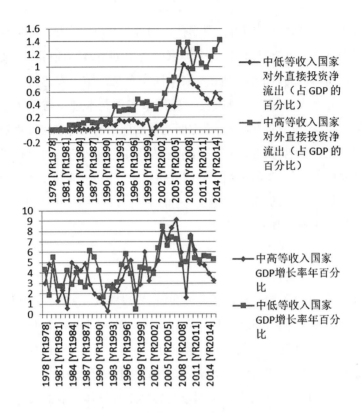

图 0-1　1978—2015 年世界分类国家对外直接投资净流出占 GDP 的百分比与 GDP 增长率(%)

资料来源:World Bank Data 和 Excel 统计输出。

加强全球化的重要手段,中国对外直接投资开始呈快速增长趋势,并于 2005年起呈加速度增长。自 2008 年全球性金融危机以来,中国对外直接投资每年的水平都保持在 500 亿美元以上,2013 年跃居世界对外直接投资第三大国,仅次于美国和日本。其他表现出对外直接投资上升趋势的发展中国家还包括科威特、泰国以及拉丁美洲国家。聚焦中国,作为一个发展中国家,其对外直接投资净流出与多数中低等收入国家表现不同,表现出与中高等收入国家类似的趋势(图 0-2)。

在国际经济发展与国际投资全球化趋势下,对外直接投资的经济增长效应,尤其是其母国增长效应日益成为学界的重点研究领域之一,且 2008 年国际金融危机以来,中国的对外直接投资大规模快速增长,引起了学界的广泛关

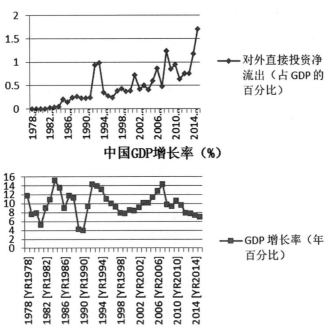

图 0-2　1978—2015 年中国对外直接投资净流出占
GDP 的百分比与 GDP 增长率(%)

资料来源:World Bank Data 和 Excel 统计输出。

注。此外,巴黎协定旨在防止气候变化的经济社会可持续性发展目标也成为
开展国际直接投资的共同目标。多数研究显示,无论是发达国家还是发展中
国家,其对外直接投资发展都以可持续性的母国增长效应为主要发展目标之
一(United Nations,2016)[1]。据现有理论,对外直接投资主要通过以下途径带
来母国增长效应的实现:首先,对外直接投资将通过技术渠道带来母国增长效
应。根据经济增长理论,知识是决定经济增长的重要因素,而 A Denser-Schulz
(2014)[2]认为对外直接投资将带来两个方向的知识转移。其一是母国对东道

---

①　UNCTAD.World Investment Report 2016. Geneva:United Nations,2016.

②　A Denzer-Schulz.Home Country Effects of Outward Foreign Direct Investment:Theoretical Approach and Empirical Evidence.Interchange,2014.

国的正向知识转移,随着对外直接投资的开展,跨国企业将把其战略资源、知识资本转移到东道国,并促进东道国的知识积累与增长效应发挥。这种对外直接投资促进东道国经济增长效应发挥的文献已比较丰富,主要认为通过对外直接投资使东道国发挥知识溢出效应,其引进外资的同时将促进其生产力发展与经济增长,这方面的研究已经比较充足,不是本书研究的主要对象;其二,对外直接投资通过利用东道国战略资源、知识技术、管理经验、市场等要素反向作用于母国,并促进母国发挥增长效应,伴随着对挤出本土就业、投资、竞争力与丧失关键知识技术的顾虑。关于这方面的研究相对较少,少数的现有研究包括 A Denser-Schulz(2014)研究发现,投向技术知识较为先进东道国的对外直接投资将带来母国技术增长效应,但并没有对发达国家与发展中国家等不同类型对外直接投资的母国经济增长效应进行区分,也缺乏专门考虑发展中国家对外直接投资的异质性问题研究,关于中国经验的研究,尤其是建立在统一研究视角下的研究更是欠缺。

其次,对外直接投资将通过过剩资本转移渠道带来母国增长效应。对外直接投资本身作为资本形式,投向其他东道国会带来挤出本土投资的负向母国增长效应。建立在规模报酬理论基础上,当生产达到一定规模后,经济体保持现有的规模经济的可能性将变小,将会产生规模不经济的现象。中国的经济发展就存在产能过剩、过度投资的问题。因此,容易出现无效投资、投资浪费、环境污染、管理不善等问题。通过进行国际对外直接投资转移过剩资本不仅将带来东道国的经济增长,其创造的价值与竞争优势也将发挥资本溢出效应,带来母国经济增长。

第三,对外直接投资将通过人力资本培育渠道带来母国经济增长。开展国际对外直接投资与跨国经营,形成外国子公司,促进外国产业与经济的发展。在这一过程中,外国子公司将充分利用外国优势资源与先进知识技术,实现知识与经验积累,形成人力资本优势。当这些人力资本在开展跨国管理与跨国经营的过程中或重回母国进行本土经营,必然带来母国的经济增长效应。

然而,据经典的投资发展路径理论(IDP 理论),对外直接投资带来的母国增长效应仅适用于具有生产折中理论(OLI 理论)竞争优势的发达国家,其对外直接投资是建立在 John H. Duning 和 Sarianna M. Lundan（2008）①研究基础上的投资发展路径理论（IDP），具体包括所有权优势（技术、专利、商标、管理等）、区域优势（东道国土地价格、劳动力成本、环境管制等方面的优势）与内部化优势（整合母国与东道国资源和市场的优势）。日本模式为代表的发达国家虽然其对外直接投资具有特殊性，但其竞争优势仍然是建立在 OLI 竞争优势基础上的。中国等发展中国家的对外直接投资并不满足经典 IDP 理论的主要事实。以中国、印度、巴西、马来西亚为代表的一系列发展中国家的对外直接投资没有流向较之发展水平低的发展中国家，而是大规模的流向发达国家的高级制造业、服务业、高新技术产业。而这些发展中国家母国在这些产业与国家地区并不具有比较优势，这些"背离"主要由于发展中国家的比较优势主要在于成本以及资源禀赋等方面，并不具有传统意义上的所有权优势、区域优势以及内部化优势。

同时，Helpman 等（2004）②的企业异质性理论，进一步研究了由于企业生产率差异带来的企业投资行为差异。如 Jinzhou Zhao Garrett（2011）③、Melitz（2003）④、Helpman 等（2008）⑤、Baldwin 等（2007）⑥、刘军等（2015）⑦、张为付（2008）⑧的研究，通常涉及对外直接投资的企业异质性问题与对外直接投资的东道国增长效应问题，且研究对象多以发达国家为主（A Denzer-Schulz，

①　John H. Duning, Sarianna M. Lundan. Multinational Enterprise and the Global Economy. UK Northampton：Cheltenham，USA；MA，2008.

②　Helpman E., Melitz M.J., Yeaple. Export versus FDI with Heterogeneous Firms. American Economic Review，2004，94（1）：300-316.

③　Jinzhou Zhao Garrett. Asymmetries in Bilateral FDI Flows between Country-pairs Explained：Heterogeneous Firm Productivities. Hampden-Sydney College，2011.

④　Melitz M. The Impact of Trade on Intra-Industry Reallocations and Aggregate Industry Productivity. Econometrica. 2003，71（6）：1695-1725.

⑤　Helpman E., Melits M., Rubinstein Y. Estimating Trade Flows：Trading Partners and Trading Volumes. Quarterly Journal of Economics. 2008，123（2）：441-487.

⑥　Baldwin R., Harrigan J. Zeros，Quality and Space：Trade Theory and Trade Evidence. NBER Working Paper，2007.

⑦　刘军、王恕立：《异质性服务企业、沟通成本与 FDI 动机》，《世界经济》2015 年第 6 期。

⑧　张为付：《影响我国企业对外直接投资的因素研究》，《中国工业经济》2009 年第 11 期。

2014;Berthélemy 等[1],2000),对于发展中国家对外直接投资的异质性理论与实证拓展研究较少。

发达国家的对外直接投资是建立在 OLI 优势基础上,遵循 IDP 理论,并将带来母国增长效应的实现。但中国的对外直接投资具有特殊性,无法简单的套用建立在 OLI 优势基础上的 IDP 理论研究其母国增长效应。那么,中国对外直接投资的特殊性是否带来母国增长效应的特殊性?是本书主要的研究对象。

第二节　研究意义

从理论视角来说,本书把国际投资理论、开放经济理论、国际贸易理论以及经济增长理论有机地结合起来,寻找适用于发展中国家对外直接投资特殊性的母国增长效应研究视角。一方面,拓展了现有的关于 IDP 理论的研究对象,把其主要研究对象由一般发达国家扩展到了发展中国家,并把其主要研究重点从对外直接投资的东道国增长效应转移到了对外直接投资的母国增长效应,综合考虑国家异质性,回答中国对外直接投资特殊性是否带来母国增长效应的特殊性问题。另一方面,有望综合国际贸易理论与现有的对外直接投资理论,初步探索适用于发展中国家对外直接投资特殊性的母国增长效应研究视角。有望对 IDP 理论进行拓展,并综合对外直接投资的国家特殊性与企业特殊性,考虑中国母国、东道国与企业等三个层面的特殊性,基于中国对外直接投资的特殊性分析其母国增长效应。

从应用的视角来说,本书通过探索适用于中国对外直接投资特殊性的母国增长效应的理论机制、影响效果及发展模式,辨识在开放经济发展过程中,影响母国增长效应发挥的对外直接投资要素,及贸易、政策、国际金融等多种要素的影响,考虑企业、东道国、母国等多方面特殊性,拟深入探讨建立在中国对外直接投资特殊性基础上的发展中国家对外直接投资的发展路径与方向,

---

① Berthélemy J.,Démurger S.Foreign Direct Investment and Economic Growth:Theory and Application to China.Review of Development Economics.2000,4(2):140~155.

及其实现母国增长效应的理论机理,不仅为中国对外直接投资与对外开放的发展提供了政策依据与参考,也为提升我国国际竞争力,从经济体大国走向经济体强国提供决策参考。

第三节　研究目的

本书的研究目标即回答"中国对外直接投资的特殊性是否带来母国增长效应的特殊性?"的核心问题,并进一步把主要目标分解为三个子目标:(1)子目标之一,建立在"对外直接投资将带来母国增长效应"的文献综述与理论分析基础上,在肯定现有对外直接投资的母国增长效应理论基础的贡献与不足的前提下,考虑对外直接投资的异质性问题,并纳入 Rugman 的国家特定竞争优势与企业特定竞争优势理论,寻找本书的研究视角。拟建立在该研究视角下分析,"中国对外直接投资的特殊性是否带来母国增长效应的特殊性问题",为解答该核心问题提供一个适用于中国对外直接投资特殊性的研究视角;(2)子目标之二,建立在本书的理论分析视角基础上,通过中国对外直接投资特殊性的识别并进行描述性统计研究,阐述中国对外直接投资的特殊性主要表现在哪些方面,并基于中国对外直接投资特殊性的识别与描述性统计研究,进一步通过计量经济学实证经验分析的方法,回答"中国对外直接投资的特殊性是否带来母国增长效应的特殊性? 若答案为是,如何识别这种特殊性,这种特殊性来源用于企业自身抑或国家优势?";(3)子目标之三,把中国现行的"一带一路"倡议纳入研究范畴,分析"一带一路"倡议与中央大型企业与中小型企业对外直接投资的差异,对比一般发达国家,发展中国家,中国事实与"一带一路"中国对外直接投资的母国增长效应,进而深化对本书核心问题的理解。纳入"一带一路"倡议,分析基于中国对外直接投资特殊性的母国增长效应与其他国家或中国事实上该问题效果的差异。

第四节　研究方法

本书将综合文献研究、理论分析、实证研究与对比分析的研究方法,综合考虑 OFDI 异质性理论、母国经济增长理论及二者的关系理论,初步探索异质性理论基础上的 OFDI 母国增长效应,尤其中国的特殊性问题,主要采用的软件是 Stata13.0,关键研究方法做如下说明:

(1)理论分析与文献综述法。通过对现有理论和文献的梳理和分析,明确现有文献的主要的不足,在现有的理论与文献基础上寻找本书的主要研究对象、创新点与边际贡献所在。

(2)描述性统计方法。对我国对外直接投资的现有数据与经验样本进行描述性统计研究,通过描述性统计分析归纳出我国对外直接投资的主要发展趋势、特点与特殊性。

(3)实证经验分析的方法。采用中国各省份的面板数据,在对中国对外直接投资的母国增长效应的识别过程中,采用加入交乘项的方法,结合静态面板数据的双向固定效应模型进行分析。在进行中国对外直接投资的母国增长效应的周期分析过程中,采用面板 PVAR 模型,结合脉冲响应函数与方程分解方法进行分析。在进行中国对外直接投资的特殊性母国增长效应的研究过程中,使用 SFA(随机边界分析模型)研究中国对外直接投资特殊性的母国增长效应更多的来源于企业特殊性还是国家特殊性。在进行中国对外直接投资的特殊性母国增长效应的研究过程中,使用 Horse Rise Test(赛马测试)的方法,分析针对在国家特殊性的来源中,东道国特殊性与母国特殊性孰轻孰重。

(4)对比分析的方法。通过对美国模式、日本模式、中国事实上的对外直接投资、其他发展中国家的对外直接投资以及"一带一路"倡议下的对外直接投资的特点与投资目的、方式等进行对比分析,研究不同国家对外直接投资母国增长效应的差异。

第五节　重点难点

本书的研究重点旨在回答"中国对外直接投资的特殊性是否带来母国增长效应的特殊性?"的核心问题中,对于对外直接投资母国增长效应的特殊性内容的识别以及对于对外直接投资母国增长效应的特殊性的来源识别上,无论是方法的选择,经验模型的建立,还是实证研究的分析都是研究的重点。本书研究的难点在于研究视角的寻找以及数据样本的获取上,由于本书研究的主题是基于中国对外直接投资特殊性的母国增长效应问题。在数据样本的公开获取上有一定的难度,对于微观企业数据样本的获取难度较大,因此,本书主要采用宏观层面的省份数据与中观层面的产业数据进行研究。

第六节　主要创新点

本书的主要创新点在于,把通常用于发达国家的基于对外直接投资的母国增长效应的研究应用到中国问题上,建立在对外直接投资的母国增长效应的相关概念与理论模型基础上,纳入对外直接投资的异质性理论、Rugman 的国家特定优势理论与企业特定优势理论,进一步形成适用于基于中国对外直接投资特殊性的母国增长效应研究视角。建立在重要概念梳理与研究思路的分析基础上,应用经验研究方法,回答了"中国对外直接投资特殊性是否带来母国增长效应的特殊性?",进行内容识别与来源判断,是经典的投资增长路径理论、生产折中理论与 Rugman 国家特定竞争优势理论与企业特定竞争优势理论的有机结合。纳入中国国情进行分析,是基于对外直接投资的母国增长效应研究在中国问题上的尝试性应用,在研究思路的确定、研究视角的寻找与经验研究方面都提供了一定的边际贡献。

第一章 对外直接投资的母国增长效应
一般理论与本书拓展

Sue Claire Berning 和 Vahlne(2012)①分析了中国企业对外直接投资的现有研究,选取了 1986—2012 年间的 62 篇文章进行分析,研究目前的企业国际化理论,具体涉及研究方法、研究动机、决定要素、母国特征、产业特征、对外直接投资的表现以及对于国际化相关理论的一致性认可程度等,并不适用于中国对外直接投资的研究发展现状。发现,仅有 10% 的文献支持现有的国际化理论可以直接用于中国对外直接投资特殊性研究,20 篇文章(占据了总数的32%)认为,目前的理论无法有效的解释中国对外直接投资的特殊性,28 篇文章(占据总数的 45%)认为,有必要对现有理论进行扩展和修正,8 篇文章(占据总数的 13%)认为,需要开展进一步的研究以给出中国对外直接投资特殊性的明确结论。48 篇文章(占据总数的 77%)中的绝大多数认为,传统的现有理论无法适用于中国对外直接投资的特殊性,对其予以拓展和修正十分有必要。

基于异质性理论分析对外直接投资的母国增长效应,是国际投资领域与经济增长研究关注的焦点与学术前沿问题之一。然而,异质性理论多是应用于企业的对外直接投资基于生产效率差异的分析,通常来说,拥有最高生产效率的企业选择开展对外直接投资,生产效率次之的企业开展国际贸易,而生产

---

① Sue Claire Berning, Dirk Holtbrügge. Chinese Outward Foreign Direct Investment——a Challenge for Traditional Internationalization Theories?.J Betreibswirtsch,2012,62:169–224.

效率相对较低的企业选择进行本土经营。建立在异质性理论基础上,考虑国家层面对外直接投资的母国增长效应的研究较为单薄,区分发达国家与发展中国家对外直接投资的母国增长效应的研究则较为稀少。中国对外直接投资的母国增长效应研究,目前为止并未形成较为独到的分析视角。本书通过对研究范围的划定与研究思路的探讨,主要建立在一般对外直接投资的母国增长效应的范围与理论模型分析基础上,涉及对外直接投资的就业、生产率、贸易、技术等多层面增长效应,发现现有的理论与理论模型并不适用于基于中国对外直接投资特殊性的母国增长效应研究。本书拟考虑对外直接投资的异质性问题,纳入对外直接投资的 Rugman 国家特定优势理论与企业特定优势理论进行分析,具体涉及发达国家与发展中国家两类国家,共同构成适用于基于中国对外直接投资特殊性的母国增长效应研究视角。

第一节 对外直接投资的母国增长效应:一般理论基础

Dierk Herzer(2011)①把对外直接投资的母国增长效应归纳为对外直接投资促进母国就业增长、对外直接投资促进母国出口增长、对外直接投资促进母国投资增长,对外直接投资促进母国生产率增长及对外直接投资促进宏观经济增长等方面,本书认同 Dierk Herzer(2011)的观点,并建立在其研究基础上,分析对外直接投资的多层次母国增长效应。

表 1-1 不同视角对外直接投资的母国增长效应部分文献汇总

母国增长效应	显著正向效应	不显著或显著负向效应
经济增长	Michael Pfaffermayr(1996)的澳大利亚制造业证据;Koi Nyen Wong(2010)的马来西亚跨国企业证据;Cesare Imbriani 等(2011)的意大利服务业证据。	Mariam Behhehani 等(2012)的科威特水平型对外直接投资证据;Kalotay K(2004)的中东欧对外直接投资与国际贸易比较证据。

① Dierk Herzer. The Long-run Relationship between Outward Foreign Direct Investment and Total Productivity: Evidence for Developing Countries. Journal of Development Studies. 2011, 47(5): 767-785.

续表

母国增长效应	显著正向效应	不显著或显著负向效应
生产率增长	Wenchung Hsu 等（2011）的中国台湾对外直接投资投向除中国大陆外的母国地区证据；Nigel Driffield 等（2009）的英国证据；Dierk Herzer（2011）的 33 个发展中国家长期经验数据。	Wenchung Hsu 等（2011）的中国台湾对外直接投资投向中国大陆的母国地区证据。
就业增长	Stefano Federico 等（2008）的意大利制造业小范围区域证据。	Cesare Imbriani 等（2011）的意大利制造业证据；Stefano Federico 等（2008）的意大利母国就业证据；Peter Debaere 等（2009）的对外直接投资投向发达国家与发展中国家经验证据。
综合增长	付海燕（2014）的对外直接投资对母国国际投资账户的长期经验证据；Shu-Chen Chang（2005）的对外直接投资对中国台湾母国地区的综合经济增长效应证据；Selim Basar 等（2014）的土耳其母国经济增长与投资增长效应。	付海燕（2014）的对外直接投资对母国国际投资账户的短期经验证据；Aristidis P. Bitzenis 等（2013）的母国贸易、投资方面的证据；Blomström 等（1998）和 Lipsey（2004）的母国贸易、投资、就业的证据。

资料来源：作者根据相关理论文献整理得出。

从微观层面上说，多数关于对外直接投资的母国增长效应的研究是关注发达国家对外直接投资与母国产业的就业增长问题、发达国家对外直接投资与母国企业的出口增长问题、发达国家对外直接投资与母国企业的投资增长问题，以及发达国家对外直接投资的母国企业的生产率增长问题，针对发展中国家的研究较少。从宏观层面来说，多数关于对外直接投资的母国增长效应的研究是关注发达国家对外直接投资的母国经济增长效应；从中观层面上来讲，多数关于对外直接投资的母国增长效应研究是关注发达国家对外直接投资的母国产业增长效应的问题。具体来说，涉及对外直接投资所带来的经济增长效应、就业增长效应、生产率增长效应、贸易增长效应，及国际收支账户与国际竞争力等方面的变化问题，就目前的对外直接投资的母国增长效应的经验证据而言，有显著为正、显著为负及不显著的证据。

一、母国经济增长效应

对外直接投资的母国经济增长效应方面的文献较少，且得出了截然相反的观点,Stevens 和 Lipsey(1992)①认为,若对外直接投资削弱了母国投资,把原属于母国的生产转移到了国外,将对国内投资产生替代效应,削弱母国经济增长。如 Mariam Behhehani 等(2012)②发现科威特的对外直接投资并没有对母国的经济增长效应起到积极影响,其对外直接投资主要是水平型的,主要目的在于利用本土优势资源获取国外战略资源,对母国本土投资有替代效应,其实证结果支持经济增长促进对外直接投资发展的假设而不是对外直接投资带来母国经济增长效应的假设。并提出了要发挥对外直接投资对母国的经济增长效应需要转变对外直接投资的水平型策略为垂直型策略,发挥科威特成本与效率优势,形成对国内投资的正向影响;科威特应该把对外直接投资作为本土投资的补充对象而不是替代对象,主要通过充分利用本土资源与对外转移过剩产能来实现,可以带来资本形成与繁荣就业市场的效果;科威特应该增加创造更多附加值的本土投资并降低消费投资,这将带来母国的经济增长。Kalotay K(2004)③认为,中东欧的对外直接投资的作用大小不如其 20 世纪 90 年代的贸易自由化与引进外资的作用,不是该区域融入世界经济一体化的主要因素。

Desai 等(2005)④则认为,对外直接投资能够带来母国的贸易出口增长,带动母国生产发展,进而促进母国经济增长。如 Michael Pfaffermayr(1996)⑤发现多数国家的对外直接投资增长带来了母国经济增长的直接效应。澳大利亚的制造业获得了由对外直接投资带来的母国经济增长效应。1980 年到 1993 年,澳大利亚工业企业所拥有的外资存量从 31.1 亿澳元上升到了 635.8 亿澳元,澳大利亚对外直接投资占经济产出的比例由 0.73% 上升到了 9.2%。

① Stevens G V G,Lipsey R E.Interactions between domestic and foreign investment.Social Science Electronic Publishing,1988,11(1):40-62.

② Mariam Behhehani,Said Sami Al Hallaq.Impact of Home Country Outward Foreign Direct Investment on its Economic Growth:A Case of Kuwait. Asian Journal of Business and Management Science,2012,3(3):19-33.

③ Kalotay K.Outward FDI from Central and Eastern European Countries.Economics of Planning,2004,37:141-172.

④ Desai M A,Foley C F,Hines J R.Foreign Direct Investment and the Domestic Capital Stock. American Economic Review,2005,95(2):33-38.

⑤ Michael Pfaffermayr. Foreign Outward Direct Investment and Exports in Austria Manufacturing:Substitutes or Complements?.Weltwirschaftliches Archiv,1996,132(2):501-522.

Koi Nyen Wong(2010)[1]通过马来西亚的案例,分析了对外直接投资与母国宏观经济增长效应之间的关系,发现马来西亚的对外直接投资并没有直接带来母国经济增长效应,其对外直接投资的母国经济增长效应是间接的。为发挥这种效应,母国政府需要在全球化时代提高私人部门的竞争力,提高马来西亚企业与国际企业的联系,并使本土资源为开展对外直接投资活动提供基础。具体来说,马来西亚的跨国企业与本土企业建立联系的动机较弱,主要是由于本土企业的国际价格竞争优势不明显,且其产品不符合国际标准。为加强马来西亚企业与跨国企业的联系,加强本土企业服务业对外直接投资的竞争力,制定发挥规模经济的政策,降低经营成本,加强本土企业与跨国企业的联系是必经之路,另外,应制定恰当的政策鼓励马来西亚跨国企业从开展对外直接投资向对国内投资过渡,以推进母国经济增长。

(一)Dunning 等的 IDP 理论

具体来说,Dunning 和 Lundan(2008)的 IDP(投资增长路径理论)五阶段发展理论认为:第一阶段,国家的比较优势在于资源禀赋优势,引进外资吸引力较强且主要流向初级产品生产、劳动力密集型简单加工制造业。生产能力与竞争能力较弱,手工业人力资本的积累特别是采矿业、农业、渔业人力资本的积累较快,社会体制不完善,对外直接投资不足,属于贸易支持型或战略资源寻找型对外直接投资。

第二阶段,随着国内市场规模与质量的提高,资本更多的投向价值增值活动,随着积累与配置资本能力的上升,将产生积极的集聚效应,该阶段的国家更注重教育、公共医疗设施、交通运输以及信息基础设施的完善。通过提高本地资源承载能力与生产能力,促进竞争能力提升,引进外资在促进经济发展的过程中起着主导作用,在对外发展战略中也起着主导作用。另一方面,国家更偏向于发挥其自身资源优势并限制引进外资的规模,如 1960s—1970s 这一阶段的日本、韩国与拉丁美洲国家(Jenkins,1984[2]),国家的竞争优势集中于大

---

① Koi Nyen Wong.Outward FDI and Home Country Economic Growth:a Malaysian Case.Monash Economics Working Papers,2010.

② Jenkins R O. Transnational Corporations and Industrial Transformation in Latin America// Transnational corporations and industrial transformation in Latin America /.Macmillan,1984:557.

中规模的资本密集型产业,如基础化学、钢铁制造业、轮船制造业、小型机械工程专门制造业,以生产劳动力密集型中等知识密集型产品为主。对外直接投资的优势或劣势的发挥主要在于东道国是否有支持性的制度和供给能力、能否成功的设计并使用恰当的宏观与制度政策、能否为企业提供国际市场所接受的产品和服务的比较优势基础,此时,引进外资处于主导地位,对外直接投资重要性上升。第一阶段和第二阶段的贸易和 FDI 属于产业间 FDI 与产业间贸易。

第三阶段,发展中国家的经济发展趋向成熟,其收入水平与产业结构趋于发达国家水平,基于其规模、资源禀赋与结构、制度竞争力的优势,多数国家成为向工业化国家发展的混合型经济体。该阶段的特征是从投资主导型增长向创新主导型增长转型,主要表现在快速的工业化与创新成本提高上。随着生活水平的提高,消费者更倾向于高质量的差异化产品。国际市场的低成本资源密集型产品不太受欢迎,政府支出更多的流向教育与信息基础设施,企业的主要竞争力在于自然禀赋资源的利用以及竞争力边际收益与制度的完善,以及企业家精神的发挥。对外直接投资是所有权优势主导型的,将帮助东道国产业升级,并重塑资源与劳动力密集型产业,向创新型与高质量产品生产转化。此时,引进外资不太受欢迎主要由于其分散了竞争优势,带来了资本分散的恶性循环,除非其主要流向失去竞争优势的国家。

第四阶段,区位优势将得到发挥,引进外资主要来自处于同一阶段的国家和部门,主要类型为效率型与战略资源寻求型,而整体的国际直接投资不再是产业间贸易,更多的是产业内贸易。经济体的研发支出扩大,主要流向生产和产品创新部门,计算机和信息服务业的优势取代传统制造业和服务业的优势,经济体进入了知识经济时代。引进外资与对外直接投资活动不单纯由自然资源禀赋条件决定,还由其配置方式,本土竞争者、供应商、消费者的效率及溢出效应所决定;

第五阶段,Dunning 和 Narula(1996)[①]在研究美国、日本、瑞士的案例时发

---

① Dunning B J H, Narula R.Foreign Direct Investment and Governments:Catalysts for Economic Restructuring.1999.

现,企业更少的聚焦于所有权优势,更多的进行效率与战略资源搜寻型国际直接投资,此时引进外资与对外直接投资的规模都较大。

(二)Ozawa 的发展中国家跨国企业动态增长范式

国家的发展过程是一步一个脚印的,不能跳跃。Smith(1776;1980)[1]认为,国家经济的增长应建立在自然顺序基础上,Porter(1990)[2]认为,国家的经济增长过程先后经历了要素驱动—投资驱动—创新驱动—财富驱动阶段。Ozawa(1992)[3]建立在此基础上拓展了发展中国家跨国企业动态增长范式,并把其划分为了四个阶段,并发现了日本在结构升级、动态比较优势与 FDI 的关系先后经历了物质资本与人力资本要素驱动—投资资本驱动—创新驱动的过程。

Ozawa 的发展中国家跨国企业动态增长范式的四阶段理论认为:第一阶段(1950—1960s),日本等国主要以引进高技术含量外资与专利许可,开展对亚洲周边国家的低成本劳动力资源搜寻型对外直接投资,带来了纺织、零部件及其他低劳动力成本的劳动力密集型产业发展;第二阶段(1950s末—1970s初),处于这一阶段的国家主要通过石油化工业、制造装备业、化学产业等行业引进外资(技术授权)及与企业合资获取先进的技术,以及战略资源搜寻型对外直接投资带来母国重工业与化学行业,如钢铁业、轮船制造业、石油化工业及化纤制造业的发展;第三阶段(1960s末—今),美国与欧洲等国进口技术与本土研发技术的进步,以及"出口—替代—累积—循环"类型的对外直接投资在汽车制造业、电子装备业、银行金融业的增长效应主要体现在大规模生产汽车与电子产品等耐用品上;第四阶段(1980s初—今),处于这一时期的国家引进化学、制药业、机械制造业等行业的外资,而日本通过对外直接投资于美国、欧洲与太平洋周边国家实现区域内部化集聚与一体化。

---

① Smith A. An Inquiry into the Nature and Causes of the Wealth of Nations. 译林出版社,2013.

② Porter M E. The Competitive Advantage of Nations. New York, The Free Press. Competitive Intelligence Review,1990,1(1):427.

③ Ozawa T. Foreign Direct Investment and Economic Development. World Investment Report,1992,1.

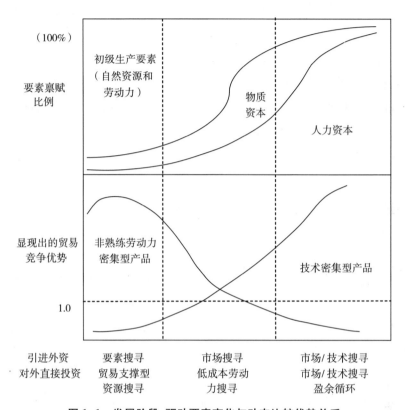

图 1-1　发展阶段、驱动要素变化与动态比较优势关系

资料来源：Porter M E.The Competitive Advantage of Nations.New York，The Free Press.Competitive Intelligence Review，1990，1(1)：427.

二、母国就业增长效应

始于 20 世纪 60 年代美国学者对对外直接投资带来的母国"产业空心化"现象思考，经济学家出于对"产业空心化"影响国内就业的担忧(Kravis 和 Lipsey，1993[①])，发现在发展中国家与转型国家中，存在对外直接投资替代本国出口与生产的效应，存在对外直接投资的母国就业增长效应。袁其刚等(2015)[②]认为，劳动力分为高技能含量熟练劳动力与低技能含量非熟练劳动

---

① Kravis I B，Lipsey R E.The Effect of Multinational Firms' Operations on Their Domestic Employment.Nber Working Papers，1993.

② 袁其刚、商辉、张伟：《对外直接投资影响工资水平的机制探析》，《世界经济研究》2015年第 11 期。

力,而对外直接投资的东道国也按收入水平被划分为了低收入水平国家和高收入水平国家。学术界普遍存在对外直接投资带来母国就业减少与劳动力流失,并降低母国工资水平的讨论(Riker 和 Brainard,1997①)。母国企业把国内生产转移到海外将带来母国产业空心化及就业水平下降的问题(李磊,白道欢和冼国明,2016②)。Jaan Masso,Urmas Varblane 和 Priit Vahter(2007)③对现有的对外直接投资母国就业增长的差异化效应研究发现,对外直接投资的母国就业增长效应可以分为具有削弱作用的替代效应和具有促进作用的互补效应。

具体来说:(1)替代效应指具有高劳动力要素成本的发达国家对低劳动力要素成本的发展中国家开展对外直接投资,尤其是开展垂直型对外直接投资时,将挤出母国就业。当期把劳动力密集型产业转移到外国子公司时,替代效应特别明显(Brainard 和 Riker,1997④;Blomström et al.,1997⑤)。部分研究发现,对外直接投资的母国就业增长效应显著为负或不显著。Cesare Imbriani 等⑥(2011)研究了对外直接投资是怎样影响母国就业水平与生产率增长的,并以制造业和服务业为研究对象,通过意大利 2003—2006 年的企业数据用双重差分的方法,研究国际化对母国就业和生产率增长的影响。发现意大利的对外直接投资平均来说对于母国的就业水平、生产力增长及国际化的影响是有限的,但在不同的产业表现不同。对于制造业而言,对外直接投资更倾向于提升母国生产能力而不是就业水平,而服务业的对外直接投资更有利于提升

① Riker D A,Brainard S L.U.S.multinationals and competition from low wage countries.Nber Working Papers,1997.

② 李磊、白道欢、冼国明:《对外直接投资如何影响了母国就业? ——基于中国微观企业数据的研究》,《经济研究》2016 年第 8 期。

③ Masso J,Varblane U,Vahter P.THE IMPACT OF OUTWARD FDI ON HOME-COUNTRY EMPLOYMENT IN A LOW-COST TRANSITION ECONOMY// Network Dynamics In Emerging Regions Of Europe.2007:333-360.

④ Brainard S L,Riker D A.Are U.S.Multinationals Exporting U.S.Jobs?.Nber Working Papers,1997(1).

⑤ Blomström M,Fors G,Lipsey R E.Foreign Direct Investment and Employment:Home Country Experience in the United States and Sweden.Economic Journal,1997,107(445):1787-1797.

⑥ Cesare Imbriani,Rosanna Pittiglio,Filippo Reganati.Outward Foreign Direct Investment and Domestic Performance:the Italian Manufacturing and Services Sectors.Atl Econ,2011,39:369-381.

母国就业水平而不是生产能力。Peter Debaere 等(2009)①研究了对外直接投资如何影响跨国企业母国就业增长,采用 DID 双重差分的方法,比较了对外直接投资投向较为落后的国家与较为发达的国家对于母国就业增长效应的差异化影响,为获取适合的控制组,采用 PSM 倾向得分匹配方法。研究发现,对外直接投资投向较不发达的国家在短期将降低母国的就业增长效应,而对外直接投资投向较发达的国家对母国的就业增长效应影响不显著。

(2)互补效应指投向低要素成本东道国的水平型对外直接投资能够提升母国竞争力,促进规模经济发挥,降低成本并提升母国就业水平,发挥规模效应并超过了其替代效应(Ekholm 和 Markusen,2002②),对外直接投资的母国就业增长效应分为替代效应与互补效应。Stefano Federico 和 Gaetano Alfredo(2008)③从对外直接投资影响母国就业增长的视角,采用 1996—2011 年意大利 12 个制造业行业和 130 个行政省区的数据进行分析,发现,在控制住母国产业结构和区域固定效应后,对外直接投资将带来正向的母国就业增长效应,较之全国平均产业增长速度要快。并且发现,较小区域的就业率增长受到对外直接投资的正向影响,但无法得出对外直接投资带来母国就业增长效应的结论。

进一步来说,对外直接投资的母国就业增长效应反映在对劳动者的工资水平影响上,袁其刚,商辉和张伟(2015)④把其归纳为三种作用机制:(1)母国生产率提升机制。主要通过逆向技术溢出效应及母国吸收能力的提高,带动生产率增长。(2)租金共享机制。通过母国与东道国风险与收益的共享,实现对母国盈利水平的影响,具体受到风险承受能力、对租金的分享意愿等要素

---

①　Peter Debaere,Hongshik Lee.It Matters Where You Go:Outward Foreign Direct Investment and Multinational Employment Growth at Home.Joonhyung Lee.2009. 7(14):1-32.

②　Ekholm,K.and Markusen J.Foreign Direct Investment and EU-CEE Integration.Background Paper for the Conference "Danish and International Economic Policy", University of Copenhangen Copenhangen,May 23-24,2002.

③　Stefano Federico,Gaetano Alfredo Minerva.Outward FDI and Local Employment Growth in Italy.Review of World Economics,2008,144(2):295-324.

④　袁其刚、商辉、张伟:《对外直接投资影响工资水平的机制探析》,《世界经济研究》2015年第 11 期。

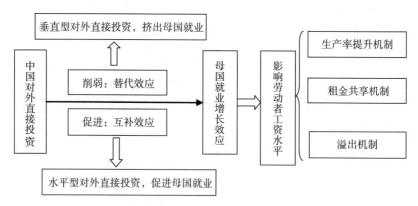

图 1-2 中国对外直接投资的母国就业增长效应理论

资料来源：作者根据内容绘制。

影响。(3)溢出机制。东道国的工资水平与母国的工资水平存在差异,当人力资本在东道国与母国间能够自由流动时,劳动力倾向于从低工资水平的地区或国家流向高工资水平的地区或国家。因此,当东道国与母国的工资水平存在差异时,东道国的工资水平会影响母国的工资水平,反之亦然,工资水平将产生溢出效应。

其他研究者研究了东道国资本投资、研发活动与劳动力市场环境等要素对对外直接投资的母国就业增长效应的影响,并进行了案例分析。Lucyna Kornecki(2014)[1]通过观察美国经济发现,美国的对外直接投资自 20 世纪 90 年代迅速上升,然而,由于对外直接投资伴随着 GDP 的外流,带来了 20 世纪 90 年代美国就业的下滑,同时带来了海外子企业在部分东道国某些产业,如制造业就业状况的改善。还有一些研究者认为,美国的跨国企业开展对外直接投资主要目的在于逃避美国工会的管制并获取低成本劳动力。但事实上,70%以上的美国对外直接投资是投向了发达国家,这一现象使多数经济学家认为对外直接投资并不会伴随着母国就业水平与收入水平下降,美国制造业就业率的下降与不景气主要是来源于制造业的结构性调整。并认为,美国的对外直接投资主要通过资本投资、研发活动、提供持续的有吸引力的工资水平

---

① Lucyna Kornecki.Performance of Inward and Outward U.S.Foreign Direct Investment during Recent Financial Crisis.Switzerland:Managerial Issues in Finance and Banking,2014.

保持对母国增长效应的贡献。建立在官方数据的基础上认为,美国的对外直接投资主要通过以下机制带来母国就业增长效应:(1)开展国际经营提高了美国企业的总体竞争力;(2)国外子公司对母企业的互补而非替代效应,如对美国就业、福利和资本投资的互补;(3)美国母公司主导对外直接投资的多数生产经营活动,带来了工人较高的平均工资与福利水平。(4)美国母公司的高生产力创造活动带来了其跨国企业高于行业平均水平的工资福利;(5)美国母公司是大量的中间产品购买者,其中近90%的购买来自美国对外直接投资母国企业;(6)美国的对外直接投资虽然开展广泛的海外投资活动,但其生产经营活动主要集中在母国;(7)美国的对外直接投资主要投向于美国有着相似经济结构的发达国家,而不是低收入的发展中国家。

具体来说,对外直接投资的母国增长效应作用机制受到具体的对外直接投资的动机影响:分析发现,考虑对外直接投资的母国就业影响渠道与对外直接投资目标,建立在 Dasai et al.(2009)①和 Amiti 和 Wei(2009)②的研究基础上,李磊等(2016)③从对外直接投资的动机视角进行研究,分析对外直接投资的母国就业影响效应。认为对外直接投资的母国企业就业增长效应受到国内投入要素与外国需求市场的影响,与对外直接投资的投资动机相关。

图 1-3 不同动机 OFDI 的母国就业增长理论

资料来源:作者根据内容绘制。

第一,商贸型对外直接投资能够促进出口与外国市场需求发展,因此能促进母国劳动力就业的增长;第二,生产型对外直接投资又分为垂直型与水平型两种类型,当属于水平型的对外直接投资时,若东道国劳动力成本低于母国,

---

① Desai M A,Foley C F,Hines J R.Domestic Effects of the Foreign Activities of US Multination-als.American Economic Journal Economic Policy,2009,1(1):181-203.

② Amiti M,Wei S J.Service Offshoring and Productivity:Evidence from the US.World Economy,2009,32(2):203-220.

③ 李磊、白道欢、冼国明:《对外直接投资如何影响了母国就业? ——基于中国微观企业数据的研究》,《经济研究》2016 年第 8 期。

则会带来母国就业增长效应的削弱作用,若东道国对母国的中间产品市场有需求时,则会带来母国就业增长效应的促进作用。另外,垂直型对外直接投资是建立在差异化价值链或差异化产业链劳动分工基础上的,因此,虽然短期对母国就业增长效应的影响具有不确定性,但随着生产阶段的扩张,长期将带来母国就业增长效应;第三,研发型对外直接投资主要通过海外子公司设立分支机构,在当地研发生产,不存在就业转移,但其逆向技术溢出效应将提升母国的研发能力与技术创新能力,进而带动生产发展,促进就业;第四,资源寻求型对外直接投资具体分为矿产资源寻求型与非矿产资源寻求型,前者不存在对中间产品市场的需求扩大效应,因此对母国就业影响不大,而后者会扩大对中间产品市场的需求,进而影响母国就业。对外直接投资的母国就业增长机制由三种渠道组成,受对外直接投资的具体动机影响。

三、母国技术增长效应

对外直接投资的母国技术增长效应普遍存在,Wenchung Hsu 等(2011)[1]分析了对外直接投资与母国生产率增长效应的关系,采用中国台湾制造业1991 年到 2007 年间的 15 个对象进行分析,发现其不显著。但是当区分对外直接投资的投向地时发现,中国台湾投向其他国家和地区的对外直接投资带来了台湾本地的生产率提升,但投向中国大陆的对外直接投资并没有带来中国台湾本土的生产率增长效应提升,主要是由于投向大陆及其他国家或地区的对外直接投资主要目的在于战略资源的搜寻。Lichtenberg(2001)[2]研究发现,对外直接投资通过国外研发资本溢出效应对母国的全要素生产率增长产生积极影响,Nigel Driffield 等(2009)[3]发现流向成本较低区域的对外直接投资能够通过把低附加值的产业转移到其他国家和地区或通过技术搜寻的目的

　　①　Wenchung Hsu,Xingbo Gao,Jianhua Zhang,Hsin Mei Lin.The Effects of Outward FDI on Hone-country Productivity:Do Location of Investment and Market Orientation Matter?. Journal of Chinese Economic and Foreign Trade Studies,2011,4(2):99-116.

　　②　Lichtenberg F.Does Foreign Direct Investment Transfer Technology across Borders?.Review of Economics & Statistics,2001,83(3):490-497.

　　③　Nigel Driffield,James H.Love.Productivity and Labor Demand Effects of Inward and Outward Foreign Direct Investment on UK Industry.The Manchester School,2009,77(2):171-203.

带来母国生产率增长。英国的对外直接投资主要投向较之英国劳动力成本低的国家和地区,并表现出越来越明显的技术搜寻型趋势,发现对外直接投资可以提升母国生产率,但不局限于技术来源;英国的对外直接投资主要来自拥有较高技术密度与较低劳动力成本的产业或部门时,其低附加值产业将转移到国外进行外包生产,并且外包式的较之技术来源式的对外直接投资在英国更普遍。Dierk Herzer(2011)①分析 33 个发展中国家 1980 年—2005 年对外直接投资与经济的增长的长期关系,采用面板协整方法,较好地解决了遗漏变量、内生性、测量误差等问题,研究结果显示,发展中国家对外直接投资对全要素生产率的增长有促进作用,关系是双向的,全要素生产率的提高也能促进对外直接投资的发展。

　　覃毅和张世贤(2011)②把技术溢出定义为"拥有技术优势的企业在投资过程中,其先进的技术知识被动地为其他落后企业掌握,从而提高这类企业的技术效率而没有使其负担相应的技术知识成本",本部分建立在其对技术溢出的定义基础上,认为逆向技术溢出效应是指,对外直接投资投向拥有技术优势的东道国企业,其先进的技术知识与管理经验主动或被动的回流到对外直接投资母国技术较为落后的企业,从而提高了母国企业的技术效率,且母国企业不用承担技术知识成本。一般意义上来说,技术寻求型的对外直接投资主要投向技术较为先进的发达东道国,若母国企业技术水平较东道国企业高则采用绿地投资的方式开展海外经营,吸纳与利用东道国当地的先进经验、技术、劳动力及管理知识。而当母国企业技术水平低于东道国企业时,通常采用的方式是跨国并购,直接获取先进生产技术、人才及管理经验。无论具体采取何种投资方式,其目标多是寻求先进的技术与管理经验知识,对母国企业而言,将带来母国技术增长效应,这种效应有其发挥作用的机制,并受到多种要素影响。

　　①　Dierk Herzer. The Long-run Relationship between Outward Foreign Direct Investment and Total Factor Productivity:Evidence for Developing Countries.Journal of Development Studies,2011,47(5):767–785.

　　②　覃毅、张世贤:《FDI 对中国工业企业效率影响的路径——基于中国工业分行业的实证研究》,《中国工业经济》2011 年第 11 期。

对外直接投资将通过多种机制带来母国技术增长效应。赵伟等(2006)[1]和 Denzer-Schulz A(2014)[2]等,就一般情况下对外直接投资推动母国技术增长的四个机制进行了归纳研究,具体来说包括:第一,研发费用分摊机制,主要通过东道国企业参与研发对研发成本进行分摊,或东道国市场规模效应发挥,降低单位产品研发费用;第二,研发成果反馈机制,海外子公司研发的新技术反馈到母公司及其他子公司;第三,逆向技术转移机制,通常投向技术较为先进的发达国家,并购其本土企业或与其本土企业进行合作,能够形成较好的逆向技术转移效应(Patel 等,1998);第四,外围研发剥离机制,海外子公司承接技术水平较高的发达国家的外围技术研发产业或项目的剥离,开展研发活动,从而提高了母公司的竞争能力。

具体来说,跨国企业的对外直接投资,主要通过四种渠道实现逆向知识溢出效应,而这种逆向知识溢出渠道又分为了直接渠道与间接渠道,当该效应的影响范围仅包括跨国企业母公司时则被视为直接效应,当其影响范围较大涉及该跨国企业外的其他企业时则为间接效应。具体来说,这四种效应渠道为:(1)示范效应渠道。东道国的子公司将学习先进的东道国技术知识,这些知识将回流到母公司并使其获益。直接的逆向技术溢出效应源于对东道国先进知识技术的应用与研发学习。间接的逆向技术溢出效应源于受到东道国先进技术平台影响,而开展的母公司与其他尾随企业的创新活动,很大程度上能够节约研发与创新成本(Blomström 和 Kokko,1998)[3];(2)劳动力要素流动效应渠道。通过跨国企业内部或跨国企业间的劳动力从东道国回流到母公司将使母公司拥有特有的不可替代知识的劳动力,发挥对外直接投资的直接逆向技术溢出效应,当这种劳动力回流到母公司以外的母国其他企业时,则发挥了间

① 赵伟、古广东、何元庆:《外向 FDI 与中国技术进步:机理分析与尝试性实证》,《管理世界》2006 年第 7 期。

② Denzer-Schulz A.Home country effects of outward foreign direct investment:theoretical approach and empirical evidence.Interchange,2015,26(2):211-213.

③ Blomström M,Kokko A.Foreign Investment as a Vehicle for International Technology Transfer.1998.

接逆向技术溢出效应(Song 等,2003)①;(3)垂直溢出效应渠道。主要表现在东道国对母国上下游产业及供应商与消费者之间的前向直接逆向知识溢出效应与后向直接逆向知识溢出效应上(Javorcik,2004)②;(4)外部网络联系效应渠道。通过外部网络联系跨国企业可以获取资本、服务、创新等来自东道国高校、研究机构甚至竞争者带来的逆向技术溢出效应(Andersson 等,2002)③。

对外直接投资的母国增长效应的实现先后经历了东道国先进技术获取及母国技术吸收转化、产业示范效应与竞争效应发挥,以及国家层面技术扩散等三个阶段。借鉴尹东东和张建清(2016)④和衣长军等(2015)⑤对对外直接投资逆向溢出效应的阶段划分观点并予以拓展,同时考虑并购方式,本书认为对外直接投资的母国增长效应同样经历了企业层面的东道国先进技术获取阶段及母国技术吸收转化阶段、产业层面的示范效应与竞争效应发挥阶段以及国家层面的技术扩散阶段:第一,企业层面的东道国先进技术获取吸收转化阶段。母国对外直接投资通过设立海外子公司或跨国并购通过模仿跟随、共同研发、人才吸引与培育,及直接并购内部化海外企业先进技术管理模式,实现第一阶段的东道国先进技术获取;通过研发人员的自由流动、产品的自由流动、海内外创新网络平台的搭建,实现母国企业与东道国子公司或跨国并购后国际企业的技术增长。第二,产业层面的示范效应与竞争效应发挥阶段。企业层面东道国母公司已吸收转化或内部化先进技术,增强了国内市场的产业内竞争力,在该企业上下游关联企业产业链中将形成示范作用,促使上下游企业的模仿学习创新,与同类型企业间将形成竞争压力,倒逼同类企业提高自身

---

①　Song J,Almeida P.Learning-by-Hiring:When Is Mobility More Likely to Facilitate Interfirm Knowledge Transfer?.Management Science,2003,49(4):351-365.

②　Javorcik B S.Does Foreign Direct Investment Increase the Productivity of Domestic Firms? In Search of Spillovers through Backward Linkages.American Economic Review,2004,94(3):605-627.

③　Andersson U,Forsgren M,Holm U.The Strategic Impact of External Networks:Subsidiary Performance and Competence Development in the Multinational Corporation.Strategic Management Journal,2002,23(11):979-996.

④　尹东东、张建清:《我国对外直接投资逆向技术溢出效应研究——基于吸收能力视角的实证分析》,《国际贸易问题》2016 年第 1 期。

⑤　衣长军、李赛、张吉鹏:《制度环境、吸收能力与新兴经济体对外直接投资逆向技术溢出效应——基于中国省际面板数据的门槛检验》,《财经研究》2015 年第 11 期。

研发能力与竞争力,形成竞争效应。第三,国家层面的技术扩散效应。当产业层面的示范效应与竞争效应得以发挥后,先进的技术将通过产业间传导机制扩散到其他上下游关联产业及其他地区的同类型产业,实现国家层面的技术扩散效应。

其他研究者,如符磊和李占国(2013)①通过文献研究的方法,从对外直接投资的逆向技术溢出效应(Reverse Technology Spillover)的视角展开研究,对对外直接投资带来母国增长效应的路径机制进行了归纳,认为主要有三种实现机制:(1)海外研发溢出机制,主要通过海外创新的"积累—集聚"作用或与东道国企业形成战略联盟,带来地区溢出效应,同时伴随着与东道国企业共摊成本及母国核心技术外流的风险(陈岩,2011)②,代表性研究包括 Kogut 和 Chang(1991)③的日美案例;(2)经营成果反馈机制,主要通过海外子公司的收益回流母公司或海外子公司再投资实现,具体可以表现为生产经营能力、管理能力、渠道提升、专利升级等方面(陈菲琼和虞晓丹,2009④;Dunning,1998⑤);(3)内部整合机制,通过并购实现企业内的技术转移、模仿、创新及一体化经营(陈岩,2011)⑥。这些机制的发挥主要由吸收能力、市场开放程度以及技术差距所决定,其他影响要素还包括经济体的发达程度、金融的完善程度、社会资本应用力等。

A Denzer-Schulz(2014)⑦进行了影响对外直接投资母国技术增长效应的

---

①　符磊、李占国:《关于对外直接投资逆向技术溢出的文献述评》,《国际经贸探索》2013 年第 9 期。

②　陈岩:《中国对外投资逆向技术溢出效应实证研究:基于吸收能力的分析视角》,《中国软科学》2011 年第 10 期。

③　Kogut B.,Chang S.J.Technological Capabilities and Japanese Foreign Direct-Investment in the United States.Review of Economics and Statistics,1991,73:401-413.

④　陈菲琼、虞晓丹:《企业对外直接投资对自主创新的反馈机制研究:以万向集团对外直接投资为例》,《财贸经济》2009 年第 3 期。

⑤　Dunning J H.Location and the Multinational Enterprise:A Neglected Factor?.Journal of International Business Studies,1998,29(1):45-66.

⑥　陈岩:《中国对外投资逆向技术溢出效应实证研究:基于吸收能力的分析视角》,《中国软科学》2011 年第 10 期。

⑦　A Denzer-Schulz.Home Country Effects of Outward Foreign Direct Investment:Theoretical Approach and Empirical Evidence.Interchange,2014.

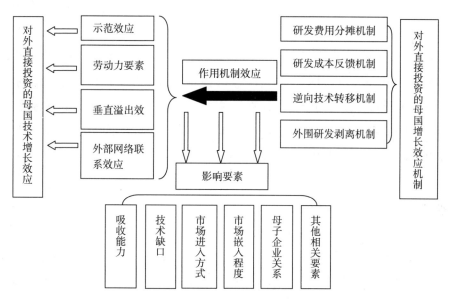

图1-4　对外直接投资的母国技术增长效应作用机制及影响要素

资料来源:作者根据内容绘制。

传导机制研究,认为对外直接投资母国增长效应的传导机制取决于跨国企业对于东道国先进技术的吸收能力(Absorptive Capacity)、母国与东道国间的技术差距(Technological Gap)、对外直接投资进入东道国的市场进入方式(Type of Market Entry)、对外直接投资在东道国的融入程度(Host Country Embeddedness)以及外国子公司与母公司的关系密切度(Subsidiary-Headquarter Relation)等要素。具体来说:(1)吸收能力—对于先进东道国知识的识别、采用及应用能力(Castellani and Zanfei,2006)[1];(2)技术缺口—技术缺口对于跨国企业对外直接投资的逆向技术溢出效应有影响,但技术缺口大小的影响效果缺乏定论,部分观点认为技术缺口越大逆向溢出效应越小(Barnard,2010)[2],部分观点则持相反态度(Findlay,1978)[3];(3)东道国市场进入方

---

① Castellani D,Zanfei A.Multinationals,innovation and productivity.2006.

② Barnard H.Overcoming the liability of foreignness without strong firm capabilities — the value of market-based resources.Journal of International Management,2010,16(2):165-176.

③ Findlay R.Relative Backwardness,Direct Foreign Investment,and the Transfer of Technology: A Simple Dynamic Model.Quarterly Journal of Economics,1978,92(1):1-16.

式—绿地投资、中外合资及跨国并购等方式对跨国企业对外直接投资逆向知识溢出效应将有差异化作用(Kuemmerle,1999)[1];(4)东道国嵌入程度—跨国企业东道国分支机构与当地供销商、消费者、竞争者及研发机构的融入与合作程度(Andersson et al.,2002)[2];(5)跨国企业海外分支机构与母公司的关系—跨国公司母公司与子公司在管理、技术、产业链与战略等方面的关系密切程度;(6)其他相关的要素—知识类型、跨国企业规模、开展跨国投资的时间、专利权区域、子公司与先进技术的地理位置接近程度。

四、母国贸易增长效应

学术界普遍认为,对外直接投资的母国贸易增长效应包括替代效应、互补效应和权变效应三种类型:(1)替代关系(Mundell,1957)[3],认为关税引起的资本流动会一定程度上替代商品贸易流动;(2)互补关系(Rugman et al.,1990)[4],认为对外直接投资能够促进母国出口,主要通过提供配套服务、获取消费市场,以及建立高效、快捷的交货与营销渠道来实现;(3)权变关系(Markusen 和 Svensson,1985)[5],具体与对外直接投资的水平型还是垂直型投资类型等特征相关。

进一步基于投资动机,按照中国对外直接投资投向的目标国发展程度划分,陈俊聪和黄繁华(2014)[6]认为,对外直接投资的母国贸易增长效应与投向

①　Kuemmerle W.Foreign direct investment in industrial research in the pharmaceutical and electronics industries:results from a survey of multinational firms// Portland International Conference on Management of Engineering and Technology,1999. Technology and Innovation Management. Picmet. IEEE,1999:402-411 vol.2.

②　Andersson U,Forsgren M,Holm U.The Strategic Impact of External Networks:Subsidiary Performance and Competence Development in the Multinational Corporation.Strategic Management Journal,2002,23(11):979-996.

③　Mundell R A.International Trade and Factor Mobility.American Economic Review,1957,47(3):321-335.

④　Rugman A M, Verbeke A. Strategic Capital Budgeting Decision and the Theory of Internalization[J].Managerial Finance,1990,16(2):17-24.

⑤　Markusen J R.Trade in Goods and Factors with International Differences in Technology.International Economic Review,1985,26(1):175-192.

⑥　陈俊聪、黄繁华:《对外直接投资与贸易结构优化》,《国际贸易问题》2014 年第 3 期。

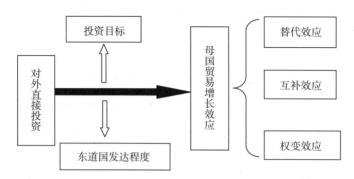

图 1-5 对外直接投资的母国贸易增长效应作用机制

资料来源:作者根据内容绘制。

东道国发达程度及其动机有关:(1)若对外直接投资是投向发达东道国的,那么,为减少贸易分割要素或海外运输成本而开展的对外直接投资由于对于海外市场满足程度较高,能够较好替代母国出口,海外子公司的减少会加大对母国中间产品的需求,进而促进母国出口。若为市场开拓型对外直接投资,国际市场的比较优势或新兴产业的培育将带来出口结构的优化升级。若为战略资产寻求型对外直接投资,为获取东道国先进生产要素而进行海外投资,可以促进高技术含量产品的进口,促进产业结构与贸易结构优化升级。(2)若对外直接投资是投向发展中东道国的,战略资源寻求型对外直接投资会促进母国对矿产资源的需求提升,东道国子公司的资源开采需要中间产品、配套设施等要素,能够带动母国出口产品的发展。若为效率寻求型对外直接投资,旨在要素成本与生产成本较低的地区进行生产,能够转移国内过剩"边际产业"。

五、母国产业增长效应

对外直接投资通过开拓海外市场、拓展生产网络与价值链网络及产业链优化重组转移,带来母国的产业增长效应。建立在周升起(2011)[①]的研究基础上,本书把对外直接投资促进母国产业增长效应的理论主要分为:(1)经典

[①] 周升起:《对外直接投资与投资国(地区)产业结构调整:文献综述》,《国际贸易问题》2011年第7期。

的对外直接投资理论。对外直接投资促进母国产业结构调整,通过对外直接投资扩展利润空间与销售市场,并为母国让出资源市场进行创新,推动技术升级与结构调整,在此过程中,实现市场的一体化,更好地获取技术与管理经验等。(2)新对外直接投资理论。生产网络与产品价值链网络在不同发达水平的国家间拓展,发展中国家企业技术提升能够带动母国产业结构的优化升级,且国家间的经济发展阶段差异与比较优势互补能够带来母国产业的优化升级。(3)对外直接投资的母国产业结构调整理论。对外直接投资将低端生产环境的产业链转移到海外,促进国内生产活动技术密集度的提高,促进母国产业结构调整与优化升级,跨国企业对于中间产品投入的需求,部分来自母国投资市场,进而带来母国产业结构的变迁。

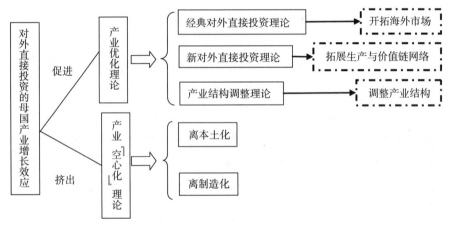

图 1-6　对外直接投资的母国产业效应作用机制

资料来源:作者根据内容绘制。

对外直接投资能够带来母国的产业结构调整与优化升级,但也有部分学者担忧对外直接投资将带来母国产业的"空心化"问题(刘海云和聂飞,2015),把其定义为母国产业大规模开展对外直接投资,进而带来母国该产业占比下降,并未得以补充的现象。进一步把其划分为由于母国产业要素成本优势丧失后的"离本土化"过程,以及母国经济结构脱离实体经济,向虚拟经济过度的"离制造化"过程,对外直接投资通过输出产业生产力,或使制造业走向"离本土化"与"离制造化",带来母国产业增长效应的"空心化"问题。

周升起(2011)①从对外直接投资对母国产业结构调整的效应影响进行了文献总结,认为对外直接投资的母国产业调整效果主要受制于对外直接投资的规模大小、开展对外直接投资的具体动机、所属产业、技术吸收能力与国家制度政策等因素的影响,主要通过"边际产业"转移、促进新产业的发展、扩展产业市场发展等方式实现,具体的形成机制可以归纳为:沉没生产要素的解绑、对资源生产要素的合理配置与调控、先进科学技术与管理制度体系的应用、上下产业链间的相互联系、竞争与发展效应的实现。

六、母国综合增长效应

对外直接投资带来的母国增长效应并不局限于以上几个方面,还包括对国际收支账户等的影响,同时,对外直接投资的母国增长效应有时研究对象不局限于某个单一层面,涉及多个方面。付海燕(2014)②从对外直接投资对母国国际收支的影响视角展开研究,发现,对外直接投资在开展之初会带来母国国际收支净值效应的负向影响,然而,在对外直接投资扩大的同时,该母国国际收支账户的状况也会由负转正。同时发现,中国的对外直接投资的获益能力较之本土投资获益能力强,尽管我国的国际收支净效应为负,也较好的缓解了"双顺差"问题。认为,不同对外直接投资阶段中对外直接投资带来的母国国际收支影响存在差异化机制:(1)投资阶段。对外直接投资通过母国资本、生产要素(生产原材料、中间产品投入、生产机器设备)的外流等途径带来对母国国际收支的影响。资本外流作为经常账户的"对外直接投资"借方,将带来母国国际收支效应的负向影响;而生产要素的出口作为经常账户的"货物"贷方,将带来母国国际收支效应的正向影响。(2)生产阶段。对外直接投资的海外生产利润的利用方式及对外直接投资的海外投资动机将引致对贸易的差异化影响,进而带来不同的国际收支影响效果。首先对外直接投资的投资收益一般记作经常账户下的"投资收益"贷方,因此,会带来对母国国际收支

---

①　周升起:《对外直接投资与投资国(地区)产业结构调整:文献综述》,《国际贸易问题》2011 年第 7 期。

②　付海燕:《对外直接投资对中国国际收支影响的机理与实际测算》,《统计研究》2014 年第 31 期。

的正向影响效果;其次,若海外子公司把对外直接投资收益再次投资到东道国的生产经营过程中,在会计分录中将同时记经常账户"投资收益"贷方和"对外直接投资"借方。两种效应相抵消,将不会带来对母国国际收支的影响;同时,对外直接投资的动机也将大大影响母国的国际收支。若对外直接投资属于资源搜寻型,将同时伴随着大量自然资源的进口,带来对母国国际收支的负向影响;若对外直接投资属于市场搜寻型的,东道国的海外子公司生产低成本与高效率的产品,这些产品主要用于海外市场竞争或返销母国发挥替代作用,因此对母国国际收支的影响不确定。

Magnus Blomstrom 和 Ari Kokko(1994)①采用文献综述的方法分析了对外直接投资对母国投资、出口、就业、贸易产业结构以及专业化水平的影响。发现对外直接投资带来的金融干预效应表现为不同区域投资对稀缺资金的竞争,其生产干预效应表现为对外直接投资对母国贸易的替代,或促进母国海外子公司中间产品或部件出口增加;瑞士的对外直接投资将不会带来贸易影响,较多的母国贸易出口额意味着瑞士的对外直接投资对出口的影响不大;从对外直接投资对母国产业贸易结构的影响来看,瑞士跨国公司并不是把最终产品出口给外国消费者,而是把中间产品运输给国外子公司;瑞士的对外直接投资将提升附加值低与技术含量低的制造业专业化水平。Selim Basar 等(2014)②研究了对外直接投资对土耳其母国经济增长与投资增长效应的影响,发现土耳其的对外直接投资对于其经济增长在短期和长期具有促进效应,并且能够通过财富的转移与劳动力的外迁降低失业率。影响并非单一的积极作用,也会有一些消极的方面。Aristidis P.Bitzenis 等(2013)③研究发现,对外直接投资带来的母国增长效应也会伴随消极的成本。其带来的母国增长效应劣势包括对外直接投资负面影响国际收支平衡,并且经常账户会受到对外直接投资对于出口贸易替代的影响与进口贸易资金供给不足的影响。而就业率

① Magnus Blomstrom, Ari Kokko.Home Country Effects of Foreign Direct Investment: Evidence from Sweden.NBER Working Paper,1994,2.

② Selim Basar,Selda Çakici Özkilbaç.Effects of Outward Foreign Direct Investment of Turkey on Economic Growth and Domestic Investment.Working Paper,2014(11).

③ Aristidis P.Bitzenis,Vasileios A.Vlachos.Greece's Outward FDI: A Window for Growth?.Athens:Konstantinos Karamanlis Institute for Democracy,2013.

也会由于母国的出口被对外直接投资所替代而受到影响。对外直接投资的上升伴随着对母国就业、投资与竞争力的挤出效应,并有可能把本国具有竞争力与价值的知识传播到东道国,从而削弱母国增长效应(Blomström 和 Kokko,1998①;Lipsey,2004②)。

第二节 对外直接投资的母国增长效应:一般理论模型

现有的关于对外直接投资的母国增长效应理论的直接研究较少,尚未形成统一的理论体系,目前国内外学者部分通过数理模型理论推导的方法,研究了对外直接投资的母国增长效应,本书基于现有的研究成果,阐述研究者目前主要推导出的对外直接投资的母国增长效应理论机理,并对其进行阐释,主要集中于对外直接投资的母国技术增长效应理论、对外直接投资的母国就业增长效应理论及对外直接投资的母国产业增长效应理论等方面。

一、母国技术增长效应理论模型

ADenzer-Schulz(2014)③认为,对外直接投资的母国技术增长效应是建立在内生增长模型基础上的,建立了包含最终产品生产部门、中间产品部门、研发部门、中间产品生产部门、消费者部门在内的五部门基础上的内生增长理论模型。最终产品生产部门由生产同质商品的生产企业构成,最终产品被用于消费或再生产;中间产品生产部门由生产 K 种异质性中间产品的 K 个不同的企业构成,其中部分企业是用较为落后技术进行生产的本土企业,另一部分企业是用较为先进技术进行生产的跨国企业;研发部门通过研发部门的人力资

---

① Blomström,M.and Kokko, A.Multinational Corporations and Spillovers.Journal of Economic Surveys,1998,12(3),247-278.

② Lipsey,R.E.Home-and Host-Country Effects of Foreign Direct Investment.In:R.E.Baldwin and A.L.Winters,eds.2004. Challenges to Globalization:Analyzing the Economics.Chicago:University of Chicago Press,2004.

③ A Denzer-Schulz.Home Country Effects of Outward Foreign Direct Investment:Theoretical Approach and Empirical Evidence.Interchange,2014.

本,以及现有的低技术含量知识存量和高技能含量知识存量作为投入品,产出品包括低技术含量产品与高技术含量产品;中间产品生产部门,通过从企业研发部门购买新的中间产品,假设使用相同的最终产品生产技术,中间产品生产将把部分最终产品转化为中间产品;消费者部门,每个消费者购买最终产品并从工资与利息收入中获取储蓄。

　　建立在五部门市场均衡的条件下,A Denzer-Schulz(2014)[①]推导出了对外直接投资的母国技术增长效应。本土高技术含量的跨国企业在海外设立子公司,其生产率较高为 δ^*,低技术含量企业是本土经营企业,其生产率较低为 δ。现有的母国知识技术水平 k 部门建立在国际运营的企业数量 k^* 基础上,而经济增长率直接受本土生产企业与跨国企业的生产率之比 δ/δ^* 的影响,间接受跨国运营企业与非跨国运营企业数量比的影响。跨国企业不仅对技术进步有益,对母国整体技术进步也有影响。跨国企业的先进技术也为本土经济创造了外部性溢出效应,通过多部门增长率的均衡,研究了对外直接投资的母国技术增长效应,满足以下模型:

$$\frac{\partial g}{\partial\left(\frac{\delta}{\delta^*}\right)}=\frac{\partial H}{1+\gamma\sigma}\left[\frac{\left(\frac{\left(\frac{\delta}{\delta^*}\right)^{\frac{(2-2\mu-\mu^*)}{(\mu+\mu^*-1)}}}{(\mu+\mu^*-1)}\right)(1-\mu-\mu)\left(\frac{\delta}{\delta^*}\right)^{\frac{1}{(\mu+\mu^*-1)}}}{\left(1+\left(\frac{\delta}{\delta^*}\right)^{\frac{1}{(\mu+\mu^*-1)}}\right)^2}\right] \quad 模型 1-1$$

其中,$\dfrac{\partial g}{\partial\left(\dfrac{\delta}{\delta^*}\right)}\geqslant 0$,$f\left(\dfrac{\delta}{\delta^*}\right)\leqslant\left(\dfrac{1-\mu}{\mu}\right)^{(\mu+\mu^*-1)}$

发现,当达到门槛 $\left(\dfrac{1-\mu}{\mu}\right)^{(\mu+\mu^*-1)}$ 时,本土企业和跨国企业的经济增长率 g 与生产率同步增长,这一门槛由外部性系数 μ 和 μ^* 表示,经济增长与国际化运营企业的数量正相关,本土企业较跨国企业生产率低,意味着 $\left(\dfrac{\delta}{\delta^*}\right)<$

　　① A Denzer-Schulz.Home Country Effects of Outward Foreign Direct Investment:Theoretical Approach and Empirical Evidence.Interchange,2014.

1,在均衡条件下,$\left(\dfrac{k^*}{k}\right)$ 也小于1,意味着本土运营企业的获利很大程度上来源于对外直接投资将带来的经济增长效应。跨国企业对本土运营企业的国际运营溢出效应越小,门槛值越低,μ 越小,知识水平差距越小,本土企业与跨国企业的知识溢出效应越大。

二、母国就业增长效应理论模型

李磊等(2016)[1]分析了对外直接投资的母国就业增长效应,研究发达国家对发展中国家的对外直接投资是否导致母国生产与出口水平的降低,进而削弱母国就业水平,其建立在 Desai 等(2009)[2]和 Amiti 和 Wei(2009)[3]的模型基础上,研究不同对外直接投资的母国就业增长效应,推导了理论机理。通过对企业利润求一阶导和二阶导,分别得到模型 1-2 和模型 1-3:

$$\frac{\partial Q}{\partial I}\frac{\partial^2 R}{\partial Q^2}\left[\frac{\partial Q}{\partial I}dI + \frac{\partial Q}{\partial I^*}dI^*\right] + \frac{\partial R}{\partial Q}\left[\frac{\partial^2 Q}{\partial I^2}dI + \frac{\partial^2 Q}{\partial I\partial I^*}dI^*\right] + \frac{\partial Q}{\partial I}\frac{\partial^2 R}{\partial Q\partial y^*}dy^* = dc$$

模型 1-2

$$dI = \frac{\left[\dfrac{\partial Q}{\partial I}\dfrac{\partial Q}{\partial I^*}\dfrac{\partial^2 R}{\partial Q^2} + \dfrac{\partial R}{\partial Q}\dfrac{\partial^2 Q}{\partial I\partial I^*}\right]dI^* + \dfrac{\partial Q}{\partial I}\dfrac{\partial^2 R}{\partial Q\partial y^*}dy^*}{-\left[\left(\dfrac{\partial Q}{\partial I}\right)^2\dfrac{\partial^2 R}{\partial Q^2} + \dfrac{\partial R}{\partial Q}\dfrac{\partial^2 Q}{\partial I^2}\right]}$$

模型 1-3

$Q(I,I^*)$ 表示生产函数,I 是国内投入要素,I^* 是国外投入要素,国内单位投入成本为 c,国外单位投入成本为 c^*,企业收入函数为 $R(Q,y^*)$,y^* 是外国市场的需求潜力,R 是已有的产出水平基础上,国外需求状况对收入的影响,企业利润满足函数 $R(Q,y^*) - (cI + c^*I^*)$。因为 $\partial^2 R/\partial Q^2 \leq 0$,$\partial^2 Q/\partial I^2 < 0$,模型 1-3 的分母大于零,则国内投资与国外投资属于互补的关

① 李磊、白道欢、冼国明:《对外直接投资如何影响了母国就业?——基于中国微观企业数据的研究》,《经济研究》2016 年第 8 期。

② Desai M A,Foley C F,Hines J R.Domestic Effects of the Foreign Activities of US Multinationals.American Economic Journal Economic Policy,2009,1(1):181-203.

③ Amiti M,Wei S J.Service Offshoring and Productivity:Evidence from the US.World Economy,2009,32(2):203-220.

系,国外投资的增加会带来国内本土投资的增加,模型1-3中分子的第二部分是需求的影响,若 $\partial R/\partial Q$ 伴随 y^* 增长,有 $\dfrac{\partial^2 R}{\partial Q \partial y^*} > 0$,那么 y^* 越大,投入越大,国外市场的需求会影响国内市场的投入,意味着,对外直接投资的母国就业增长效应主要通过影响国内市场的投入,以及促进外国市场需求发展获得。

三、母国产业增长效应理论模型

刘海云和聂飞(2015)[①]阐述了对外直接投资的母国产业增长效应,主要以中国制造业为例,分析了其母国产业空心化效应,借鉴 Kim(2007)[②]的研究方法,建立在 Romer 内生增长理论模型基础上,研究引进外资和对外直接投资对实际利率的作用效果,并且分析包括资本要素的制造业对外直接投资的母国产业空心化效应。其假设前提条件是:(1)拥有代表厂商的最终产品部门和中间产品部门构成母国经济;(2)资本及劳动是生产的主要投入要素,数量受到限制;(3)母国是开放经济体,制造业资本自由流动,资本存量市场供需决定实际利率。

通过垄断市场最终产品生产成本最小化条件或最终制造品代表厂商的利润最大化条件可以得出行业最终制造品代表厂商的成本最小化资本—劳动比率:

$$\frac{K_f(i)}{L_f(i)} = \frac{1-\alpha-\beta}{\beta}\frac{\varpi}{r(i)} \qquad\qquad 模型1-4$$

其中, $L_f(i)$, $K_f(i)$ 是最终制造品厂商投入的劳动力和资本存量, α,β, $1-\alpha-\beta$ 代表中间产品、劳动力以及资本的投入产出弹性, ϖ 是母国制造业的工资水平, $r(i)$ 是实际利率水平。刘云海和聂飞(2015)进一步借鉴最终制造品市场一般均衡条件,推导出了实际利率作为引进外资和对外直接投资的函数:

　　① 刘海云、聂飞:《中国制造业对外直接投资的空心化效应研究》,《中国工业经济》2015 年第 4 期。

　　② Kim Y J. A model of industrial hollowing-out of neighboring countries by the economic growth of China ☆.China Econo mic Review,2007,18(2):122-138.

$$r(i) = \frac{(1 - \pi) e^t}{\left(\sum_{i=1}^{t} (FDI(i) - ODI(i)) \right)^{\theta} Y^{\mu}} \qquad \text{模型 1-5}$$

其中，$\mu, \theta > 0$，$FDI(i)$ 是引进外资水平，$ODI(i)$ 是对外直接投资水平，进一步可以推导出制造业对外直接投资对于产业最终制造业的资本—劳动比影响效果，即：

$$\frac{K_f(i)}{L_f(i)} = H \left(\sum_{i=1}^{t} (FDI(i) - ODI(i)) \right)^{\theta} Y^{\mu} \qquad \text{模型 1-6}$$

其中，$H = \dfrac{1 - \alpha - \beta}{\beta} \dfrac{\varpi}{(1 - \pi) e^t}$，发现，母国产业的最终产品资本—劳动比与产业产出水平以及引进外资与对外直接投资之差的关系成正比。

第三节 基于中国特殊性的理论拓展与分析逻辑

本书认为，现有的对外直接投资母国增长效应相关研究与理论对于对外直接投资的母国增长效应研究提供了一定的基础与研究价值，但是，缺乏对不同类型国家异质性基础上的对外直接投资的母国增长效应理论分析。因此，本书观点认为，需要建立在上述研究范围的分析基础上，考虑对外直接投资的异质性问题，并纳入 Rugman 基于交易成本的国际化理论拓展出对外直接投资的国家特定优势理论以及对外直接投资的企业特定优势理论，建立在已有的对外直接投资的母国增长效应理论基础上，完善本书的研究视角。

一、考虑对外直接投资的异质性

不同类型国家的对外直接投资有不同的特殊性，西方发达国家的对外直接投资是建立在生产折中理论基础上，拥有所有权优势、区位优势和内部化优势；发达国家日本的对外直接投资是建立在边际产业转移理论基础上的，虽然具体实现形式与西方发达国家有所区别，但本质上仍然是建立在 OLI 生产折中理论基础上的；发展中国家的对外直接投资并不具备所有权优势、区域优势与内部化优势，其对外直接投资流向了较之发达程度更高的国家和地区。另

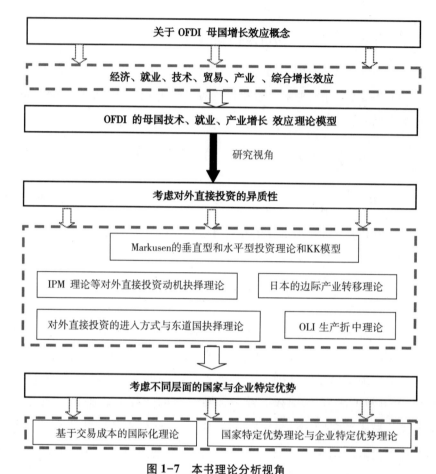

图1-7　本书理论分析视角

资料来源:参考裴长洪、郑文的《国家特定优势:国际投资理论的补充解释》(《经济研究》2011年第11
期)及作者根据本书内容绘制

一方面,对外直接投资的方式选择、投资动机、进入方式与东道国抉择等方面
也存在较大的差异。

(一)西方发达国家对外直接投资的异质性

发达国家的对外直接投资竞争优势是建立在生产折中理论基础上的 OLI
竞争优势。P.Hofmann(2013)①对对外直接投资的发达国家异质性理论进行

---

①　P.Hofmann.The Impact of FDI on Technological Change and Long-Growth.Verlag Berlin Hei-
delberg:Springer,2013.

了总结,认为发达国家开展对外直接投资的基础是建立在 John H. Duning 和 Sarianna M. Lundan(2008)①的投资发展路径理论(IDP 理论)基础上的 OLI 竞争优势,即所有权优势(Ownership-specific advantages)、区域优势(Location-specific advantages)及内部化优势(Internalisation-specific advantages)。所有权优势指跨国企业拥有大量的本企业所有的投资资源与资产,如专利、商标、技术资本(有形知识或特有知识)、管理才能以及组织能力等,企业对这些资源的拥有数量较多,可以提升企业的竞争能力与管理能力,分散风险;区位优势是指企业能够把其生产价值链分散到不同的国家和地区,以便利用其投资成本、投入供给与投入品质量间的差异,通过在东道国开展投资,能够利用市场规模、增长、投资补贴、运输成本、税收减免等方面的优势;内部化优势是指企业开展本土生产还是外包活动,从国际意义上来讲即通过子公司进行海外生产还是外包给国外公司生产的抉择问题,前者即发挥内部化优势,可以开展一体化经营,降低研发、谈判、交流、管理等成本,降低市场风险,拥有更高的灵活性与效率。②

(二)日本对外直接投资的异质性

以日本经济学家 Kojima 为代表的对外直接投资发展的日本模式,是边际产业转移理论的代表,仍属于发达国家范畴。Kojima(1978)③认为,美国等发达国家的生产成本较高,不具有比较优势,只有通过技术创新比较优势,克服关税壁垒和非关税壁垒才能带来对外直接投资的增长效应发挥。由于二战后日本发展的阶段特点,其比较优势在于成本推动型,特别是廉价劳动力推动型,主要体现在低附加值、低技术含量的劳动力密集型制造业的发展。然而,随着 20 世纪 60 年代刘易斯拐点的出现,日本的低成本比较优势不再发挥作

① Duning J H, Lundan S.M. Multinational Enterprise and the Global Economy. UK Northampton: Cheltenham, USA: MA, 2008.

② Dunning J H. International production and the multinational enterprise /// International production and the multinational enterprise. Allen & Unwin, 1981: 175-176. Dunning J H. Explaining international production. International Affairs, 1988, 66(1): 168. Ghoshal S. Global strategy: An organizing framework. Strategic Management Journal, 1987, 8(5): 425-440.

③ Kojima K. Direct Foreign Investment: A Japanese Model of Multination Business Operations. London. Croom Helm, 1978.

用,劳动力市场短缺,以寻找低成本的海外市场进行低成本生产保持竞争优势的对外直接投资开始盛行。20 世纪 70 年代,大量日本企业为了保持自身竞争力,搬迁到了当时还具有生产成本优势的亚洲四小龙地区。但本质上来说,日本模式与美国模式并没有很大的差别,只是由于国别与发展阶段的差异,日本在寻找海外低成本市场的发展阶段晚于一般意义上的发达国家。所以,尽管对日本等发达国家的边际产业转移模式赋予了特殊的含义,但究其本质属于发达国家,建立在 OLI 竞争优势基础上,适用于 IDP 理论。

(三)发展中国家对外直接投资的异质性

真正意义上表现出对外直接投资异质性特征的是以中国、印度、巴西、马来西亚为代表的一系列发展中国家,这些国家的对外直接投资没有大规模流向发展中国家,而是大规模流向发达国家的高级制造业、服务业、高新技术产业,而这些发展中国家在这些产业与国家地区并不具有比较优势。Lucas(1990)认为,在 Dunning(2008)的传统理论中,无论从经济发展阶段理论、产业发展阶段理论还是区位发展阶段理论来看,一般来说,对外直接投资应从较为发达的经济体流向较不发达的经济体。然而,发展中国家的事实并非如此。因此,发展中国家在开展国际投资的过程中通常以提升自身竞争优势,开展国际化生产经营为阶段性目标。Hattari 等(2008)[1]研究发现,亚洲对外直接投资发展的特殊性,主要是在于亚洲自身发展的母国异质性特点,亚洲的发展中国家比较优势不同于发达国家,开展对外直接投资的主要目标在于通过购买发达国家的优势品牌、技术、生产线、管理,以实现对生产网络的市场搜寻及分配,分散本土市场的风险、规避关税,部分地区的对外直接投资带有区域性政治目的。

(四)垂直型和水平型对外直接投资及 KK 模型

对外直接投资可划分为垂直型对外直接投资和水平型对外直接投资。Markusen(1984)[2]认为,水平型对外直接投资主要流向与母国资源禀赋条件、

---

① Hattari R,Ramkisben R.S.Trends and Drivers of Bilateral FDI Flows in Development Asia. HongKong Institute for Monetary Research.2008.

② Markusen J.R., Multinatioanls, Multi-Plant Economies, and the Gains from Trade. Journal of International Economics.1984,16(3-4):205-226.

技术条件、经济发达程度相似的区域,其目的在于降低运输成本与规避贸易壁垒;Helpman(1984)[1]认为,垂直型对外直接投资主要是流向与母国资源禀赋条件、技术条件、经济发达程度差距较大的东道国,其目的在于把生产经营活动环节垂直化分散在各国,以利用东道国的战略资源优势,实现一体化生产经营;而 Markusen(2002)[2]把垂直型对外直接投资与水平型对外直接投资纳入一个理论模型视角,形成了 KK 模型(知识资本模型)。Maureen Lankhuizen(2014)[3]认为,当技术资源相似时主要采用水平型对外直接投资,而技术资源差异较大时主要采用垂直型对外直接投资,通常来说,母国应有更高的知识技术水平,因此,当东道国技术较为匮乏时,母国将在东道国进行垂直型对外直接投资,开展垂直生产。

(五)对外直接投资动机的异质性

Peter Hetenstrein 等(2015)[4]构造了 IPM 模型,对发展中国家开展对外直接投资的动机予以了解释:(1)从跨国企业的区位选择来看,发展中国家的产业选择地理位置较远的发达国家市场的主要目的在于发展并完善已有的生产网络(Johansan 等,2009)[5]。IPM 模型一定程度上解答了传统的 IDP 理论无法解决的缺乏所有权优势的新兴国家产业在进行对外直接投资时,选择地理位置较远的发达国家进行生产的难题(Cuervo-Cazurra,2010)[6]。发展中国家的企业可以利用生产网络的内在机制进行国际扩展,甚至是扩展到距离较远、

① Helpman,Elhanan. A Simple Theory of International Trade with Multinational Corporations [J].Journal of Political Economy,1984,92(3):451-471.

② Markusen,James R. Multinational Firms and the Theory of International Trade. Cambridge, MA:MIT Press,2002.

③ Lankhuizen M. The(Im)possibility of Distinguishing Horizontal and Vertical Motivations for FDI.Review of Development Economics.2014,18(1):139-151.

④ Hetenstein P,Sutherland D,Anderson J. Internationalization within Networks:Exploring the Relationship between Inward and Outward FDI in China's Auto Components Industy.Asia Pacific Journal of Management.2015:1-28.

⑤ Johanson,J. Vahlne J. E. The Uppsala Internationalization Process Model Revisited:from Liability of Foreignness to Liability of Outsidership.Journal of International Business Studies.2009,40 (9):1141-1431.

⑥ Cuervo-Cazurra A. Extending Theory by Analyzing Developing Country Multinational Companies:Solving the Goldilocks Debate.Global Strategy Journal.2012,2(3):153-167.

竞争力强的发达国家和地区;(2)基于生产网络的战略性资源寻求目标来看,新兴经济体国家在发达国家开展对外直接投资的目的在于开发与巩固其在全球产业价值链中的地位,而其中的重要子目标之一在于去发达市场寻找拥有战略性资源的潜在供应商。从 IPM 的视角来看,对外直接投资的战略性资源寻找过程可以看作是生产网络的战略资源搜寻,以便更好地寻求生产网络合作与生产网络内的赶超与学习机会(Peter Hetenstrein,2015)[1];(3)从国际化加速的生产网络内在机制来看,Johanson 等(2009)[2]认为,如果给予企业足够的时间来学习并构建生产网络关系,将必然带来快速国际化的结果;(4)从生产网络的视角考虑准入模式,如果把兼并与收购看作一种重要的获取战略性资源和迅速追赶的准入模式的话,多数发展中国家,如中国将采用激进的高危兼并收购战略快速实现国际化。

Jordan 等(1981)[3]认为,瑞士企业开展对外直接投资的目的主要在于降低运输成本,减少贸易壁垒并接近其目标客户。建立密切的客户关系有利于适应特定的市场以及国家产品标准,并能够降低对外国厂商的歧视。Y. Ouyang(2016)[4]把发达国家的对外直接投资优势总结为在资本、技术、规模、高投入、高技术产出等方面,并且具有在母公司与子公司的内部交易中节约成本的优势。发达国家的对外直接投资主要目的在于获取高利润,其再投资的利润较高。其投向发展中国家的对外直接投资目的主要在于利用其自然资源、劳动力资源以及扩展发展中国家的市场。其对中国的对外直接投资主要有两个目标,其一是获取中国市场。中国人口众多,经济日趋繁荣,购买力不断上升。其二是利用中国的丰富劳动力资源。发达国家的劳动力资源成本较

① Hetenstein P, Sutherland D, Anderson J. Internationalization within Networks: Exploring the Relationship between Inward and Outward FDI in China's Auto Components Industy. Asia Pacific Journal of Management. 2015:1-28.

② Johanson, J. Vahlne J. E. The Uppsala Internationalization Process Model Revisited: from Liability of Foreignness to Liability of Outsidership. Journal of International Business Studies. 2009,40 (9):1141-1431.

③ Jordan, Vahlne. Domestic Employment Effects of Directs Investment Abroad by Two Swedish Multinationals. Working Paper,1981.

④ Y. Ouyang. The Development of BRIC and the Large Country Advantage. Truth and Wisdom Press and Springer Science+Business Media Singapore,2016.

高,而发展中国家的劳动力成本较低。

另外,发达国家的工业结构在弱化,主要是由于其更多的投向高新技术产业、知识密集型服务业产业,以及高新技术改良后的传统产业。Jack Behrman (1972)①,Dunning 和 Lundan(2008)等学者归纳了跨国企业开展对外直接投资的四种动机,即自然资源寻求型、市场寻求型、效率寻求型和战略资源及能力寻求型或是多种动机的组合。第一,自然资源寻求型动机:主要寻求高质量、低成本、易获取的特定资源,主要分为三种类型。(1)物质资源寻求型,制造业与初级产品生产企业搜寻矿产资源、燃料、金属、农产品等;(2)廉价劳动力寻求型,制造业与服务业企业供应用于出口的劳动力密集型中间产品和最终产品;(3)能力寻求型,如对技术、管理、市场专业水平与组织能力等的搜寻。第二,市场寻求型动机:跨国企业为保持已有市场,或利用、开发新市场而开展对外直接投资。具体可能是为其供应商或客户新成立的海外子公司继续提供服务、提升全球竞争力与领导地位、满足海外东道国市场及东道国文化的特殊需求,或降低经营的供应与交易成本等。第三,效率寻求型动机:利用要素资源禀赋、文化制度安排、需求结构、经济政策和市场结构等,以降低生产成本。这种类型的对外直接投资在少数区域集中生产并供应广大市场,通常是生产标准产品参与国际生产的经验丰富的跨国企业。它们可能利用要素资源的可得性与相对价格差异、利用东道国与母国的经济和收入的相似性及需求供给能力的相似性,发挥规模经济效应和范围经济效应等,使自身获益;第四,战略资源及能力寻求型动机:为加强全球竞争力,采用全球化或市场化战略,利用特定的成本和市场优势,获取超过竞争对手的竞争优势。

其他跨国企业开展对外直接投资的动机还包括逃离型、支持型及消极型等。如中国等国家跨国企业为获取较低运营成本与外资身份优势,开展制度套利,或避免高税负与国内制度僵化而远离母国的跨国企业对外直接投资行为,这些行为都属于逃离型对外直接投资;部分对外直接投资的目标是为较远子公司外国商品服务,金融采购或出口贸易便利化服务,这类对外直接投资被

---

　①　Behrman J N.The role of international companies in Latin American integration:autos and petrochemicals.Lexington Books,1972.

视为提供资金支撑的对外直接投资行为;还有一些跨国企业聚焦于跨国企业买卖及房地产投资的资产交易与套利行为,属于消极型对外直接投资。

(六)对外直接投资的进入方式与东道国抉择异质性

跨国企业在开展对外直接投资的过程中在对东道国的进入方式的抉择及具体东道国的选择方面也具有较大差异。就跨国企业开展对外直接投资的东道国进入方式抉择差异而言,企业开展对外直接投资的方式主要分为跨国并购和绿地投资两种方式,前者是对具有优势资源的海外企业直接兼并并内部化其技术资源优势,要求母公司有良好的资源基础及优势互补能力,能够较好吸收利用被并购海外企业的优势资源;后者是通过海外投资设立海外分公司,对母公司的技术能力要求较高,以克服固定投资成本的不足及营销网络的不完善问题(蒋冠宏和蒋殿春,2017)[1]。据 Helpman 等(2004)[2]的异质性投资理论,建立在生产率差异的基础上,生产率较高的企业开展海外直接投资,生产率次之的企业进行跨国贸易,而生产率较低的企业仅开展本土经营,而跨国企业的对外直接投资方式的选择,更多的与母国企业的竞争优势与劣势相关。

就跨国企业开展对外直接投资的具体东道国抉择而言,多考虑母国与东道国的竞争优势差异,及其正式的与非正式的制度环境差异。如考虑地理距离或经济距离的区位抉择方式,如采用近距离(其他条件不变)的抉择方式,跨国企业选择其地理距离较近的邻国或经济、政治、物流与文化距离较近的国家开展对外直接投资,更有利于其母国企业获利;如考虑运营区域的选择,全球运营方式的抉择,将为大型跨国企业占据全球主要的生产及销售市场带来便利。

二、考虑企业特定优势与国家特定优势

进一步,本书观点认为,应纳入 Rugman 的分析视角,把对外直接投资的异质性进行分类,从国家特定优势与企业特定优势的视角进行分析,并具体涉

---

[1] 蒋冠宏、蒋殿春:《绿地投资还是跨国并购:中国企业对外直接投资方式的选择》,《世界经济》2017 年第 7 期。

[2] Helpman E,Melitz M J,Yeaple S R.Export Versus FDI with Heterogenous Firms[C]// 2004:300-316.

及企业特定优势、东道国特定优势与母国特定优势等理论。Dunning(1980①)建立在 Kobrin(1976)②的研究基础上提出并研究了 OLI 生产折范式,而Kobrin 等(1976)③,Rugman(1981)④以及 Hennart(1982)⑤在国际化理论基础上提出了企业特定优势理论(Rugman,2008)⑥。Rugman 和 Verbeke(1992)⑦认为已有的国际化理论存在问题,部分学者的实证研究结果与已有的国际生产交易成本理论不符。为解决这一问题,Rugman 和 Verbeke(1992)⑧区分了区域限制的企业特定优势(LB-FSA)和非区域限制的企业特定优势(NLB-FSA)并对国家特定优势(CSA)予以阐述。

(一)基于交易成本的国际化理论

Dunning(1988)⑨,Rugman 和 Verbeke(1992)⑩跨国企业的国际运营方式和竞争力是建立在跨国企业三要素交易成本理论基础上的,认为:第一,企业特定优势(FSA)。包括企业特有知识和交易成本优势,后者指跨国节约成本与获取收益的能力,包括最优化内部合作机制与内部控制机制,考虑交易的成本与收益。第二,国家特定优势(CSA),与特定国家的区域活动相关,这些优

---

① Dunning J H.International production and the multinational enterprise /// International production and the multinational enterprise.Allen & Unwin,1981:175-176.

② Kobrin S J,Buckley P J,Casson M.The Future of Multinational Enterprise.Journal of Marketing,1976,41(4):137.

③ Kobrin S J,Buckley P J,Casson M.The Future of Multinational Enterprise.Journal of Marketing,1976,41(4):137.

④ Rugman A M.Inside the multinationals.Columbia University Press,1981.

⑤ Hennart J M A.A Theory of Multinational Enterprise.Neuroreport,1982.

⑥ Rugman A M.Rugman Reviews International Business// Reflections on international law from the low countries:.M.Nijhoff Publishers,2008:03.

⑦ Rugman A M,Verbeke A.A Note on the Transnational Solution and the Transaction Cost Theory of Multinational Strategic Management.Journal of International Business Studies,1992,23(4):761-771.

⑧ Rugman A M,Verbeke A.A Note on the Transnational Solution and the Transaction Cost Theory of Multinational Strategic Management.Journal of International Business Studies,1992,23(4):761-771.

⑨ Rugman A M,Verbeke A.A Note on the Transnational Solution and the Transaction Cost Theory of Multinational Strategic Management.Journal of International Business Studies,1992,23(4):761-771.

⑩ Dunning J H.Explaining international production.International Affairs,1988,66(1):168.

势来自市场结构的不完善,如政府规制;通过获取投资机会,降低风险和投资成本获取利益。第三,国际化优势,涉及不同跨国企业东道国进入方式的相对收益,市场失灵及政府带来的市场不完善性是开展对外直接投资的前提。

(二)企业特定优势理论与国家特定优势理论

Rugman 和 Verbeke(1992)①认为基于交易成本的国际化理论对于长期企业特定优势的发展有益,但并未考虑区位对企业特定优势的影响,也未考虑国家特定优势对长期企业特定优势发展的贡献,因此,发展了企业特定优势理论(FSA)与国家特定优势理论(CSA)。如 Prema-chandra Athukorala(2009)②通过理论研究,分析了印度对外直接投资通过提升海外竞争力进而带来母国增长效应的实现。认为,当企业在海外建立子公司开展对外直接投资时将产生一系列的成本(对海外市场不熟悉、缺乏对海外制度环境与体制信息等),为克服这些问题,开展对外直接投资的国际企业需要拥有较之当地企业更大的竞争优势,当合理发挥这些竞争优势时,将带来母国增长效应的实现,这种竞争优势主要分为两类:一是,企业所特有的竞争优势,指企业所独有的运营管理能力或技术优势。具体指企业所特有的生产能力或技术工艺基础上的组织管理能力、市场营销渠道、分销管理路径或管理技能;二是,国家所特有的竞争优势,指母国所特有的商业运营管理的能力,可以是建立在资源禀赋基础上、劳动力禀赋基础上或无形资产要素基础上的教育所得技能、企业家精神、保护知识产权的制度或其他国家所特有的要素资源。始于 Rugman(1981)③等的研究,Rugman 和 Verbeke(1992)④阐述了企业特定优势理论与国家特定优势理论。

企业特定优势理论。包括非区域限制的企业特定优势(NLB-FSAs)和区域限制的企业特定优势(LB-FSAs)。非区域限制的企业特定优势指能够被全

① Rugman A M,Verbeke A.A Note on the Transnational Solution and the Transaction Cost Theory of Multinational Strategic Management. Journal of International Business Studies,1992,23(4):761-771.

② Prema-chandra Athukorala.Outward Direct Investment from India.Working Paper in Trade and Development,2009.

③ Rugman A M.Inside the multinationals[M].Columbia University Press,1981.

④ Rugman A M,Verbeke A.A Note on the Transnational Solution and the Transaction Cost Theory of Multinational Strategic Management. Journal of International Business Studies,1992,23(4):761-771.

球化利用的企业优势,能带来规模效应,范围效应,并利用国家间差异获利。通过对外直接投资,非区域限制的企业特定优势能够通过较低的边际成本转移到国外,并且在缺乏适应性的前提下被有效应用于东道国生产经营。区域限制的企业特定优势指只能在特定区域使企业获利,其传播较为困难,且需要一定适应过程。

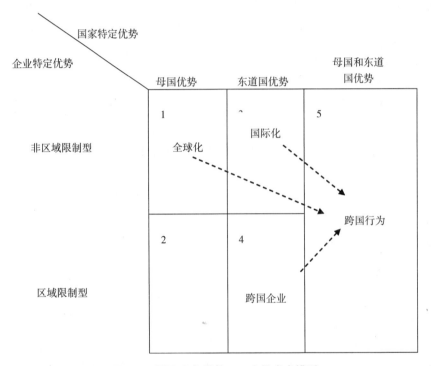

图1-8　国际竞争优势——交易成本模型

资料来源:Rugman A M,Verbeke A.A Note on the Transnational Solution and the Transaction Cost Theory of Multinational Strategic Management. Journal of International Business Studies, 1992, 23 (4): 761-771.

国家特定优势理论。国家特定优势(CSA)包括母国特定优势,东道国特定优势,以及母国与东道国双层次特定优势。从保障对外直接投资发展的金融、贸易、税收等制度入手,许真和陈晓飞(2016)①发现:(1)垄断性金融制度

_____

① 许真、陈晓飞:《基于扩展的 IDP 模型的对外直接投资决定因素分析——来自国家面板回归的证据》,《经济问题》2016 年第 2 期。

对新兴经济体国家的对外直接投资有明显的一致作用,通过五大银行的国有金融垄断关系与企业国际化的程度进行研究发现,垄断性越强,企业的对外直接投资国际化程度越低;(2)母国较为封闭的国际贸易体制也会对对外直接投资产生抑制作用,通过研究关税贸易壁垒发现,新兴经济体的开放程度与对外直接投资的力度明显具有相互促进的作用。信息越公开、国际人才流动与资源流动越方便,越有利于开展对外直接投资,而封闭的国内环境则会影响对外直接投资;(3)母国的税收环境与税收制度也会影响企业的对外直接投资,高税负压力以及企业经营理论的压制会影响企业国际化,进而抑制企业的国际投资发展。中国开展对外直接投资的主要关注点,不在于东道国的政治环境的权责制度的效率以及稳定性,而在于东道国政府效率、监管质量好坏以及政治清廉程度,更多地考虑法律体系是否较为严格;另外,较低的税负负担以及丰富的资源储备也是中国企业在东道国开展对外直接投资的重要动因(王永钦等,2014)[1]。

经济发展水平、技术效率及心理距离等要素在不同国家间的差距,是形成对外直接投资母国效应的基础。如对技术与生产效率国家间差异的研究,Marta Bengoa 和 Blanca Sanchez-Robles(2003)[2]发现,由于国家的发展水平不同,发达国家拥有更为先进的知识技术,而发展中国家的知识技术水平较低,为获取先进的知识技术,发展中国家通常把对外直接投资投向发达国家,进而带来母国增长效应。通过研究拉丁美洲国家的对外直接投资母国增长效应发现,由于发展中国家受教育人口、基础设施、自由市场、经济社会稳定性等方面的不足,为实现科技创新与研发带来的母国增长效应,往往需要向其他国家学习先进知识技术,这种逆向知识转移将带来的母国内生经济增长效应,具体来说通过以下途径:其一,直接的技术引进带来的本国资本与产出增长;其二,出入境政策限制带来的成本降低与积极的内生母国经济增长效应。如对心理距

① 王永钦、杜巨澜、王凯:《中国对外直接投资区位选择的决定因素:制度、税负和资源禀赋》,《经济研究》2014 年第 12 期。

② Marta Bengoa,Blanca Sanchez-Robles.Does Foreign Direct Investment Promote Growth? Recent Evidence from Latin America.Ecomod,2003,42:5-17.

离差异的研究,Blomkvist 和 Drogendijk(2013)①从心理距离与其影响要素分析心理距离和其影响要素(语言、区域、文化、经济增长、政治制度、教育、地理距离)的差异是否会影响中国的对外投资,采用 OLS 回归方法进行分析。研究发现,中国的对外投资受到心理距离的影响以及部分心理距离相关要素的影响,在研究对外直接投资时不能忽视这些影响要素。这些心理距离相关的影响要素作用发挥与具体的环境有关系,并影响着中国对外投资的国际化进程。Diego Quer 等(2012)②同样从心理距离的视角开展研究,着重分析政治风险与文化距离对中国企业国际化问题的影响,结果显示母国的高政治风险并没有阻止中国企业的国际化,其国际化与母国的对外直接投资表现出正向关系,同时企业规模与出口量对中国的国际化发展有正向的影响。Prema-chandra Athukorala(2009)③发现,对外直接投资通过获取全球知识、建立促进国际竞争与开放市场的贸易手段推动母国经济发展。

三、研究框架

本书主要由七个章节构成(如图 1-9 所示),首先是绪论,在明确发达国家对外直接投资与中国对外直接投资无论是理论上还是现实上表现都具有差异的情况下,发现对于发达国家而言,对外直接投资将带来母国增长效应,进而提出建立在中国对外直接投资的特殊性客观事实基础上,其是否带来母国增长效应的特殊性问题,主要采用问题导向的研究方法进行研究。提出本书的核心问题"中国对外直接投资的特殊性是否带来母国增长效应的特殊性"。书的第一章是文献综述与研究视角,研究对外直接投资的母国增长效应问题,纳入对外直接投资的异质性理论,Rugman 的对外直接投资国家特定优势理论与企业特定优势理论,寻找本书的研究视角。借鉴 Rugman、裴长洪

---

①　Blomkvist K, Drogendijk R. The Impact of Psychic Distance on Chinese Outward Foreign Direct Investments. Management International Review,2013,53(5):659-686.

②　Diego Quer,Enrique Claver,Laura Rienda. Political Risk,Cultural Distance,and Outward Foreign Direct Investment:Empirical Evidence from Large Chinese Firms. Asia Pac J Manag,2012,29:1089-1104.

③　Prema-chandra Athukorala. Outward Direct Investment from Indian. Working Paper,2009,10.

等人的对外直接投资的国家特定优势理论与企业特定优势理论,结合中国国情,识别中国对外直接投资的特殊性,研究中国对外直接投资的母国特殊性、中国对外直接投资的东道国特殊性与中国对外直接投资的企业特殊性的三层次特殊性。并应用描述性统计分析的方法,对中国对外直接投资七个层面的特殊性进行了进一步的分析,主要采用特殊性分析与描述性统计分析的研究方法。

本书的第三章是实证经验分析部分,围绕"中国对外直接投资的特殊性是否带来母国增长效应的特殊性问题?"进行分析。第三章的第一小节综合考虑了国内外影响经济增长的要素,综合考虑技术进步、就业、劳动力、资本、对外贸易、对外直接投资等要素对于母国经济增长效应的影响,并分析了多种影响要素作为中介变量的中国对外直接投资的母国经济增长效应的作用机制,主要采用静态面板数据的双向固定效应与加入交乘项的方法进行研究,分析中国对外直接投资的母国增长效应。第三章的第二小节主要通过研究中国中央权利的地方化制度的影响,采用面板 VAR 模型(PVAR)识别中央权利地方化制度、对外直接投资与中国母国经济增长效应的相互影响,分析母国制度与对外直接投资对于母国增长效应的短期与长期影响效果,并考虑了东中西部地区的差异状况。

第四章第一小节和第二小节进一步回答"中国对外直接投资的特殊性带来母国增长效应的特殊性来源是什么,来源于自身抑或国家优势?",第一小节主要通过 SFA 随机前沿分析方法,分析中国对外直接投资的特殊性带来的母国增长效应特殊性更多的是来源于国家层面特殊性还是企业层面特殊性。第二小节则采用赛马检验(Horse Rise Test)的分析方法,研究了中国对外直接投资特殊性带来的母国增长效应特殊性更多的是来源于母国特殊性还是东道国特殊性。

第五章主要是对中国对外直接投资特殊性是否带来母国增长效应特殊性的不同国家 OFDI 的经验进行分析。第六章则建立在"一带一路"的背景下,分析在国家"一带一路"倡议的支撑下,中国事实上的对外直接投资,发达国家对外直接投资,发展中国家对外直接投资,以及"一带一路"倡议下的中国央企,大型国企,以及中小型企业开展对外直接投资带来的母国增长效应的异

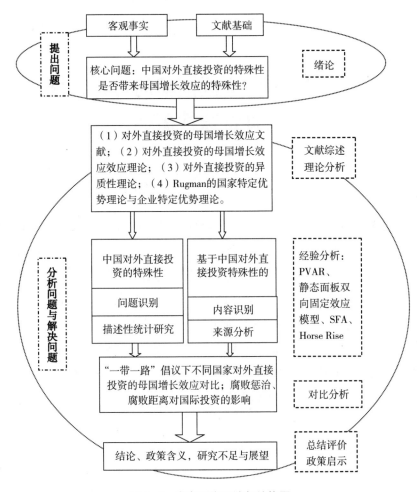

图 1-9　本书研究思路与结构图

资料来源:作者根据内容绘制。

同点,对基于多种类型的对外直接投资的母国增长效应特征进行了对比分析,主要采用了对比分析的研究方法。第七章是本书的结论,得出了相关政策含义,并进行了研究展望。

第二章　基于中国国情的对外直接
投资特殊性概述

关于异质性理论引入对外直接投资问题的分析,Helpman 等(2004)[1]的研究认为,生产率较低的企业仅开展本土经营,生产率略高的企业开展对外贸易,拥有较高生产率的企业开展对外直接投资,因此,开展对外直接投资的行为既与企业自身有关的异质性又与自我选择行为相关,又与本国其他企业的生产率及本国特征有关。一方面,企业自身的对外直接投资与 OLI 竞争优势特性、动机、生产率及企业是否开展对外直接投资有关(Helpman 和 Yeaple,2004[2];Bernard、Redding 和 Schott,2006[3])。另一方面,与国家特质,如贸易发展、政府支持、企业性质、产能利用率、国际经济环境因素等要素有关,也与企业的比较优势、生产率及对外直接投资的具体决策有关(严兵、张禹和韩剑,2014[4];李雪松、赵宸宇和聂菁,2017[5])。而国际化交易成本理论,Rugman(1981),Rugman 和 Verbeke(1992)等的企业特定优势理论和国家特定优势理论,进一步把国家特定优势与企业特定优势纳入了研究。

---

① Helpman E,Melitz M J,Yeaple S R.Export Versus FDI with Heterogenous Firms[C]// 2004:300-316.

② Helpman E,Melitz M J,Yeaple S R.Export versus FDI with Heterogeneous Firms.American Economic Review,2004,94(1):300-316.

③ Bernard A B,Redding S J,Schott P K.Multi-product Firms and Trade Liberalization [C]// Meeting Papers.Society for Economic Dynamics,2006:1271-1318.

④ 严兵、张禹、韩剑:《企业异质性与对外直接投资——基于江苏省企业的检验》,《南开经济研究》2014 年第 4 期。

⑤ 李雪松、赵宸宇、聂菁:《对外投资与企业异质性产能利用率》,《世界经济》2017 年第 5 期。

本章基于前述研究范围的确定与研究思路的梳理,纳入中国对外直接投资的特殊性问题进行分析,建立在本书的研究视角基础上,从对外直接投资主体的"企业视角"、对外直接投资对象的"东道国视角"及对外直接投资来源的"母国视角"等三个方面,分析中国对外直接投资的特殊性。首先进行特殊性识别,然后进行描述性统计研究,阐述中国对外直接投资的特殊性及这种特殊性可能的成因。具体来说,将考虑中国对外直接投资"特殊性"的企业特征、中国对外直接投资"特殊性"的东道国国家特征,及中国对外直接投资"特殊性"的母国国家特征,并应用特殊性识别及描述性统计分析的方法,阐述中国对外直接投资的特殊性,进一步建立中国对外直接投资的特殊性与母国增长效应的关联基础。

第一节　中国国情与对外直接投资

已有的国际投资理论,聚焦于跨国企业的对外直接投资行为的影响,并一定程度上涉及了"对外直接投资主体企业优势"与"东道国优势",作为跨国企业对外直接投资的重要影响因素,考虑中国国情,本小节拟建立在第二章的基础上,分析对外直接投资的特殊性。据裴长洪和郑文(2011)[①]所述,仅考虑与对外直接投资自身相关的企业"主体"竞争优势及"东道国"竞争优势,而忽略"母国"竞争优势的研究方法,虽然在一定程度上具有合理性,但由于对"母国"竞争优势的忽略,难以充分解释不同国家的对外直接投资现象。因此,本小节拟结合对外直接投资自身、东道国与母国等三方面的竞争优势,并把竞争优势拓展到特殊性层面,既考虑竞争优势,又考虑竞争劣势及中国的国情特点,进行中国对外直接投资的特殊性分析,进行特殊性的识别。

具体来说,建立在 Dunning 和 Lundan(2008)[②]对所有权优势、区位优势与

---

① 裴长洪、郑文:《国家特定优势:国际投资理论的补充解释》,《经济研究》2011 年第 11 期。

② Dunning J H.Trade,Location of Economic Activity and the MNE:A Search for an Eclectic Approach// The International Allocation of Economic Activity.Palgrave Macmillan UK,1977:203-205.

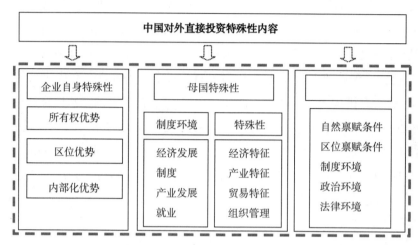

图 2-1　中国对外直接投资特殊性识别

资料来源:参考裴长洪、郑文:《国家特定优势:国际投资理论的补充解释》(《经济研究》2011 年第 11 期)及作者根据本书内容绘制。

内部化优势的 OLI 生产折中理论,与裴长洪和郑文(2011)[①]对于国家优势等关于"优势"的提法基础上,沿用 Nocke 和 Yeaple(2007)[②]关于"能力"的提法,在对对外直接投资优势的充分考虑下,综合考虑其劣势,把对外直接投资的特殊性定义为中国在开展对外直接投资时,企业自身、东道国与母国等不同层面的优势与劣势。具体来说:第一,识别中国对外直接投资的自身特殊性,主要考虑对外直接投资自身的优势与劣势问题;第二,识别中国对外直接投资"东道国国家特殊性",主要考虑对外直接投资客体东道国的国家优势与劣势;第三,识别中国对外直接投资"母国国家特殊性",主要考虑对外直接投资的母国国家的优势与劣势。

一、OFDI 特殊性的对比分析

通常来说,一般发达国家的 OFDI 是建立在 OLI 竞争优势基础上开展的,

---

①　裴长洪、郑文:《国家特定优势:国际投资理论的补充解释》,《经济研究》2011 年第 11 期。

②　Volker Nocke, Stephen Yeaple. An Assignment Theory of Foreign Direct Investment. The Review of Economic Studies,2008,75(2):529-557.

而中国企业却在缺乏效率的情况下选择开展 OFDI,存在"生产率悖论",属于"无优势的跨国企业"(Cheung 和 Qian,2009)①,国家为弥补中国"无优势的跨国企业"优势的缺失,建立在促进区域经济一体化发展与经济复兴的目标基础上,在"一带一路"地区建设境外产业园区,国有大中型企业拥有充足的融资资金来源与政策支撑,其优势是"国家优势"而不是 OLI 竞争优势,国有大中型企业依托国家资金政策优势进行"优先开发"(张平,2017)②,大力兴修基础设施,开展国际产能合作,而民营中小型企业由于中央直管的地方分权制度,面对较高的国内"新进者成本",并不具备 OLI 竞争优势,多数选择开展优先国际化的"制度套利"行为,利用较低的国际运营成本并获取"外资身份"(Max Boisot 等,2009)③,同时,将尾随大型国有企业的"优先开发"在"一带一路"地区或境外产业园区尾随投资。不同类型的 OFDI 具有不同的特殊性,本部分对比分析了一般发达国家 OFDI 的特点、其他发展中国家 OFDI 的特点以及中国 OFDI 的特殊性,主要就不同类型国家 OFDI 的优势基础、发展路径、流向、投资动机、进入方式、东道国选择等方面进行了提炼与抽象,并得出了中国 OFDI 特殊性的整体提炼,具体内容如下(如表 2-1 所示):

表 2-1　不同类型国家 OFDI 对比分析

研究对象	发达国家的 OFDI	发展中国家的 OFDI	中国 OFDI
优势基础	西方发达国家:OLI 生产折中理论 所有权优势、区位优势、内部化优势 日本:边际产业转移理论	不具备 OI 竞争优势 成本优势、资源禀赋优势	不具备 OI 竞争优势 成本优势、资源禀赋优势 公有制为基础的国家特定优势,预算软约束,政策支撑,集中力量办大事

① Cheung Y,X.W.Qian.The Empirics of China's Outward Direct Investment.Pacific Economic Review,2009,3:312-341.

② 张平:《"一带一路":中国"开发优先"跨国区域合作的探索》,《学习与探索》2017 年第 5 期。

③ Boisot M,Meyer M W.Which Way through the Open Door? Reflections on the Internationalization of Chinese Firms.Management & Organization Review,2008,4(3):349-365.

续表

研究对象	发达国家的 OFDI	发展中国家的 OFDI	中国 OFDI
发展路径	IDP 投资增长路径五阶的理论 *IFDI* 为主,部分贸易支持型或战略寻找型 *OF-DI*;*IFDI* 为主导,*OFDI* 迅速上升;*OFDI* 所有权优势为主,*IFDI* 不太受欢迎;区位优势发挥,*IFDI* 和 *OFDI* 同时迅速发展;*IFDI* 和 *OFDI* 的规模都较大	Ozawa 的发展中国家动态增长范式四阶段理论要素驱动—投资驱动—创新驱动—财富驱动	IFDI 为主;OFDI 迅速发展;IFDI 和 OFDI 同时大规模增长
OFDI 流向	流向较之发达程度低的发展中国家	流向较之发达程度高的发达国家	流向较之发达程度高的发达国家
OFDI 投资动机	自然资源寻求型、市场寻求型、效率寻求型、战略资源寻求型、制度逃离型、海外经营支持型、消极型	自然资源寻求型、市场寻求型、战略资源寻求型、制度逃离型、海外经营支持型、消极型	自然资源寻求型、市场寻求型、战略资源寻求型、制度逃离型、海外经营支持型、消极型;国有大型企业的"开发优先";民营中小型企业的"制度套利"
OFDI 进入方式	绿地投资为主,跨国并购为辅	绿地投资与跨国并购并行	跨国并购较为普遍,绿地投资比重仍较大
OFDI 东道国选择	选择与母国在地理、经济、政治、物流、文化、风俗等较为一致且差距较小的东道国国家	选择与母国在地理、经济、政治、物流、文化、风俗等较不一致且具有一定差距的东道国国家	选择与母国在地理、经济、政治、物流、文化、风俗等较不一致且具有一定差距的东道国国家;偏好腐败程度高的国家地区与税收政策宽松的世界主要避税天堂国家

资料来源:作者根据内容整理。

通过对比分析,对于中国 OFDI 的特殊性,提炼出如下观点:

第一,优势基础。中国的 OFDI 不具备一般发达国家的所有权优势、区域优势与内部化优势,其优势主要在于成本优势、资源禀赋优势,中国企业开展OFDI 更多的目的在于培育自身竞争优势(黄益平,2013)①。在公有制为主体多种所有制共同发展的基本经济体制基础上,中国的 OFDI 国家特定优势突

---

① 黄益平:《对外直接投资的"中国故事"》,《国际经济评论》2013 年第 1 期。

出,能够集中力量办大事,政府和国家为大型跨国国有企业提供了良好的融资条件以及政策支撑,为大型国有企业开展"一带一路"地区的"开发优先"与区域基础设施建设提供了良好的基础(张平,2017)①。

第二,发展路径。中国的 OFDI 不符合一般发达国家国际直接投资发展的 IDP 投资增长路径五阶段理论,也不符合 Ozawa 的发展中国家"要素驱动—投资驱动—创新驱动—财富驱动"的动态增长范式的四阶段理论。中国的 OFDI 是在 IFDI 大规模发展的基础上,受国家政策的支撑或由于大规模的外汇储备快速积累但投资回报率低而带来的担忧,中国的 OFDI 大规模发展起来的,目前处于 IFDI 与 OFDI 同时大规模发展的时期(黄益平,2013)②。

第三,流向。中国的 OFDI 不符合一般发达国家 OFDI 流向的规律,没有流向较之发达程度低的国家和地区,而是流向了较之发达程度高的国家和地区,但是不同于其他发展中国家的 OFDI 规模处于下降的态势,中国的 OFDI 规模上升趋势明显,表现出了良好的趋势(何帆,2013)③。

第四,投资动机。一般来说,OFDI 的动机包括自然资源寻求型、市场寻求型、效率寻求型、战略资源寻求型、制度逃离型、海外经营支持型和消极型。中国的 OFDI 较少以降低生产成本的效率寻求型为目标,且 OFDI 的动机有国有大型企业和民营中小型企业之分。通常来说,国有大型企业的投资目标既包括获取利益的经济目标,又包括国家经济发展的政治利益目标(王碧珺,2013)④,包括基础设施建设,境外产业园区等,如投向"一带一路"地区建设发展的国有大中型企业的对外直接投资(张平,2017)⑤;而民营中小型企业的 OFDI 多属于制度逃离型的,由于国内经营成本过高,高于海外经营的成本,民营中小型企业通常选择先开展海外经营获取"外商身份",再返回国内进行

　①　张平:《"一带一路":中国"开发优先"跨国区域合作的探索》,《学习与探索》2017 年第5 期。
　②　黄益平:《对外直接投资的"中国故事"》,《国际经济评论》2013 年第 1 期。
　③　何帆:《中国对外投资的特征与风险》,《国际经济评论》2013 年第 1 期。
　④　王碧珺:《被误读的官方数据——揭示真实的中国对外直接投资模式》,《国际经济评论》2013 年第 1 期。
　⑤　张平:《"一带一路":中国"开发优先"跨国区域合作的探索》,《学习与探索》2017 年第5 期。

"制度套利",其开展 OFDI 的目标通常是迫于国内制度劣势的"制度逃离"
(Max Boisot 等,2009)①。

第五,进入方式。一般来说,发达国家的 OFDI 采取绿地投资为主,跨国
并购为辅的对外直接投资方式,而中国企业,由于有良好的融资来源,资金相
对充裕,对 OFDI 的风险敏感性不高,通常在开展 OFDI 时,选择能够迅速获取
东道国企业技术、人才、管理经验等优势的跨国并购 OFDI 方式进入东道国,
少部分 OFDI 选择设立海外子公司,绿地投资的方式开展 OFDI(蒋冠宏、蒋殿
春,2017②;李国学,2013③)。同时,由于不注重 OFDI 的风险管理,在开展跨
国并购中有大量的盲从行为,伴随着中国跨国并购的大量失败案例。

第六,东道国选择。中国的国有企业在选择东道国的过程中,由于有充足
的国家资金支持与政策支撑,对东道国的风险防范要求并不高,并不倾向于选
择与母国制度、环境、政治等方面相类似的国家或地区,反而会投向一些风险
较高的东道国,甚至选择一些回报周期较长的海外项目开展 OFDI。而民营中
小型企业在东道国的选择过程中,通常会去东道国开展贸易或建立与贸易相
关的海外分支机构,或作为"生产型"对外直接投资,在海外开展生产经营活
动(王碧珺,2013④)。民营中小型企业通常会选择东道国营商环境良好,风险
较小的国家开展 OFDI,民营中小型企业甚至会选择一些制度环境宽松、经营
环境良好的海外避税"天堂"开展 OFDI,以更好地获取"外资身份",规避高税
负,再回母国壮大经营。

第七,Buckley 等(2008)⑤指出,发展中国家的 OFDI 是后来者或新进者为
主体的,需要采用全新的理论框架进行分析,同时,还有研究发现,主流理论是

①　Boisot M,Meyer M W.Which Way through the Open Door? Reflections on the Internationali-
zation of Chinese Firms.Management & Organization Review,2008,4(3):349-365.

②　蒋冠宏、蒋殿春:《绿地投资还是跨国并购:中国企业对外直接投资方式的选择》,《世界
经济》2017 年第 7 期。

③　李国学:《制度约束与对外直接投资模式》,《国际经济评论》2013 年第 1 期。

④　王碧珺:《被误读的官方数据——揭示真实的中国对外直接投资模式》,《国际经济评
论》2013 年第 1 期。

⑤　Buckley P J.Historic and Emergent Trends in Chinese Outward Direct Investment,2008,48
(6):716-748.

可行的,但需要特殊的理论进行补充分析(Grub,1985①)。中国企业由于规模小,能够较好地适应特殊需求市场的要求,因此能够较好获利。同时,由于习惯了母国的政府干预、不健全的产权保护、不透明公开的公司治理机制,中国企业能够更好地与复杂的法规与混乱不透明的政治约束共存,因此,能更好地在不完美的市场上获取资金能力,促进其 OFDI 发展(葛顺奇、罗伟,2013②)。

接下来将具体从中国 OFDI 的企业特殊性、东道国特殊性以及母国特殊性等三个方面,具体阐述中国 OFDI 的特殊性问题。

二、中国 OFDI 企业特殊性

(一)中国对外直接投资的竞争优势与劣势。按照国际标准,中国企业规模较小,国际化能力较弱,多属于中型企业与小微企业。部分学者认为,中型企业对于新技术与市场特殊需求的创造力、适应力、反应力更强,而中小企业对于直销市场、国际运输专业化与购买者的特殊需求等利基市场有更强的满足能力。Mark Boisot 等(2008)③认为,对于大企业而言,跨国企业的形成过程是首先在国内壮大发展,随着国内运营成本的提高与海外运营机会的到来,选择跨国经营,降低成本,用其国内先前积累的优势弥补跨国经营成本(Dunning,1988)④。而对于中小企业而言,随着全球一体化程度提高,政府管制与信息交流技术发展,在国内与国外经营环境的差距下降的情况下,中小企逐渐选择开展对外直接投资,随着国际化与国际运营成本的降低,中小企业国际化运营多是受到国内制度与运营环境的倒逼。中小企业开展本土经营的具有劣势,其在较早阶段开展对外直接投资的原因包括:(1)运营成本劣势。中国国内物流成本过高,其国际物流成本远低于国内物流成本,中小企业开展对外直接投资能大大节约运营成本。(2)执行成本劣势。市场分割使得中国国

①　Grub P D.Third World Multinationals: The Rise of Foreign Investments From Developing Countries.Journal of International Business Studies,1985,16(1):173-175.

②　葛顺奇、罗伟:《中国制造业企业对外直接投资和母公司竞争优势》,《管理世界》2013 年第 6 期。

③　Boisot M,Meyer M W.Which Way through the Open Door? Reflections on the Internationalization of Chinese Firms.Management & Organization Review,2008,4(3):349-365.

④　Dunning J H.Explaining international production.International Affairs,1988,66(1):168.

内中小型、地理分散的生产企业与客户间进行合同的执行成本非常高,由于国内分割要素多于国外一体化市场,国外经济距离短于国内经济距离,带来了国际产能合作更低的执行成本。(3)行政成本劣势。中国的简政放权政策在一定程度上导致中央与地方政府间的竞争,带来了国内市场产能过剩与正式及非正式制度的障碍。外国的大型企业与中国大型企业具有所有权优势、区位优势与内部化优势(Dunning,1981,1988)①,一定程度上克服了这一问题,但中国的中小型企业不具备这些优势,更好的选择是率先开展对外直接投资。

(二)中国对外直接投资动机的特殊性。通过三类理论诠释中国企业开展对外直接投资的动机:(1)资源寻求型。把具有价值、难以模仿、不完全替代的稀缺资源,作为企业的核心竞争力,而资源寻求型对外直接投资可在海外获取技术能力、品牌和科技等核心资源,企业现有的资源有利于其平衡来自管理复杂性和外来者劣势的风险收益,实现规模经济与理性生产,与之相关的动机如资源利用型、资产搜寻型及知识搜寻型。(2)适应经济产业组织状态:一方面是国内产业发展环境,与竞争者相关的进入壁垒与竞争激烈程度,国内的激烈竞争倒逼企业开展对外直接投资。另一方面是全球产业发展环境,与对外直接投资企业所从事产业的专业化水平、技术发展水平及东道国政策相关。(3)制度推动型或限制型。制度推动理论认为,国家支持对外直接投资与企业国际化的制度会促进企业开展对外直接投资;制度逃离理论认为,国内的地区保护主义、配额分配、高税收、腐败、监管的不确定性、对知识产权的不利保护是促进企业开展对外直接投资的制度倒逼原因。

(三)中国对外直接投资方式的特殊性。对企业对外直接投资特殊性的分析是建立在 Helpman,Melitz 和 Yeaple(2004)②的企业异质性理论基础上的,诠释了不同生产率企业选择不同生产方式的问题,生产率较高的企业开展对外直接投资,生产率居中的企业选择出口,而生产率较低的企业开展本土经

①　Dunning J H.International production and the multinational enterprise /// International production and the multinational enterprise.Allen & Unwin,1981:175-176. Dunning J H.Explaining international production.International Affairs,1988,66(1):168.

②　Helpman E,Melitz M J,Yeaple S R.Export Versus FDI with Heterogenous Firms[C]// 2004:300-316.

营,而在企业的对外直接投资的方式选择中,具体又分为了跨国并购与绿地投资两种方式。具体来说,跨国并购是通过兼并重组整合外国已有企业的,而绿地投资是通过建立新的海外子公司开展对外直接投资,从中国企业对外直接投资整体份额中的占比来说,跨国并购的占比大于绿地投资的占比。Nocke和 Yeaple(2007)[①]认为企业能力的差异是决定企业对外直接投资方式选择的主要原因。蒋冠宏和蒋殿春(2017)[②]进一步把影响中国企业对外直接投资方式选择的企业能力影响因素细分为了"可转移优势"与"不可转移优势",并认为若具备高生产率、高资本密集度、高创新研发能力及较高流动资产占比的"可转移优势",中国企业则更倾向于跨国并购,而具有较强出口能力,能够在海外构建完善营销与市场进入渠道的"不可转移优势"的企业则更倾向于开展绿地投资。

(四)中国对外直接投资路径选择的特殊性。Max Boisot & Marshall W. Meyer(2008)[③]从制度特殊性的视角,阐述中国标准衡量的中国中小企业的对外投资特殊性问题。按照一般的企业国际化理论,符合国际通用标准的大型企业先经历国内壮大再到国际化经营。企业在对外直接投资中通常面临着较本土运营较高的成本,且这一成本在不断上升;同时,存在外来者劣势——学习在国际市场上运营的成本高于在本土学习运营的成本,为弥补这些成本,跨国企业通常需要培育自身所特有的优势。如 Dunning(1981,1988)[④]所提出的所有权优势(Ownership Advantages)、区位优势(Location Advantages)和内部化优势(Internalization Advantages),其成本主要是交易成本,这些成本与空间距离与制度距离有关。对中国而言,按照国际标准,其企业多属于中型企业与小微企业。中国的制度具有特殊性,表现为行政管理由中央向地方分权、财权下

① Volker Nocke, Stephen Yeaple. An Assignment Theory of Foreign Direct Investment. The Review of Economic Studies,2008,75(2):529–557.

② 蒋冠宏、蒋殿春:《绿地投资还是跨国并购:中国企业对外直接投资方式的选择》,《世界经济》2017 年第 7 期。

③ Boisot M,Meyer M W.Which Way through the Open Door? Reflections on the Internationalization of Chinese Firms.Management & Organization Review,2008,4(3):349–365.

④ Dunning J H.International production and the multinational enterprise /// International production and the multinational enterprise.Allen & Unwin,1981:175–176. Dunning J H.Explaining international production.International Affairs,1988,66(1):168.

放地方及国企的股份制改革等三个方面,并带来了中国企业国际化能力欠缺
(与规模相关)、运营能力不足(与物流成本等相关)、履约成本及行政成本较
高(与地方政府间及地方政府与中央政府间的竞争有关)。这样一来,相对于
中国国企,中国的中小微企业在中国国内经营将面临新进者劣势,而在国际化
过程中同样面临上述外来者劣势。一般企业国际化理论认为,对于中国这类
新兴经济体国家,通常把其子公司设立在较之发达程度低的低运营成本国家。
中国中小型企业并不具备传统意义上的 OLI 优势,其优势在于灵活、适应力
强、创新力强,同时,中国的国企按照世界标准也只能算作中型企业,同样不具
备 OLI 竞争优势。因此,中国企业为获得支持其国际经营的平等良好环境,通
常需要在新进者劣势和外来者劣势间进行权衡,选择成本较低的投资方式,受
制于中国制度的特殊性,通常中国企业的对外直接投资成本较之国内运营成
本低(如随地理距离变化的国内运营成本高于国际运营成本,交通运输与通
信技术的改进将降低运营成本,但国际物流成本低于国内物流成本),中国企
业被迫在未培育 OLI 优势的情况下,未在本土运营较为成功的前提下,在较早
的阶段"走出去"。并在国外通过与东道国企业兼并重组,以外资企业的身份
回到中国,利用中国政府对外资企业的"制度红利","摇身一变"为"外资企
业"进行"制度套利"(Max Boisot & Marshall W.Meyer,2008)[①]。

　　建立在对我国 OFDI 特殊性的整体提炼基础上,进一步纳入本书研究视
角,建立在 Rugman 的国家特定优势与企业特定优势基础上对中国 OFDI 的特
殊性进行分析研究,进一步从中国对外直接投资的跨国企业特殊性、中国对外
直接投资的东道国特殊性,以及中国对外直接投资的母国特殊性基础上,从三
方面深化提炼中国企业对外直接投资的特殊性。

　　本书从竞争优势与劣势、投资动机、投资方式等三个视角归纳了中国对外
直接投资的跨国企业特殊性(如图 2-2 所示),具体来说:

　　第一,竞争优势与劣势是中国企业开展 OFDI 的基础。民营中小型企业
具有创造力、适应力、反应力强的优势,且面对着较高的国内运营成本、执行成

　　① Boisot M,Meyer M W.Which Way through the Open Door? Reflections on the Internationalization of Chinese Firms.Management & Organization Review,2008,4(3):349-365.

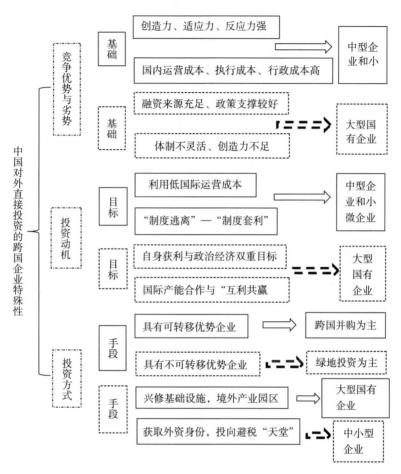

图 2-2　中国对外直接投资的跨国企业特殊性

资料来源:作者根据内容绘制。

本以及行政成本。大型国有企业有融资来源充足、政策支撑较好的优势,同时面临着国有企业体制不灵活、创造力不足的劣势,而作为中国对外直接投资的主体,民营中小型企业又是主要投资者(王碧珺、王辉耀,2013)①。

第二,投资动机即中国企业开展 OFDI 的主要目标。无论是民营企业还是国有企业,中国 OFDI 的主要动机都是获取技术或其他战略性资产,寻求市场是第二动机,获取自然资源不是主要动力,提高生产效率是最不重要的动

---

① 　[澳]戈雷、宋立刚:《崛起的中国:全球机遇与挑战》,社会科学文献出版社 2012 年版。

机。同时,由于同时具备纯商业动机与非纯商业动机,东道国对中国的 OFDI 会有所顾虑(王碧珺,2013)①。

第三,投资方式即中国企业开展 OFDI 的主要手段。研究发现中国具有可转移优势的企业在开展 OFDI 的过程中通常选择跨国并购,而具有不可转移优势的企业在开展 OFDI 的过程中通常选择绿地投资。由于中国的企业不具备所有权优势和内部化优势,其不可替代的所有权优势较弱,且中国的大型企业有良好的融资环境与政策支撑,其在开展对外直接投资的过程中多数选择对资金需求大、对不可转移优势需求弱,对风险不敏感的跨国并购 OFDI 投资方式。

三、中国 OFDI 东道国特殊性

一般而言,发达国家的跨国公司在进行对外直接投资时对东道国有高市场潜力、低生产运营成本及稳定政治经济环境的要求,即要求低风险的东道国区位优势。但在中国企业对外直接投资的东道国选择中,往往表现出高风险偏好,邱立成和杨德彬(2015)②把中国对外直接投资的东道国特殊性归纳为:(1)中国对外直接投资不在意东道国较高的政治风险,偏好制度质量差与高政治风险的东道国;(2)中国对外直接投资强调自然资源搜寻,并不考虑低生产成本优势,更倾向于获取资源与能源优势;(3)中国对外直接投资不倾向于发挥其不可替代的所有权优势,对于东道国技术、品牌和管理等方面的战略优势有较大偏好。并进一步认为,中国的国有企业与中小型企业在对外直接投资的东道国选择上,对东道国的特殊性有不同的偏好。就国有企业而言,其选择对外直接投资东道国时往往有着发展经济与寻求资源的经济政治双重目标,其对外直接投资多有政府支持。因此,对于东道国资本市场的成熟度与融资环境的考虑并不多。而中小型企业由于有规模小微与政策、优惠支持少的特点,往往面临资金困境,其对外直接投资主要以寻找海外市场与生存空间,

---

① 王碧珺:《被误读的官方数据——揭示真实的中国对外直接投资模式》,《国际经济评论》2013 年第 1 期。

② 邱立成、杨德彬:《中国企业对外直接投资的区位选择——国有企业和企业的比较分析》,《国际贸易问题》2015 年第 6 期。

及获取战略资产为目的。因此,更注重对东道国政治风险与融资环境的考虑,对东道国市场竞争力、市场发展潜力及东道国技术、管理优势更加注重,需要东道国有较低的运营成本。

王胜和田涛(2013)①把中国对外直接投资的东道国类型划分为经济发达国家,资源充足国家,发展中新兴经济体国家与其他类型国家。发现,中国对外直接投资投向经济发达国家以打破贸易关税壁垒及获取新市场为目标,受交通运输成本与东道国技术发达水平的影响较大;中国投向资源充足国家的对外直接投资受到母国与东道国间经济发展水平差异与二者经贸关系的影响;中国投向新兴经济体国家的对外直接投资受东道国投资环境与开放水平影响。具体来说,归纳出了以下几个方面的对外直接投资东道国特征,及其对中国的对外直接投资行为的影响:(1)东道国的经济发达程度与经济环境条件;(2)母国与东道国间的经贸往来关系与东道国贸易依存度;(3)东道国的政治体制与经济自由程度;(4)母国与东道国间的文化与价值观差距,及母国与东道国间的地理位置、语言等方面的差距;(5)东道国技术发展水平;(6)东道国劳动力成本等。

本书从中国 OFDI 倾向于投资的东道国类型与不倾向于投资的东道国类型等两个视角,归纳了中国对外直接投资的东道国特殊性(如图 2-3 所示),具体来说:

第一,中国 OFDI 倾向于投资的东道国。由于上述中国跨国企业的特殊性,中国 OFDI 倾向于投资的东道国类型包括了制度质量差与高风险的东道国,不考虑效率搜寻型目标,但侧重于资源与能源优势具备的东道国(林念,2013)②。拥有先进技术和管理经验的技术、品牌和管理战略优势东道国。从地区上来讲,中国的 OFDI 更倾向于投向亚洲周边国家和地区、拉丁美洲地区以及发达的北美洲地区和欧洲地区,更倾向于投资于世界的主要避税天堂。中国的对外直接投资倾向于投资富国的原因可能在于穷国和富国在行业的比

———————————

①　王胜、田涛:《中国对外直接投资区位选择的影响因素研究——基于国别差异的视角》,《世界经济研究》2013 年第 12 期。

②　林念:《从企业扬帆到政府起航——关于国际投资协定的讨论》,《国际经济评论》2013 年第 1 期。

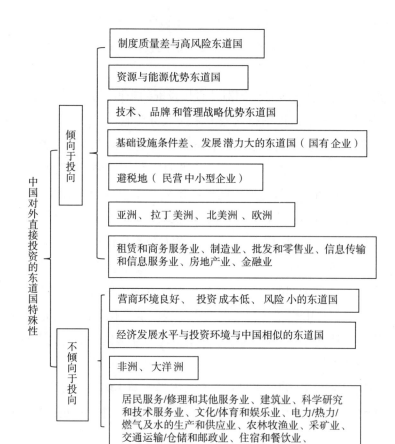

图 2-3　中国对外直接投资的东道国特殊性

资料来源:作者根据内容绘制。

较优势与资源存在差异(田巍、余淼杰,2012)①。从对东道国的产业投资选择
来说,对租赁和商务服务业、制造业、批发和零售业、信息传输和信息服务业、
房地产业、金融业等的投资比较看重,占到了超过整体投资的 90%(徐忠等,
2013②)。发达国家的水平投资和垂直投资难以概括中国 OFDI 的特征,中国
的 OFDI 主要集中于国外资源能源、市场服务业与先进制造业等行业,不同于

---

① 田巍、余淼杰:《企业生产率和企业"走出去"对外直接投资:基于企业层面数据的实证
研究》,《经济学(季刊)》2012 年第 2 期。

② 徐忠、徐荟竹、庞博:《金融如何服务企业走出去》,《国际经济评论》2013 年第 1 期。

西方发达国家,目的不在于规避出口成本提升的水平型 OFDI,也不在于分散生产的垂直型 OFDI。也不同于日本边际产业转移的 OFDI,中国的 OFDI 通常投向其自身不具有比较优势的产业,是"价值链扩张型"OFDI(何帆,2013)[①]。

第二,中国 OFDI 不倾向于投资的东道国。同样是建立在上述的中国跨国企业的特殊性基础上,中国的 OFDI 由于不太考虑运营风险问题,不倾向于投资营商环境良好、投资成本低、风险小的东道国,同样是出于对风险的不敏感性考虑,不倾向于投资于经济发展水平及投资环境与中国相似的东道国。从投资的区域来说,对非洲和大洋洲的投资较少(田巍、余淼杰,2012)[②]。从对东道国的产业投资选择来看,对于居民服务/修理和其他服务业、建筑业、科学研究和技术服务业、文化/体育和娱乐业、电力/热力/燃气及水的生产和供应业、农林牧渔业、采矿业、交通运输/仓储和邮政业、住宿和餐饮业、水利/环境和公共设施管理业、卫生和社会工作、教育业等行业的投资较少。

四、中国 OFDI 母国特殊性

(一)中国宏微观环境的特殊性。中国母国的宏观制度环境、经济发展水平、政府管理水平等存在较大差异,同时,微观层面的母国企业能力也存在较大差异,具体来说:(1)中国母国的特殊性主要包括法律制度环境、知识产权保护水平、政府管理能力、母国经济发展水平、母国人力资本发达程度以及技术发达水平等宏观要素。随着改革开放与市场化经济的推进,中国经济逐渐由计划经济转化为了社会主义市场经济,中国母国的制度环境不断完善,涉及资源要素配置、产品产权交易、金融贸易服务、法律政策规范等,而中国不仅在经济发展程度上存在地域差异,制度环境的建设上也存在地域与省域情况差异。(2)微观层面来看,子公司、母公司及行业企业吸收能力差距较大,会影响母国企业的吸收能力。如衣长军、李赛和张吉鹏(2015)[③]认为,对外直接投

---

①　何帆:《中国对外投资的特征与风险》,《国际经济评论》2013 年第 1 期。

②　田巍、余淼杰:《企业生产率和企业"走出去"对外直接投资:基于企业层面数据的实证研究》,《经济学(季刊)》2012 年第 2 期。

③　衣长军、李赛、张吉鹏:《制度环境、吸收能力与新兴经济体对外直接投资逆向技术溢出效应——基于中国省际面板数据的门槛检验》,《财经研究》2015 年第 11 期。

资的逆向技术吸收能力无论是在海外子公司海外创新网络的形成过程,海外子公司对母国公司的知识信息反馈过程,还是母公司在关联、竞争、模仿过程中的企业与行业升级过程中,都受到宏观制度环境差异与企业微观吸收能力的影响。

(二)中国的正式制度与非正式制度的特殊性。中国中央与地方政府制定企业对外直接投资的正式制度,如制定政策与形成管理体系,并通过非正式制度的确立帮助确立企业—政府关系、政治联系和政府间及企业间的联系。2003年中国国家发改委把对外直接投资作为全球化的国家战略之一,主要包括寻求中国缺乏的自然资源,投资于制造业,推动技术、产品与设备出口,加强研发合作为母国带来先进的技术、管理经验与专利,在国际竞争与市场开发中进行跨国并购。

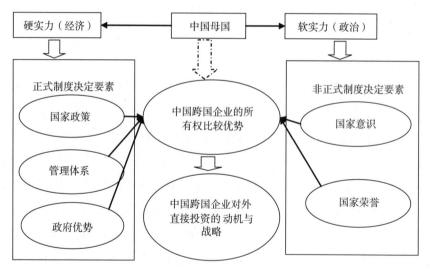

图 2-4 中国特殊性识别

资料来源:Ren B,Liang H,Zheng Y.An Institutional Perspective and the Role of the State for Chinese OFDI[M]// Chinese International Investments.Palgrave Macmillan UK,2012:270-276.

Bing Ren & Hao Liang & Ying Zheng(2012)①把有利于中国开展对外直接

——————————

① Ren B,Liang H,Zheng Y.An Institutional Perspective and the Role of the State for Chinese OFDI// Chinese International Investments.Palgrave Macmillan UK,2012:270-276.

投资的母国正式制度归纳为以下几点：（1）中国对外直接投资审批流程的简化与简政放权；（2）中国外汇管制的放松，与对资本来源与风险监管的放松；（3）简化投资支撑政策，尤其是信用、资本、信息、补贴与税收方面的支撑政策；（4）对外直接投资更有效的监督管理机制；（5）通过双边投资协定与跨国及区域保护机制开展更好的国际保护。另一方面，中国母国非正式的制度内容由以下两点构成，有利于使外国市场形成对中国国家品牌与国家形象的认识：（1）国家意识，由国家目标、预期、行动等组成；（2）国家荣誉，由国家身份带来的正向公众认识构成。

（三）中国政策的特殊性。具体来说，政治、经济、文化、法律等多方面母国要素能够影响中国对外直接投资，建立在李梅、袁小艺和张易（2014）①的归纳基础上认为：（1）政府对对外直接投资行为的扶持。如教育扶持能够积累大量的人力资本。通常来说，拥有较高人力资本，有利于母国吸收对外直接投资带来的逆向知识溢出效应，而政府的教育扶持是母国积累人力资本的重要途径；政府对研发的扶持能够提升企业的竞争力与研发热情，增强企业的对外直接投资母国逆向吸收能力，形成企业间的良好沟通与交流。有利于形成高科技企业的集聚效应，产生规模经济与范围经济，并发挥良性循环因果效应，进而增强对外直接投资的母国多层次溢出效应；政府对企业的扶持，能简化企业对外直接投资审批流程，为企业提供融资方便与政策支撑，鼓励企业开展对外直接投资。有利于企业大规模走出去，提高生存的可能性。增强母公司与海外子公司间的交流，跨国并购企业内部的交流，进而有利于母国企业的多层次成长。（2）政府对对外直接投资的金融支持。企业开展对外直接投资需要大量的资金、劳动力、技术、管理经验、生产设备、营销渠道的支撑，每一项活动都需要大量的资金支持。通常来说，中国国企有政府的补贴与资金支持，而中小型企业得到的政府支撑相对较少，因此，中国母国的金融体系发达程度与灵活性一定程度上也影响到了中国企业的对外直接投资行为。（3）国家开放与自由程度。国家的开放程度与自由程度与思想的交流，包括先进技术、管理经

---

①　李梅、袁小艺、张易：《制度环境与对外直接投资逆向技术溢出》，《世界经济研究》2014年第2期。

验、生产方式、组织形式等在国家间的交流密切相关。决定了人员、资金、技术、要素的自由流动问题,既与企业的创造能力有关,又与其学习能力与吸收能力密切相关。因此,国家开放发展与自由化水平影响了对外直接投资行为与对外直接投资的母国增长效应。(4)法律法规体系、知识产权保护体系与政治经济环境的稳定性。良好的法律法规体系与知识产权保护体系是支撑对外直接投资的重要因素,若所发明的知识产权能够轻易被窃取或复制,而得不到法律制度的恰当保护,若政治经济动荡,时有战争、动乱与政局不稳定现象发生,则企业缺乏开展对外直接投资的保障基础,也将会影响到其开展对外直接投资的效果。

本书从中国 OFDI 的母国具备的条件与不具备的条件等两个视角,归纳了中国对外直接投资的母国特殊性(如图 2-5 所示),具体来说:

第一,中国 OFDI 母国具备的条件。中国的 OFDI 是建立在公有制为主体多种所有制共同发展的基本经济制度基础上的社会主义市场经济体制,形成了中国对外直接投资企业以国有大型企业及民营中小型企业为主的特殊性,缺乏发达国家的大型私有企业开展 OFDI。中国母国制度上是中央直管的地方分权制度,省份之间的竞争较为激烈,为国有大型企业提供了良好的政策支撑与营商环境,但对于民营中小型企业的生存与发展却是不利的。中国政府大力支持 OFDI,重要的支撑包括"一带一路"倡议,沿海、内陆、沿边开放,境外产业园区的建设发展,以及良好的国家支持 OFDI 的意识。中国国内的宏观制度环境不断完善、法制不断健全,经济发展水平不断提高、知识产权保护与法律制度不断完善,为 OFDI 提供了良好的基础,但是,中国的东中西部发展水平差距大,跨国企业无论在规模、经营能力还是投资能力与风险控制水平等方面都存在较大的差距(李梅、柳士昌,2012)[①]。

第二,中国 OFDI 母国不具备的条件。中国企业由于自主创新水平低,整合资源的能力较差,并不具备传统跨国企业的 OLI 竞争优势。且中国国内的运营环境,国有企业受到体制僵化、不灵活的限制,使得国企的国内运营环境

[①] 李梅、柳士昌:《对外直接投资逆向技术溢出的地区差异和门槛效应——基于中国省际面板数据的门槛回归分析》,《管理世界》2012 年第 1 期。

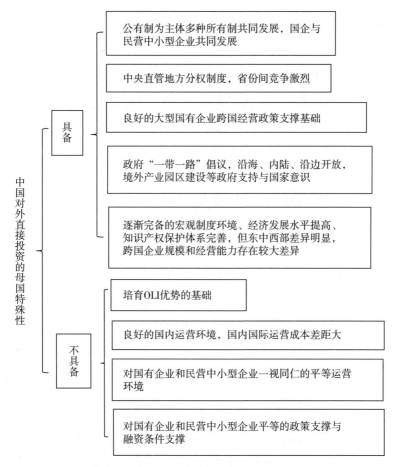

中国对外直接投资的母国特殊性

具备
- 公有制为主体多种所有制共同发展，国企与民营中小型企业共同发展
- 中央直管地方分权制度，省份间竞争激烈
- 良好的大型国有企业跨国经营政策支撑基础
- 政府"一带一路"倡议，沿海、内陆、沿边开放，境外产业园区建设等政府支持与国家意识
- 逐渐完备的宏观制度环境、经济发展水平提高、知识产权保护体系完善，但东中西部差异明显，跨国企业规模和经营能力存在较大差异

不具备
- 培育OLI优势的基础
- 良好的国内运营环境，国内国际运营成本差距大
- 对国有企业和民营中小型企业一视同仁的平等运营环境
- 对国有企业和民营中小型企业平等的政策支撑与融资条件支撑

图 2-5　中国对外直接投资的母国特殊性

资料来源：作者根据内容绘制。

不佳，而民营中小型企业受到政策与资金支持不足的限制，造成了民营中小型企业国内与国际运营成本差距较大。国内缺乏对国企与民营中小型企业一视同仁的平等运营环境、缺乏统一一致有力的平等政策支撑与同样对待的宽松融资条件支持，造成了国有企业的风险防范意识不足，盲目投资，而民营中小型企业融资来源不充足，制度逃离，开展海外经营优先于本土壮大的"制度套利"行为。

第二节　中国对外直接投资的特殊性:用数据说话

本小节拟对中国对外直接投资的特殊性进行描述性统计分析,具体涉及中国对外直接投资的 7 个层面特殊性,并对中国对外直接投资的特殊性成因进行了分析,加深了对中国对外直接投资特殊性的理解。

一、OFDI 规模

中国对外直接投资呈现出快速发展的态势,据《中国对外直接投资统计公报》显示,截至 2014 年中国对外直接投资规模跃居世界前三位,高达 1231.2 亿美元,并持续三年位居世界对外直接投资大国前三。2016 年中国对外直接投资净额达 1961.5 亿美元的历史新高,较之 2015 年增长 34.7%,中国有 3.72 万家对外直接投资跨国企业,涉及全球 190 个国家和地区,参考联合国贸发会《2017 世界投资报告》数据,中国的对外直接投资占到了全球当年流量和存量的近 3/20 和 1/20。

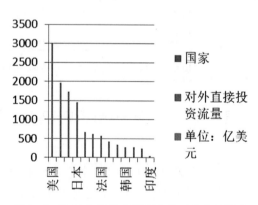

图 2-6　2016 年部分主要国家的对外直接投资

据《2017 世界投资报告》显示,2016 年同期世界对外直接投资状况表现出了较大差异。(1)投向发展中国家和地区的对外直接投资不容乐观,在世界主要发展中国家和地区表现出不同程度的下降趋势。如投向亚洲的对外直接投资 2016 年较之 2015 年下降了 15% 至 4430 亿美元,投向非洲的对外直接

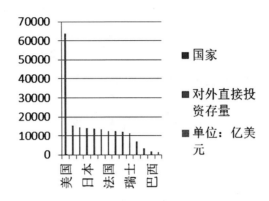

**图 2-7　2016 年中国与全球主要国家或地区
对外直接投资流量/存量对比**

资料来源:据《2016 中国对外直接投资统计公报》和《2017 世界投资报告》数据,作者根据内容绘制。

投资 2016 年较之 2015 年下降了 3%至 590 亿美元,投向拉丁美洲的对外直接投资 2016 年较之 2015 年下降了 14%至 1420 亿美元,投向世界最不发达国家和地区的对外直接投资 2016 年较之 2015 年下降了 13%至 380 亿美元。(2)流向世界发达国家和地区的对外直接投资虽然有所上升,但其上升幅度不及从前。(3)来自世界主要发达国家的对外直接投资表现不佳,2016 年较之 2015 年下降了 11%至 10 亿美元。主要是由于欧洲发达国家对外直接投资的下降,而来自北美发达国家的对外直接投资表现持平,尽管亚太地区的发达国家对外直接投资自 2008 年起一直处于最高水平,但仍然无法抵消欧美发达国家对外直接投资的下降趋势。(4)来自世界主要发展中国家和地区的对外直接投资也表现出下降趋势,2016 年来自世界主要发展中国家的对外直接投资下降了 1%达 3830 亿美元,尽管同为发展中国家的中国的对外直接投资迅速上升,但也无法抵消发展中国家对外直接投资下降的趋势。

二、OFDI 趋势

自中国建立《对外直接投资统计制度》以来,从时间趋势上来看,对外直接投资无论是流量还是存量,都表现出了迅猛增长的态势。虽然 2008 年受世界金融危机与发达经济体经济低迷、国际贸易低迷、欧债危机与英国脱欧等系列因素的影响,中国自 2002 年实现了对外直接投资的持续快速增长,2016 年较之 2002 年对外直接投资翻了近 73 倍。中国对外直接投资在世界的地位快速提高,由 2002 年占世界权重的 0.5% 上升至 2006 年的 13.5%,实现了两位数的首次突破,中国对外直接投资增速年平均增长率近 36%。

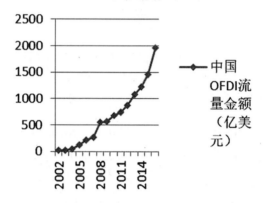

图 2-8　2002—2016 年中国 OFDI 流量金额

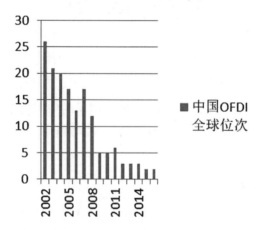

图 2-9　2002—2016 年中国 OFDI 全球位次

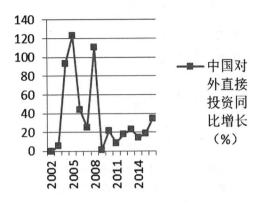

图 2-10　2002—2016 年中国与全球主要国家或地区对外
直接投资流量、全球位次及同比增长情况

资料来源：据《2016 中国对外直接投资统计公报》和《2017 世界投资报告》数据，作者根据内容绘制。

从时间趋势上来看，世界各地区的对外直接投资表现出不同的发展态势。自 2005 年—2007 年，世界对外直接投资、发达国家和地区的对外直接投资、发展中国家和地区的对外直接投资都呈现出上升趋势，但受 2008 年国际金融危机影响，世界进入了后危机时代。

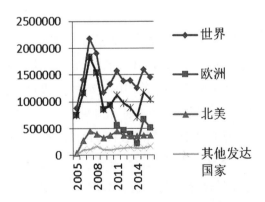

图 2-11　2005—2016 年全球及主要地区的对外直接投资

除亚洲和大洋洲的发展中国家和地区的对外直接投资呈现出了明显的上升趋势，带来了发展中国家和地区对外直接投资的快速上升，其他发展中国家

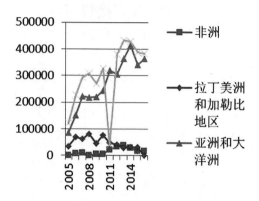

图 2-12　2005—2016 年世界主要发达国家和地区、发展中
国家和地区的对外直接投资发展趋势

资料来源:据《2017 世界投资报告》数据,作者根据内容绘制。

和地区,及发达国家和地区的对外直接投资都进入了明显的下降通道。在表现出上升趋势的发展中国家中,中国的表现尤为突出,紧追美国、德国与英国等发达国家的良好发展趋势(联合国贸发会,2016)[1]。

三、东道国进入方式

2016 年中国对外直接投资的并购规模创下历史新高,达 865 亿美元。占中国对外直接投资总量的 44.1%,其中最大的并购主体既包括国有企业,也涉及民营企业,如中国信达资产对南洋商业银行收购案、青岛海尔对美国通用电气收购案、腾讯控股对芬兰 Supercell 收购案、长江三峡集团对巴西朱比亚水电站收购案等。而其余的 55.9% 的中国对外直接投资主要以设立海外子公司,形成控股企业为主。使用债务工具、股权投资、收益再投资等方式进行绿地投资。在绿地投资中,2016 年新增股权 1141.3 亿美元,占当年对外直接投资绿地投资流量的 58.2%,新增收益再投资 306.6 亿美元,占当年绿地投资的 15.6%,新增债务工具投资 513.6 亿美元,占当年绿地投资的 26.2%。

2006 年中国对外直接投资以绿地投资为主,并购仅占整体对外直接投资的 28%,绿地投资中的债务工具再投资占整体对外直接投资流量的 32%。

---

① UNCTAD.World Investment Report 2016[R].Geneva:United Nations,2016.

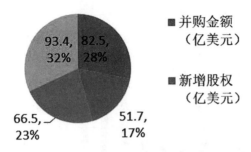

图 2-13　2006 年中国 OFDI 主要方式

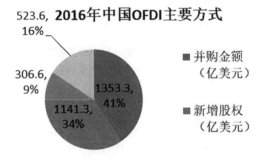

图 2-14　2006 年和 2016 年中国对外直接投资
主要方式对比（流量数据）

资料来源：2016 年《中国对外直接投资统计公报》。

　　而到 2016 年，中国对外直接投资的并购方式发展迅速，占到了整体对外直接投资流量的 41%。同时，自 2006 年至 2016 年，无论是并购方式的中国对外直接投资还是股权投资、股权收益再投资、债权绿地投资都表现出了巨大的上升趋势，中国对外直接投资的流量规模增长趋势良好。

四、OFDI 分布与增长率

　　2016 年中国对外直接投资流量投向亚洲、拉丁美洲、北美洲、欧洲、大洋洲、非洲的比例分别为 66.4%、13.9%、10.4%、5.4%、2.7% 和 1.2%，同比增速分别为 20.2%、115.9%、89.9%、50.2%、34.6% 和 -19.4%。其中，中国对外直接投资流量投向的前 5 位的国家和地区中，有三个是世界上的主要避税天堂，

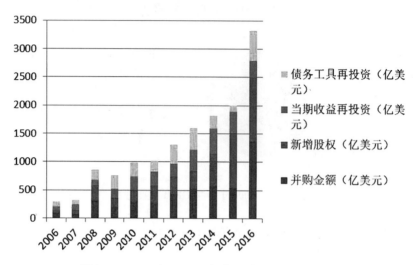

图 2-15　2006 年至 2016 年中国对外直接投资主要
方式与规模变化趋势(流量数据)

资料来源:2016 年《中国对外直接投资统计公报》。

如中国香港、开曼群岛和英属维尔京群岛,占据了中国 2016 年对外直接投资流量的 71.4%,其余中国对外直接投资的东道国大国包括美国、澳大利亚、新加坡、加拿大、德国等。

2016年中国OFDI向各洲的流量（亿美元）

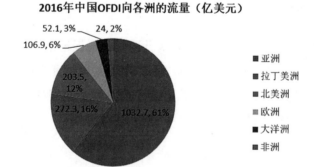

图 2-16　2016 年中国对外直接投资东道国
各洲情况(流量数据)

资料来源:2016 年《中国对外直接投资统计公报》。

初步认为,一是中国对外直接投资的东道国偏好于制度环境好及自由度高的世界主要避税天堂,可能是为了利用东道国灵活的投资环境与营商环境,进行制度套利后又回归中国。二是,中国的对外直接投资并没有投向较其发达程度低的国家和地区,更偏好于投向较之发达的欧美国家和地区,倾向于获取先进的技术、资本与管理经验。

五、OFDI 行业特征

中国对外直接投资对东道国的多个产业有广泛涉及,从涉猎的比重从高到低分别是:租赁和商务服务业、制造业、批发和零售业、信息传输/软件和信息技术服务业、房地产业、金融业、居民服务/修理和其他服务业、建筑业、科学研究和技术服务业、文化/体育和娱乐业、电力/热力/燃气及水的生产和供应业、农林牧渔业、采矿业、交通运输/仓储和邮政业、住宿和餐饮业、水利/环境和公共设施管理业、卫生和社会工作、教育业等。其中,租赁和商务服务业、制造业、批发零售业、信息传输软件和信息服务业、房地产业、金融业的对外直接投资流量分别为 657.8 亿美元、290.5 亿美元、208.9 亿美元、186.7 亿美元、152.5 亿美元和 149.2 亿美元,占据的整体对外直接投资的近 90%。中国对外直接投资主要偏好于东道国的制造业、地产金融业与服务业等行业。

六、OFDI 投资主体

2016 年中国的对外直接投资的企业主体所属地区表现出了明显的东中西部差距,东中西部地区及东北三省对外直接投资流量分别为 1256 亿美元、101.1 亿美元、115.5 亿美元和 32.5 亿美元,分别占 2016 年对外直接投资流量的 83.4%、6.7%、7.7% 和 2.2%,其同比增速分别为 63.9%、59.7%、55% 和 1.4%,对外直接投资大省主要集中在上海、广东、天津、北京、山东等东部沿海发达省份。

因此,中国对外直接投资的主体多为东部沿海的发达省份企业主体。

七、中国 OFDI 所有制度具有特殊性

2016 年中国对外直接投资投向非金融类的投资中,公有制经济的对外直接投资主体占比为 1/3 左右,其他 2/3 为非公有制经济主体。

与其他国家不同,中国对外直接投资的主体既包括公有制经济控股企业,

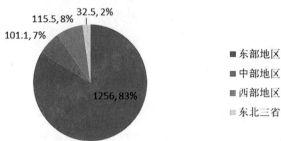

图 2-17　2016 年中国 OFDI 流量

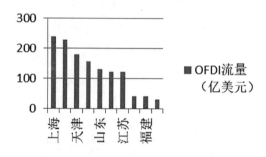

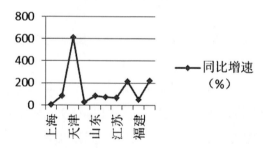

图 2-18　2016 年中国对外直接投资母国来源主要省份情况

资料来源:2016 年《中国对外直接投资统计公报》。

也包括非公有制经济控股企业。

八、可能性原因分析

对中国对外直接投资的特殊性进行分析发现:一、中国对外直接投资规模

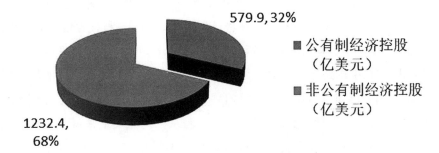

579.9,32%
■ 公有制经济控股
（亿美元）
■ 非公有制经济控股
（亿美元）
1232.4,
68%

图 2-19　2016 年中国不同所有制控股对外直接
投资的投资占比组成（流量数据）

资料来源：2016 年《中国对外直接投资统计公报》。

巨大；二、中国对外直接投资主要流向欧美发达国家，也流向世界的主要避税天堂，如香港、开曼群岛以及英属维京群岛这些地域范围较小的地区，这些地区资源不充裕，难以发挥区位优势、所有权优势与内部化优势；三、本应受欢迎的中国对外直接投资虽然会给东道国带来资本、技术、管理经验以及就业市场扩大的好处，却因东道国出于对中国国企对外直接投资动机不纯、窃取东道国资源、技术的担心而受到排斥；四、中国的对外直接投资主要流向能源、服务、先进制造业等部门，而不是流向自身具有比较优势的领域；五、中国的对外直接投资既不属于分散贸易成本的水平型对外直接投资，也不属于分散生产的垂直型对外直接投资，而是盲目的高风险对外直接投资。主要投资到自身不具备优势的发达国家资源能源、市场服务和先进制造业等三个领域的"价值链扩展"模式（何帆，2013）①。究其原因，主要包括以下几个方面：

第一，中国等发展中国家开展对外直接投资的目标不同于发达国家。由于中国有着成本优势与技术劣势，中国开展对外直接投资的目标主要在于提升自身竞争力与开展海外经营。按照 IDP 理论、KK 模型理论等，发达国家的对外直接投资，主要遵循所有权优势（技术、专利、商标、管理等）、区位优势（东道国土地价格、劳动力成本、环境管制等方面的优势）、内部化优势（母国投资者将所有权优势与区域优势相结合使其内部化，并降低交易成本的优

---

① 何帆：《中国对外投资的特征与风险》，《国际经济评论》2013 年第 1 期。

势),进而实现经济发展、产业生产网络完善与企业国际化。但是,由于中国有资源禀赋丰富、劳动力成本低的优势,以及技术水平低、科技含量低的劣势,中国等发展中国家的对外直接投资具有特殊性。Huihuang Liu 和 Huimin Xiao (2013)[1]认为,中国跨国企业的对外直接投资具有投向不同东道国的异质性特征,把中国开展对外直接投资的目的划分为三种类型:(1)资源搜寻型的跨国企业对外直接投资拥有更多的外国子公司,从平均意义上来说其主体是国有企业,并主要以市场规模较小的市场为投资目的地;(2)市场搜寻是中国开展对外直接投资的另一重要目的,有这种目标的跨国企业通常把对外直接投资投向市场规模大、富裕且距离中国地理距离较近的国家;(3)技术搜寻型对外直接投资通常对企业的生产率与获利能力有着更高的要求。如中国开展对外直接投资的目标在于加强国内生产与销售,不在于发挥国际生产优势。王碧珺(2013)[2]研究发现,由于中国自身具有较低的劳动力成本与资源禀赋优势,其开展对外直接投资的主要目标不是扩大海外生产,是为了加强国内企业与产业的生产能力并进一步销往海外。同时,由于中国的企业自身技术与品牌优势不足,其开展对外直接投资不是为了发挥自身竞争优势,而是为了获取国外先进的产品、技术、人才、品牌,以增强自身竞争优势。表现在中国的国有大型企业在对外直接投资过程中注重海外投资的战略性资源(技术、品牌、自然资源)获取,中小型企业则更倾向于开展海外经营促进自身产品的销售与出口。

　　具体来说,Peter J.Buckley 等(2008)[3]认为,20 世纪 90 年代地理距离与心理距离并不作为影响中国对外投资的关键决定要素,中国的对外直接投资主要投向工业国家,尤其是战略资源丰富的国家。虽然较之亚洲发展中国家而言,按照一般的增长阶段理论,中国的对外直接投资本应与东道国的经济发展水平呈负相关,与地理距离及心理距离的增长呈负相关,但事实并非如此。主要是由于 20 世纪 90 年代中国的对外直接投资受政府干预较为严重,但这

---

①　Huihuang Liu, Huimin Xiao. Firm Heterogeneity and Location Decision of Chinese Outward FDI.y Journal of Advancements in Computing Technology,2013,5(3):822-829.

②　王碧珺:《被误读的官方数据——揭示真实的中国对外直接投资模式》,《国际经济评论》2013 年第 1 期。

③　Peter J. Buckley, Adam R. Cross, Hui Tan, Liu Xin, Hinrich Voss. Historic and Emergent Trends in Chinese Outward Direct Investment.MIR,2008,6:715-748.

种变化关系在 1999 年表现得更加显著,说明增长阶段模型对于中国的对外直接投资国际化具有适用性。中国的对外直接投资虽然具有特殊性,但其特征与绝大多数发展中国家相类似。Wang Yali 等(2016)①从产业视角,研究了中国对外直接投资目的地的差异及特征,通过对采矿业、制造业、服务业的研究发现,2001 年到 2012 年,中国对外直接投资在不同部门的区位决定要素具有差异。其中,采矿部门开展对外直接投资的目的主要在于寻求矿产等战略资源,而制造业与服务业开展对外直接投资的目的主要在于市场与管理技术等战略型资源的获取。同时发现,不同的国家拥有差异化的所有权结构,导致中国的对外直接投资选择不同。

Y.Ouyang(2016)②认为,中国开展对外直接投资的目的在于获取战略资源、促进贸易发展、打开海外市场、去除贸易壁垒、获取高新技术、建立开放窗口等,实质是获取发展优势。他认为,中国的对外直接投资有特殊性。中国的企业规模相对较小,其规模经济优势和国际化优势并不明显,中国的对外直接投资主要目的在于获取先进技术市场,并没有以获得廉价劳动力为目的。中国正朝着信息化技术的道路发展,其对外直接投资的产业结构在不断升级,其IT 产业与高新技术产业在不断发展,20 世纪 90 年代以来,中国的高新技术产业发展迅速,在某些方面达到了世界先进水平,并成为新兴的贸易与经济增长支柱,给中国的对外直接投资与交易活动带来了综合竞争优势。

第二,中国有着大规模的对外直接投资。对于这一问题的理解,同样离不开中国的发展特点,如黄益平(2013)③认为,(1)中国由于拥有大量的外汇储备,需要寻找较高回报率的投资渠道,尽管经典理论认为,发展中国家应该是对外直接投资的主要接受国,然而,在金融抑制的作用下,中国等发展中国家的储蓄超过了投资,产生了经常账户的顺差,由于资本过剩,因此带来了中国大规模对外投资的结果;(2)与一般发达国家的跨国企业进行对外直接投资

① Wang Yali, Shao Yanmin. Motivations of Chinese Outward Direct Investment: The Sector Perspective. J Syst Sci Complex, 2016, 29:698-721.

② Y. Ouyang. The Development of BRIC and the Large Country Advantage. Truth and Wisdom Press and Springer Science+Business Media Singapore, 2016.

③ 黄益平:《对外直接投资的"中国故事"》,《国际经济评论》2013 年第 1 期。

自身拥有竞争优势相比,中国的对外直接投资企业并不具备竞争优势,反而具有竞争劣势,其开展对外直接投资的主要目的是获取国外先进的品牌、技术与战略资源,建立在国内成本优势的基础上开展国内生产,进而带来向不具有竞争优势的产业、部门投资以及对外直接投资流向发达国家的事实。(3)对外直接投资的发展存在生命周期,需要经历战略资产搜寻、促进自身生产效率提升以及占领国际市场等阶段。由于中国现阶段主要出于战略资产搜寻以及促进自身生产效率提升的阶段,所以对外直接投资主要流向发达国家以及发达国家中不具有竞争优势的产业和部门,其目的不是占领国际市场,而是学习先进的技术、引进品牌与专利,进行学习模仿。

第三,传统的建立在 OLI 竞争优势基础上的 IDP 理论并不适用于中国问题。戴翔(2013)[①],Cheung 和 Qian(2009)[②]指出,中国的对外直接投资缺乏高端的结构化优势,发达国家对外直接投资传统理论并不适用于中国的对外直接投资研究,发达国家对外直接投资理论难以解释中国等发展中国家对外直接投资迅速发展的现象。具体来说,中国开展对外直接投资企业的生产率与仅开展本土经营的企业并不存在显著差异,甚至中国开展对外直接投资的企业的生产率更低。即中国企业的对外直接投资存在"生产率悖论",生产率的高低并不能决定中国企业开展对外直接投资的行为。魏江等(2016)[③]把中国等发展中国家开展对外直接投资的竞争优势归纳为了较之发达国家的差异化优势,其拥有大量的生产经验、能够采用较低的成本创造相同的生产价值、拥有较高的学习模仿与跟随学习能力、强大的创造能力,以及与对海外直接投资环境制度相适应的能力(Pant 等,2012)[④]。

第四,中国有着成本优势与技术劣势,中国开展对外直接投资的阶段性目

①　戴翔:《中国企业"走出去"的生产率悖论及其解释——基于行业面板数据的实证分析》,《南开经济研究》2013 年第 2 期。

②　Cheung Y, X. W. Qian. The Empirics of China's Outward Direct Investment. Pacific Economic Review, 2009, 3:312-341.

③　魏江、王诗翔、杨洋:《向谁同构? 中国跨国企业海外子公司对制度双元的相应》,《管理世界》2016 年第 10 期。

④　Pant, Anirvan, Ramachandran. Legitimacy Beyond Borders: Indian Software Firms in the United States, 1984 to 2004. Global Strategy Journal, 2012, 2:224-243.

标主要在于提升自身竞争力与开展海外经营。如王碧珺(2013)①研究发现，中国开展对外直接投资的阶段性目标与发达国家的经验不同，中国自身具有较低的劳动力成本与资源禀赋优势，其开展对外直接投资的目的不是扩大海外生产，是为了加强国内企业与产业的生产能力并进一步销往海外。同时，由于中国企业自身技术与品牌优势不足，其开展对外直接投资不是为了发挥自身竞争优势，而是为了获取国外先进的产品、技术、人才、品牌，以增强自身竞争优势。具体表现在中国的国有大型企业在对外直接投资过程中注重海外投资的战略性资源(技术、品牌、自然资源)的获取，中小型企业更倾向于开展海外经营促进自身产品的销售与出口。

第五，中国拥有大量的外汇储备，需要寻找较高回报率的投资渠道，在金融抑制的作用下，中国等发展中国家的储蓄超过了投资，产生了经常账户的顺差，由于资本过剩，因此带来了中国大规模对外直接投资的结果(黄益平，2013)②。同时，黄益平(2013)还指出，对外直接投资的发展存在着生命周期，需要经历战略资产搜寻、促进自身生产效率提升以及战略国际化市场的阶段。由于中国现阶段主要出于战略资产搜寻以及促进自身生产效率提升的阶段，所以对外直接投资主要流向于发达国家以及发达国家中不具有竞争优势的产业和部门就具有了合理的解释，其目的不是占领国际市场，而是学习先进的技术、引进品牌与专利等，并进行学习模仿。

第三节　中国对外直接投资的特殊性与母国增长效应特殊性的关系机理

中国的特殊性对于中国对外直接投资的母国增长效应的影响将从效果和变化周期等两个方面影响其内容。进而分析基于中国对外直接投资特殊性的母国增长效应的来源，按照本书的研究视角划分了 OFDI 企业特殊性、OFDI

---

①　王碧珺：《被误读的官方数据——揭示真实的中国对外直接投资模式》，《国际经济评论》2013 年第 1 期。

②　黄益平：《对外直接投资的"中国故事"》，《国际经济评论》2013 年第 1 期。

东道国特殊性与 OFDI 中国母国特殊性。本书将建立在中国对外直接投资特殊性的母国增长效应的内容识别与来源识别的判断基础上,对其关联基础予以研究。

一、作用形成机理

国际贸易与国际投资的地位日益重要。著名学者 Helpman（2006）[①]指出,国际贸易和国际直接投资是世界发展最为迅速的跨国经济活动。2003 年世界贸易额达到了 7.3 万亿美元,其中商品与服务贸易达到了 1.8 万亿美元,世界的引进外资（引进外资额）达 5600 亿美元。在 1990 年到 2011 年间,跨国企业的外国子公司的扩展快于商品出口及非要素服务市场的发展,突出特征是 FDI 对服务贸易的大量投资。服务业的引进外资从 1990 年的 9500 亿美元上升到了 2002 年的 4 万亿美元。同时,经济增长是亘古不变的话题,建立在经典的经济增长理论基础上,一国的经济增长是由劳动力、技术及资本等核心要素所引致,但并不排除其他要素对经济增长的影响。程慧芳（1998）[②]认为,除内需与国内投资外,贸易与国际投资也是拉动经济增长的重要动力。

建立在生产函数基础上（Romer,2009）[③],本小节拟进一步研究对外直接投资的母国经济增长效应,构造模型,分析对外直接投资对中国母国经济增长是形成了"促进效应"还是"挤出效应",并分析其成因。本小节的研究建立在以下假设前提上进行分析:第一,经济体是规模报酬不变的,意味着有足够大的经济规模,专业化收益能够被全部利用;第二,在原有的资本、劳动与知识的基础上,把对外直接投资与贸易引入模型分析,意味着除上述五个要素外的其他要素相对不重要;第三,为简化模型的分析,假设技术、劳动力和贸易是外生的,考虑资本与对外直接投资是内生变量。为了使得分析具有较强的可读性,采用柯布-道格拉斯函数进行分析求解,可以得到以下生产函数:

$$Y(t) = K(t)^{\alpha} D(t)^{\beta} T(t)^{\gamma} [A(t)L(t)]^{1-\alpha-\beta-\gamma} \qquad 模型\ 2\text{-}1$$

①　Helpman E.Trade,FDI,and the Organization of Firms.Journal of Economic Literature,2006, 44(3):589–630.

②　程惠芳:《对外直接投资比较优势研究》,复旦大学,1998 年博士学位论文。

③　[美]戴维·罗默:《高级宏观经济学》,王根蓓译,上海财经大学出版社 2010 年版。

其中,$\alpha > 0, \beta > 0, \gamma > 0, \alpha + \beta + \gamma < 1$,$Y$是产出,$K$是资本投入,$D$是国际直接投资存量,$A$是技术水平,$L$是劳动力投入水平,$T$是贸易水平。资本、技术、劳动力的动态学与索洛模型的分析方法相一致:$\dot{K} = sY(t) - \delta K(t)$,$\dot{L}(t) = nL(t)$,$\dot{A}(t) = gA(t)$,假设新纳入模型的变量对外直接投资增长率符合$\dot{D}(t) = \chi D(t)$,新纳入模型的变量贸易增长率也符合$\dot{T}(t) = \kappa T(t)$。在投入产出模型中,对外直接投资变量的纳入意味着$K/AL$不再收敛于某一特定的值,无法采用Solow模型中原有的关注模型动态学的方法对问题进行研究。应该考虑的问题是,模型还能实现平衡增长路径吗?若存在则每个变量的增长率应该是多少?由于A、L、D正在以不变的速率增长,因此,若处于平衡增长路径上,K和Y的增长速度不变,其中,K的增长率满足条件:$\dfrac{\dot{K}}{K(t)} = s\dfrac{Y(t)}{K(t)} - \delta$,为了保持不变的$K$的增长率,$Y/K$需要保持不变,即$Y$与$K$要有相同的增长率。对模型2-1的等式两边进行对数化处理,有:

$$\ln Y(t) = \alpha \ln K(t) + \beta \ln D(t) + \gamma \ln T(t) + (1 - \alpha - \beta - \gamma)[\ln A(t) + \ln L(t)]$$
模型2-2

对模型2-2两边同时对时间t求导数,且已知变量对时间的导数是该变量的增长率,可以得到以下模型:

$$g_Y(t) = \alpha g_k(t) + \beta\chi + \gamma\kappa + (1 - \alpha - \beta - \gamma)(n + g)$$
模型2-3

若经济增长处于平衡增长路径上,则$g_Y = g_K$,代入模型2-3并对其进行求解,有:

$$g_Y^B = \frac{(1 - \alpha - \beta - \gamma)(n + g) + \beta\chi + \gamma\kappa}{1 - \alpha}$$
模型2-4

模型2-4表示平衡增长路径上的母国经济增长率。进一步分析平衡增长路径的收敛性,若g_K大于平衡增长路径的值,Y/K将下降。可以发现,若Y/K递减,则g_K也会递减,即若g_K的值较其平衡增长路径上的值要大的话,其将上升,所以说g_K会收敛于平衡增长路径,且经济将收敛于平衡增长路径。模型2-4中可以发现,在平衡增长路径上,单位工人的产出可以用以下模型表示:

$$g_{Y/L}^{B} = g_{Y}^{B} - g_{L}^{B}$$

$$= \frac{(1 - \alpha - \beta - \gamma)(n + g) + \beta \chi + \gamma \kappa}{1 - \alpha} - n \qquad \text{模型 2-5}$$

$$= \frac{(1 - \alpha - \beta - \gamma)g + \beta(\chi - n) + \gamma(\kappa - n)}{1 - \alpha}$$

模型 2-5 表示,处于平衡路径上,某母国的单位工人的平均收入水平的增长率可能是正也可能是负,可能存在对外直接投资的母国增长效应或挤出效应。对外直接投资对母国增长的促进效应取决于技术的增长与对外直接投资的增长是否能够抵消人口增长带来的阻力,当能够实现抵消时,将带来母国的增长效应,当不能够实现抵消时,将带来母国增长的阻碍效应。

那么,如果把这一问题放到中国特定的社会经济环境中研究,并强调中国对外直接投资的特殊性,会产生怎样的效果呢? 据联合国贸发会议(UNCTA)的《2017 世界投资报告》,2016 年,中国对外直接投资流量和存量占据了世界对外直接投资流量和存量的 13.5% 和 5.2%,其全球位次也都有所上升,分别上升到了第 2 位和第 6 位,中国无疑已跻身于世界对外直接投资大国行列。同时,根据第 3 章的分析,中国的对外直接投资受自身特殊性、母国特殊性与东道国特殊性的影响。其特征显然异于一般发达国家的对外直接投资,而一般发达国家的对外直接投资具有母国增长效应,中国对外直接投资特殊性的母国增长效应如何,是发挥了促进效应还是挤出效应,其实现机理是什么,是本小节研究的核心问题所在。

同时,中国的经济增长受多方面的要素影响,建立在模型 2-1 到模型 2-5 的理论基础上,中国的经济增长受到国内资本、劳动、技术要素以及国际贸易、国际直接投资等要素的影响。中国经济增长是中国国内外多种要素共同作用的结果。具体来说,影响中国经济增长的要素各有特殊性,主要也从五个要素特征来反映:(1)劳动力,通常分为低技能劳动力与高技能劳动力,中国有大量的低技能劳动力带来了"人口红利"。高技能劳动力缺乏,随着人口老龄化的丧失,"人口红利"逐渐丧失,亟待由"人口红利"转变为"人才红利"(戴翔等,2016)[①];(2)资

---

① 戴翔、刘梦、任志成:《劳动力演化如何影响中国工业发展:转移还是转型》,《中国工业经济》2016 年第 9 期。

本,资本分为物质资本和人力资本,此处主要指物质资本;(3)技术,技术的来源分为自主研发创新型与模仿学习型,中国的技术进步主要来自模仿学习;(4)贸易,分为进口和出口,中国的贸易通常以初级制造业产品贸易为主,服务业贸易的发达程度通常和贸易发展及对外开放程度有关。(5)国际直接投资,分为引进外资和对外直接投资两种,而中国的引进外资与对外直接投资又有着较强的政策导向,且对外直接投资具有其自身特殊性。

二、变化周期机理

基于中国对外直接投资特殊性的母国增长效应是否具有周期性或长短期效应？参考生产函数[①],建立在拉姆塞模型的离散变化基础上,对生产函数和效用函数的形式进行设定,该经济模型由大量同质的厂商和家庭构成。厂商和家庭是价格的接受者,家庭将永久存在,投入品包括资本(K)、劳动(L)和技术(A),同时把对外直接投资($OFDI$)纳入模型考虑,对外直接投资受中国的特殊性影响,记作D'。设生产函数满足 C-D 生产函数,t 期的产出可以用如下式子表示:

$$Y_t = K_t^{\alpha} D_t^{'\beta} (A_t L_t)^{1-\alpha-\beta}, 0 < \alpha < 1, 0 < \beta < 1 \qquad \text{模型 2-6}$$

产出在消费(C)、投资(I)以及政府购买(G)间分配。在拉姆塞模型中,家户部门拥有无限生命周期,设本折旧率为δ,所以,在下一期 $t+1$ 时,资本存量变为:

$$
\begin{aligned}
K_{t+1} &= K_t + I_t - \delta K_t \\
&= K_t + Y_t - C_t - G_t - \delta K_t
\end{aligned}
\qquad \text{模型 2-7}
$$

劳动、资本和对外直接投资按照各自的边际产品获取工资、租金和母国增长效应。所以,t 时期的真实工资、真实利率及真实 OFDI 母国增长效应分别为:

$$\omega_t = (1-\alpha) K_t^{\alpha} (A_t L_t)^{-\alpha-\beta} A_t = (1-\alpha) \left(\frac{K_t}{A_t L_t}\right)^{\alpha} \left(\frac{D_t^{'}}{A_t L_t}\right)^{\beta} A_t \qquad \text{模型 2-8}$$

---

① 戴维·罗默:《高级宏观经济学》,上海财经大学出版社 2014 年版。

$$r_t = \alpha K_t^{\alpha-1} D_t^{'\beta} (A_t L_t)^{1-\alpha-\beta} = \alpha \left(\frac{K_t}{A_t L_t}\right)^{\alpha-1} \left(\frac{D_t^{'}}{A_t L_t}\right)^{\beta} - \delta \qquad \text{模型 2-9}$$

$$d_t = \beta K_t^{\alpha} D_t^{'\beta-1} (A_t L_t)^{1-\alpha-\beta} = \beta \left(\frac{K_t}{A_t L_t}\right)^{\alpha} \left(\frac{D_t^{'}}{A_t L_t}\right)^{1-\beta} \qquad \text{模型 2-10}$$

代表性家庭的效用最大化函数期望值：

$$U = \sum_t^{\infty} e^{-\rho t} u(c_t, 1 - l_t) \frac{N_t}{H} \qquad \text{模型 2-11}$$

其中，$u(\cdot)$ 是某家庭的代表成员的瞬时效用函数，ρ 是贴现率，N_t 是人口数，H 是家庭数，N_t/H 是家庭成员的数量，人口是外生的，增长速度是 n：

$$\ln N_t = \bar{N} + nt, n < \rho \qquad \text{模型 2-12}$$

所以，N_t 由 $N_t = e^{\bar{N}+nt}$ 决定。

瞬时效用 $u(\cdot)$ 决定于单位家庭成员的平均消费 c，以及单位家庭成员的时间禀赋(记为 1)与单位成员的工作时间 l 共同决定。由于家庭成员是同质的，所以，$c = C/N, l = L/n$。效应函数可以表示为自变量对数的线性函数：

$$u_t = \ln c_t + b \ln(1 - l_t), b > 0 \qquad \text{模型 2-13}$$

认为模型与技术及政府购买有关联，在技术的基础上，为分析趋势变化，在缺乏冲击时，$\ln A_t$ 可以表示为 $\bar{A} + gt$，g 是技术进步率，受随机扰动项的影响，所以：

$$\ln A_t = \bar{A} + gt + \tilde{A}_t \qquad \text{模型 2-14}$$

$\tilde{A}_t$ 表示为冲击的影响，且被假设服从一阶自回归过程，即：

$$\tilde{A} = \rho_A \tilde{A}_{t-1} + \varepsilon_{A,t}, -1 < \rho_A < 1 \qquad \text{模型 2-15}$$

$\varepsilon_{A,t}$ 符合白噪声过程，由系列相互独立均值为 0 的冲击构成，式 2-15 中，$\ln A$ 的随机部分 $\tilde{A}$ 是滞后一期值的 ρ_A 与随机扰动项之和。若其为正，那么对技术冲击的影响随时间的流逝而逐渐消失。对政府购买做出了类似的假设，政府购买的趋势性增长率与技术趋势增长率相等，随着时间的流逝，政府购买值的大小是任意的。对于部分政府购买，可视为国有企业对外国的对外直接投资，对部分的个人消费，可以视为民营中小型企业对外国的对外直接投资。

所以:

$$\ln G_t = \bar{G} + (n + g)t + \tilde{G}_t \qquad\qquad 模型\ 2-16$$

$$\tilde{G}_t = \rho_G \tilde{G}_{t-1} + \varepsilon_{G,t}, 1 < \rho_G < 1 \qquad\qquad 模型\ 2-17$$

其中，ε_G 是白噪声过程，与 ε_A 相互独立，在不同的周期，其对对外直接投资的冲击将引起母国增长率的不同变化，在接下来的部分，将对企业特殊性、东道国特殊性和母国特殊性等特殊性来源的具体内容予以阐述。

三、来源分析:企业与国家特殊性

据 Rugman(1981,2006)[1]区分国家特定优势(Country Specific Advantages-CSAs)和企业特定优势(Firm Specific Advantages-FSA)的研究，基于企业国际化竞争优势的视角，认为，新兴市场经济国家是建立在较低的劳动力成本和政府支撑的国家特定优势条件下，发展企业特定优势的。按照本书的"三层次对外直接投资特殊性"研究视角，把 Rugman(1981,2006)[2]的国家特定优势和企业特定优势拓展到东道国特殊性、母国特殊性和中国对外直接投资企业特殊性等三个层面,Rugman(1981,2006)的分析视角仅涉及国家与企业特定的"优势"，而本书的"特殊性"分析视角既涉及"优势"层面，又涉及"劣势"层面，包括母国、东道国和对外直接投资企业三个主体。

其一，从国家的特殊性来说，东道国与母国间的交易成本差距与市场基础设施条件差异是形成中国对外直接投资母国增长效应特殊性的来源之一。中国母国与东道国之间存在制度条件差异，表现在法律与监管条件、交易成本、市场经济自由度条件、产权保护和法律环境等方面的差异。其二，从对外直接投资企业特殊性层面来说，由于东道国特殊性与母国特殊性在多个方面的差

① Rugman A M.Inside the multinationals 25th anniversary edition:the economics of internal markets.Palgrave Macmillan,2006;Rugman A M.Inside The Multinationals:The Economics of Internal Markets.Canadian Public Policy,2006,8(1):64-65.

② Rugman A M.Inside the multinationals[M].Columbia University Press,1981. Rugman A M. Inside the multinationals 25th anniversary edition:the economics of internal markets[M].Palgrave Macmillan,2006;Rugman A M.Inside The Multinationals:The Economics of Internal Markets. Canadian Public Policy,2006,8(1):64-65.

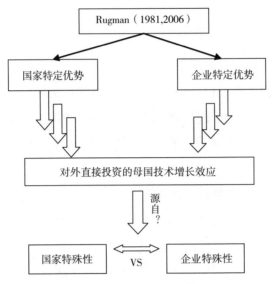

图2-20　中国对外直接投资特殊性的母国增长效应来源分析

资料来源:作者根据内容绘制。

异,引致了母国企业与东道国企业在竞争"相对优势"与"相对劣势"等多方面的差异。就中国的对外直接投资企业来说,并不具备其他发达国家的OLI竞争优势,其企业规模小微、灵活性强,且能适应特殊性利基市场的需求。

　　以对外直接投资的母国技术增长效应为例,建立在模型1-1的基础上(具体符号的含义,模型1-1的推导过程已阐明,本处不做赘述),为保证逆向知识溢出效应恒为正,需要满足条件 $(\frac{\delta}{\delta^*}) \le (\frac{1-\mu}{\mu})^{(\mu+\mu^*-1)}$ 。据此,为获取逆向知识溢出的最大正向溢出效应,采用拉格朗日条件极值的求解方法,构造拉格朗日函数:

$$\Gamma = \left[H\delta \left(\frac{(\frac{\delta}{\delta^*})^{\frac{1-\mu}{\mu+\mu^*-1}}}{1+(\frac{\delta}{\delta^*})^{\frac{1}{\mu+\mu^*-1}}} \right) - \gamma\rho \right] / (1+\gamma\rho) + \lambda \left[(\frac{1-\mu}{\mu}) - (\frac{\delta}{\delta^*}) \right]$$

模型2-18

把 $(\frac{\delta}{\delta^*})$ 视为一个整体,对其求一阶偏导,解 $\dfrac{\partial \Gamma}{\partial (\frac{\delta}{\delta^*})} = 0$,可以得到模型

2-19:

$$\lambda = \frac{\partial g(\frac{\delta}{\delta^*})}{\partial (\frac{\delta}{\delta^*})} = \frac{\delta H}{1 + \gamma\sigma} \frac{(\frac{\delta}{\delta^*})^{\frac{(2-2\mu-\mu^*)}{(\mu+\mu^*+1)}} [1 - \mu - \mu (\frac{\delta}{\delta^*})^{\frac{1}{\mu+\mu^*+1}}]/(\mu + \mu^* + 1)}{[1 + (\frac{\delta}{\delta^*})^{(\frac{1}{\mu+\mu^*-1})}]^2}$$

模型 2-19

其中, $(\frac{\delta}{\delta^*})$ 为时间 t 的函数,先对模型 2-19 两边求自然对数:

$$\ln\lambda = \ln(\frac{\delta H}{1 + \gamma\sigma}) + \frac{(2 - 2\mu - \mu^*)}{\mu + \mu^* - 1}\ln(\frac{\delta}{\delta^*}) + \ln[1 - \mu - \mu$$

$$(\frac{\delta}{\delta^*})^{\frac{1}{\mu+\mu^*+1}}] - 2\ln[1 + (\frac{\delta}{\delta^*})^{\frac{1}{\mu+\mu^*-1}}] - \ln(\mu + \mu^* - 1)$$ 模型 2-20

再对时间 t 求一阶导数,可得:

$$g^*_{\frac{\delta}{\delta^*}}(t) = [\frac{\mu}{1 - \mu - \mu (\frac{\delta}{\delta^*})^{\frac{1}{\mu+\mu^*-1}}} + \frac{2}{1 + (\frac{\delta}{\delta^*})^{\frac{1}{\mu+\mu^*-1}}}] (\frac{\delta}{\delta^*})^{\frac{2-\mu-\mu^*}{\mu+\mu^*-1}}$$

模型 2-21

此时,模型 2-21 取条件极大值,即此时,对外直接投资的母国技术增长
效应最大,且为正。发现,对外直接投资能够带来母国增长效应的最优化条件
极大值,那么这种极大值的形成如何受到对外直接投资的企业特殊性、东道国
特殊性和母国特殊性的影响呢? 本书主要构建了两个参数:

(1)国家特殊性差异参数(Distance)

国家特殊性差异参数由一系列母国与东道国特征方面的指标差异构成,
具体包括:东道国与母国的制度质量差距(D1)、东道国与母国的发展水平差
距(D2)、东道国与母国的经济风险差距(D3)、东道国与母国的投资环境差
距(D4)、东道国与母国的法律环境差距(D5)、东道国与母国的产权保护水

平差距(D6)、东道国与母国的运营成本差距(D7)、东道国与母国的收益率差距(D8)。并形成了以下国家特殊性差异参数集合:

$$Distance = \{D_i\}, i = 1, \cdots, n \qquad 模型 2\text{-}22$$

(2)企业特殊性衡量参数(Property)

企业特殊性参数由一系列度量对外直接投资企业特殊性的指标构成,具体包括:企业的创造力 $P1$,企业的适应力 $P2$,企业的反应力 $P3$,企业的运营成本 $P4$,企业的运营收益 $P5$,企业的融资来源充足性 $P6$,企业的政策支撑条件 $P7$,企业的体制灵活性 $P8$,企业的对外直接投资目标 $P9$,企业的基础优势 $P10$,企业优势的可转移性 $P11$ 等。并形成了以下度量对外直接投资企业特殊性的参数集合:

$$Property = \{P_i\}, i = 1, \cdots, n \qquad 模型 2\text{-}23$$

第三章 基于中国对外直接投资特殊性的母国增长效应:表现与经验证据

本章第一节纳入影响经济增长的多方面要素,研究中国的经济增长及其决定要素,并着重强调中国的对外直接投资在母国经济增长效应中所起到的作用,研究中国对外直接投资的特殊性是否带来母国增长效应的特殊性。研究发现,考虑多种要素,中国对外直接投资的直接母国增长效应不显著,而部分间接母国增长效应显著。为进一步分析这一问题,纳入了时间周期进行分析,研究中国对外直接投资的母国增长效应的短期与长期效果。本章第二节拟建立在 PVAR 模型基础上,分析中国对外直接投资的母国短期经济增长效应和长期经济增长效应,并考虑中国母国制度层面与对外直接投资企业层面的特殊性。从本章第一节和本章第二节的分析发现,中国对外直接投资的特殊性能够带来母国增长效应的特殊性。从母国经济增长效应来看,主要表现在中国对外直接投资的母国经济增长效应短期不显著。进一步纳入时间周期考虑,发现中国对外直接投资的母国增长效应短期不显著而长期显著,主要是由于中国对外直接投资的企业主体、投资方式、东道国选择等方面存在特殊性,在短期内需要支付沉没成本,而在长期内能够带来母国增长效应。

第一节 基于中国对外直接投资特殊性的母国增长效应内容与经验证据

本部分采用的省际层面的数据是 2003—2015 年的中国各省份的面板数据,研究对象为除西藏外的中国 30 个省份,核心的中国对外直接投资指标也是在中国 30 个省份层面度量的,所以,剔除了地级市层面的样本。考虑到地区经济发展状况的特殊性,本书把样本对象分为东中西部三个地区,同时,我国的对外开放遵循"沿海—内陆—沿边"开放的过程,对外开放与经济发展水平有较大的相互影响,许多沿海地区和东部地区重合,内陆地区与中部地区重合,沿边地区与西部地区重合,同时,广西与辽宁既是沿海地区又是沿边地区。

具体来说,对以经济发达程度划分的"东中西"部分类样本与开放程度划分的"沿海—内陆—沿边"分类样本进行研究,能够一方面考虑经济发达程度的影响,另一方面考虑开放程度的影响,同时对结论的稳健性能够有所保障。我国不同省份可以按照所属地区分为"东部—中部—西部"地区,按照对外开放程度可以分为"沿海—内陆—沿边"地区。本书的省份研究对象,按"东中西部"三大经济带划分,东部地区主要包括北京、天津、河北、辽宁、上海、江苏、浙江、福建、山东、广东、广西、海南等 12 个省,中部地区包括山西、内蒙古、吉林、黑龙江、安徽、江西、河南、湖北、湖南等 9 个省,西部地区包括重庆、四川、贵州、云南、陕西、甘肃、宁夏、青海、新疆等 9 个省,西藏由于情况较为特殊,按照前期文献的样本选择方法,予以剔除,不进行研究。产生虚拟变量 wme,东部地区用 1 表示,中部地区用 2 表示,西部地区用 3 表示。

本书的数据样本多数年份不存在缺漏值,在极个别存在缺漏值的地方,首先进行前补缺,然后进行后补缺。本书的数据样本单位和数量级间存在较大的差异,本书进行了数量级的调整,统一数量级处理,并不会对模型的结论造成较大的影响,同时,提升了经验回归结果的可读性。

为了分析各省国内外经济增长影响要素,资本、劳动力、技术等国内要素,以及对外直接投资、贸易等国际要素与中国经济增长的关系,本书构建了如下面板回归模型:

$$y_{it} = x_{it}^{'}\beta_i + X_{it}^{'}\gamma_i + \lambda_t + u_i + \varepsilon_{it} \qquad \text{模型 3-1}$$

其中,下标 i、t 分别代表省份和年份,省份的取值范围为除西藏外的 30 个省份,年份的取值范围为 2003 年—2015 年。$x_{it}^{'}$ 是影响经济增长的向量组 $\{L_{it}, K_{it}, A_{it}, T_{it}, D_{it}\}$,从影响经济增长的国内要素来看,主要包括劳动力,资本与技术:(1)由于中国很长一段时间"人口红利"优势突出,因此,用各省份人口数量作为劳动力的度量指标,记作 L;(2)由于中国的固定资产投资,如土地财政、企业的兴建,以及房地产业等对于中国经济的增长影响较大,借鉴蔡冬青和周经(2012)①的做法,用实际资本存量衡量,建立在 Goldsmith 的永续盘存法研究基础上,利用公示 $K_t = I_t + (1 - \delta)K_{t-1}$, I 代表实际投资, t 代表年份,采用固定资产投资价格指数折算为 2003 年为基期的指数平滑后数据,K 代表实际资本存量,折旧率 $\delta = 10.96\%$(单豪杰,2008)②。采用孟望生和林军(2015)③对中国各省份 2003 年不变折旧率的基期资本存量,因此,采用固定资本存量数据作为国内资本投资的度量指标,记作 K;(3)按照经典的经济增长理论,技术进步是推进经济增长的关键动力,本书用知识产权受理数量表示,记作 A。从影响经济增长的国际要素来看,主要包括贸易和国际直接投资;(4)贸易分为进口贸易与出口贸易,本书采用以 2003 年为基期调整后的进出口贸易总额度量贸易的影响,记作 T;(5)国际直接投资分为引进外资和对外直接投资,为服务于本书的研究目标,本书采用以 2003 年为基期调整后的对外直接投资衡量国际直接投资,记作 D,并把引进外资纳入控制变量进行考察。y_{it} 表示各省份的经济发展状况,分别用各省份的经济增长率与以 2003 年为基期调整后的各省份 GDP 水平度量。u_i 代表个体固定效应,λ_t 代表时间固定效应,ε_{it} 是随个体和时间变动的随机干扰项。

除此之外,本书也选取了一些控制变量,X_{it}' 是控制变量的向量组,由 $\{Industry, Index, Expenditure, Service, DI, HL\}$ 构成,具体来说:①产业发展情况,通常认为,第三产业占比越高,产业结构越合理,用第三产业所占比重衡量各省份的产业发展状况,记作 $Industry$;②市场需求状况,以 2003 年为基期,用物价水平调整后的城镇居民消费水平度量,记作 $Index$;③政府支出状况,用以 2003 年为基期的各省份的一般预算支出,通过物价水平调整后的值度量,记作 $Expenditure$;④基础设施服务水平,用以 2003 年为基期的各省份社区服务设施数量度量,记作 $Service$;⑤引进外资状况,用 2003 年为基期的各省

---

① 蔡冬青、周经:《东道国人力资本、研发投入与我国对外直接投资的反向技术溢出》,《世界经济研究》2012 年第 4 期。

② 单豪杰:《中国资本存量 K 的再估算:1952~2006 年》,《数量经济技术经济研究》2008 年第 10 期。

③ 孟望生、林军:《我国省份资本存量及回报率估算》,《东北财经大学学报》2015 年第 1 期。

份物价调整后的引进外资水平表示,记作 DI;⑥高技能劳动力状况,采用各省份大学及大学以上的人口数量衡量,记作 HL。

一、描述性统计分析

按照经济发达程度,把我国各省份划分为东部、中部和西部地区,按照对外开放程度,把我国各省份划分为沿海、内陆和沿边地区,不同地区的平均劳动力熟练程度、资本存量情况、技术水平、对外直接投资水平和贸易水平有差异,这些差别通过各投入要素的均值状况描述(如表 3-1 所示)。本书也对不同地区间的五个核心变量差异的显著性水平进行了分析,开展组间差异检验,发现对于中国的东中西部地区而言,除东部地区和中部地区的劳动力水平差异,中部地区和西部地区的技术水平差异不显著外,各变量的组间差异水平都在 1% 的水平上显著。可以发现,东中部的劳动力规模相类似,高于西部地区;东部地区的资本存量水平高于中部地区,中部地区的资本存量水平高于西部地区;中西部地区的技术水平较低且较类似,且低于东部地区的技术水平;东部地区的对外直接投资水平较高,远高于中部地区,而中部地区的对外直接投资水平又高于西部地区;贸易水平来看,呈现出与对外直接投资水平相类似的情况,东部地区的贸易量较大,远高于中部地区,而中部地区的贸易量又略高于西部地区。可知,较之西部地区而言,东中部地区的劳动力水平有一定优势,较之中西部地区而言,东部地区的技术水平有一定优势,就资本存量水平、对外直接投资水平和贸易水平而言,通常来说东部地区优于中部地区,中部地区优于西部地区,且衡量国外要素的对外直接投资水平和贸易水平的东部地区优势最为突出。

表 3-1 东中西部地区国内外生产要素投入差异

变量均值	劳动力	资本存量	技术	对外直接投资	贸易
东部地区	48.74	42.71	25.13	234.54	100.11
中部地区	49.74	31.82	5.47	45.06	8.68
西部地区	32.01	18.01	5.15	31.40	5.48

资料来源:作者根据 2003 年—2015 年中国 30 个省份的 EPS 数据库统计数据计算而来,除东部地区和中部地区的劳动力水平差异不显著,中部地区和西部地区的技术水平差异不显著外,表中其他要素的地区间差异的 t 检验的 P 值均小于 0.01。

表 3-2 显示了按照我国地区开放程度划分的沿海、内陆和沿边地区的 5 个地区的要素情况，发现了与东中西部地区划分相类似的情况，但也有一些较小的差异。沿海地区和内陆地区的技术水平差异不大，内陆地区和沿边地区的贸易水平差异不大。总的来说，各要素的沿海地区水平优于内陆地区，内陆地区优于沿边地区，且沿海地区的对外直接投资和贸易水平优势突出。

表 3-2　沿海、内陆和沿边地区国内外生产要素投入差异

变量均值	劳动力	资本存量	技术	对外直接投资	贸易
沿海地区	51.50	44.54	13.16	220.71	96.06
内陆地区	42.76	26.63	16.89	58.45	17.03
沿边地区	31.11	19.65	3.21	51.32	6.74

资料来源：作者根据 2003 年—2015 年中国 30 个省份的 EPS 数据库统计数据计算而来，除沿海地区和内陆地区的技术水平差异不显著，内陆地区和沿边地区的对外直接投资水平差异不显著外，表中其他各要素的地区间差异的 t 检验的 P 值均小于 0.05。

那么，中国的对外直接投资对于母国增长效应的贡献有多大？国内外各要素的贡献情况又是如何，控制住中国各省份多层次特征的中国对外直接投资的母国增长效应及其作用机理是什么，是本书接下来要回答的主要问题（在经验结果中东部地区的情况与沿海地区相似，中部地区的情况与内陆地区相似，西部地区的情况与沿边地区相似，经验结果中不做赘述）。

二、经验结果

在全样本中（表 3-3），中国对外直接投资的母国经济增长效应不明显，据李泳（2009）[①]研究发现，对于发展中国家而言，1—2 年期的对外直接投资的母国增长效应有一定显现，但仍然低于国内投资的母国增长效应，而 2 年后到较短时期内对外直接投资的母国增长效应仍然不明显，主要是由于发展中国家和地区在开展对外直接投资过程中要支付一个短期的沉没成本，其母国增长效应的发挥需要一定的时间才能发挥作用。中国母国的经济增长更多的是由对外贸易的发展、资本投入、劳动力投入所引致的，这些变量的系数显著

---

① 李泳：《中国企业对外直接投资成效研究》，《管理世界》2009 年第 9 期。

为正。但技术对于中国母国经济增长的影响效果显著为负,主要是由于中国的技术创新不足,多以技术模仿为主,自主创新能力对于技术升级的拉动作用不明显。反而一定程度技术创新的缺乏,拖累了中国母国的经济增长。同时,高技能劳动力也带来了中国母国经济增长的显著正向效果,与技术进步引致经济增长的经典增长理论预期相一致。

表 3-3 内外增长要素对中国母国经济增长的影响—全样本

解释变量	(1)	(2)	(3)	(4)	(5)
对外直接投资	0.004	0.005 **	0.001	0.003	0.008 ***
	(1.54)	(2.38)	(0.52)	(1.11)	(3.22)
贸易		0.147 ***	0.113 ***	0.133 ***	0.169 ***
		(5.59)	(3.87)	(4.73)	(6.31)
劳动力			0.772 ***	0.560 **	0.557 **
			(2.67)	(2.01)	(2.14)
资本存量				0.154 ***	0.161 ***
				(5.74)	(6.43)
技术					−0.112 ***
					(−7.06)
高技能劳动力	0.455 ***	0.417 ***	0.411 ***	0.261 ***	0.206 ***
	(14.37)	(13.41)	(13.33)	(6.60)	(5.45)
产业发展状况	−0.274 **	−0.456 ***	−0.497 ***	−0.577 ***	−0.588 ***
	(−2.26)	(−3.78)	(−4.12)	(−4.97)	(−5.43)
市场需求状况	3.725 ***	3.439 ***	3.432 ***	3.413 ***	3.066 ***
	(12.09)	(11.47)	(11.55)	(12.02)	(11.35)
政府支出状况	2.113 ***	1.901 ***	1.943 ***	2.018 ***	2.464 ***
	(9.42)	(8.70)	(8.95)	(9.70)	(12.06)
基础设施服务	0.002	−0.001	−0.005	−0.006	−0.005
	(0.24)	(−0.19)	(−0.64)	(−0.88)	(−0.73)
引进外资水平	0.184 ***	0.148 ***	0.176 ***	0.139 ***	0.112 ***
	(5.29)	(4.34)	(4.99)	(4.04)	(3.46)
常数项	2.011	10.487 **	−20.649	−3.647	−2.502

续表

解释变量	(1)	(2)	(3)	(4)	(5)
	(0.38)	(1.99)	(−1.62)	(−0.29)	(−0.21)
省份固定效应	Y	Y	Y	Y	Y
年份固定效应	Y	Y	Y	Y	Y
观察值	390.000	390.000	390.000	390.000	390.000
组内 R2	0.885	0.894	0.897	0.906	0.918

资料来源:作者根据2003年—2015年中国30个省份的EPS数据库统计数据通过Stata13.0软件计算而来。

　　另外,市场需求状况、政府支出状况、引进外资水平与中国母国经济增长显著正相关,意味着国内消费者市场、政府需求市场及外国投资拉动了母国经济增长,与贸易、投资、消费会拉动经济增长的"三驾马车"拉动经济增长的理论预期相一致。然而,基础设施服务水平对中国经济增长的影响不显著,主要是由于我国基础设施服务水平较为落后,服务能力与质量水平较低,且具有地区间差异特征,难以推动母国经济的增长。同样,中国的产业发展状况较为落后,三大产业发展结构不合理,产能结构落后,有大量过剩产能,不仅没有促进中国母国经济的增长,反而拖累了母国经济的增长。各变量系数的符号与显著性水平较为一致,结论稳健。

　　从中可见,全国总体来看,中国对外直接投资的母国经济增长效应不明显,母国经济增长更多的由技术、劳动力、资本、贸易及其他要素所影响,主要由于2003—2015年,中国的对外直接投资仅开展了10年左右的时间,开展时间较短,在短期内需要支付沉没成本,因此其母国增长效应不明显。

　　为了进一步说明问题,本书按照不同的标准,划分样本对象,研究按照地区发展程度划分的东中西部地区,不同样本中的内外经济增长要素对中国母国经济增长的影响,进一步探讨对外直接投资在其中的作用。

　　如表3-4所示,东部地区是我国经济发达程度较高的地区,其开放程度与发达程度都高于中西部地区,与全样本相比,东部地区对外直接投资的母国经济增长效应同样不显著,除劳动力对于东部地区经济增长的影响不显著外,其他要素对于我国东部地区经济增长影响的显著性与全样本的实证结果没有太大差异,其缘由也相类似,不做赘述。

表3-4 内外增长要素对中国母国经济增长的影响—东部地区

解释变量	(1)	(2)	(3)	(4)	(5)
对外直接投资	-0.004	-0.001	-0.003	0.002	0.007*
	(-1.11)	(-0.34)	(-0.72)	(0.36)	(1.81)
贸易		0.159***	0.146***	0.174***	0.204***
		(3.80)	(3.23)	(3.94)	(5.03)
劳动力			0.500	0.648	0.977*
			(0.82)	(1.10)	(1.81)
资本存量				0.158***	0.178***
				(3.31)	(4.09)
技术					-0.122***
					(-5.19)
产业发展状况	-0.279	-0.609**	-0.675**	-0.980***	-1.072***
	(-1.00)	(-2.19)	(-2.33)	(-3.34)	(-4.01)
市场需求状况	3.330***	2.984***	2.967***	2.993***	2.692***
	(7.97)	(7.32)	(7.26)	(7.62)	(7.45)
政府支出状况	2.243***	1.954***	1.973***	2.095***	2.613***
	(6.45)	(5.76)	(5.80)	(6.36)	(8.29)
基础设施服务	-0.004	-0.007	-0.010	-0.015	-0.010
	(-0.31)	(-0.65)	(-0.83)	(-1.31)	(-1.01)
引进外资水平	0.250***	0.217***	0.229***	0.168***	0.125**
	(4.70)	(4.22)	(4.28)	(3.07)	(2.50)
高技能劳动力	0.642***	0.598***	0.576***	0.370***	0.203**
	(9.77)	(9.41)	(8.37)	(4.08)	(2.29)
常数项	-9.590	3.617	-15.259	-0.262	-6.196
	(-0.73)	(0.28)	(-0.58)	(-0.01)	(-0.26)
年份固定效应	Y	Y	Y	Y	Y
省份固定效应	Y	Y	Y	Y	Y
观察值	156.000	156.000	156.000	156.000	156.000
组内 R2	0.910	0.920	0.920	0.927	0.940

资料来源:作者根据 2003 年—2015 年中国东部省份的 EPS 数据库统计数据通过 Stata13.0 软件计算而来。

　　而劳动力对于东部地区的经济增长的影响不显著,主要是由于东部地区低技能劳动力成本不断上升的原因所导致。随着东部地区低技能用工成本的不断上升,"人口红利"不再,东部地区的低技能劳动力难以继续拉动东部地区的经济增长。同时,东部地区的高技能劳动力较为集中,东部地区的高技能劳动力对于经济增长的拉动作用明显,但技术创新水平仍然不足,影响着东部地区的经济增长。上述研究发现,与全国类似,东部地区的对外直接投资对于母国经济增长的拉动作用不明显,同时低技能劳动力的拉动作用也不明显,同样是由于中国东部地区的对外直接投资处于短期,需要支付沉没成本,其母国增长效应不明显。

　　那么把这一问题放到中部地区和西部地区进行研究,其现象如何? 如表3-5所示,中部地区的对外直接投资的母国增长效应显著为正,且其正向效果不受加入贸易、劳动力、资本存量、技术及其他要素的影响,其方向与大小较为稳健,主要是由于中部地区的对外直接投资进程开展的时间较短,还处于起步阶段,在超短期开展对外直接投资,一定程度上能够带来母国经济的增长,有"立竿见影"的效果,但其增长效应仍然较小。

表3-5　内外增长要素对中国母国经济增长的影响—中部地区

	（1）	（2）	（3）	（4）	（5）
对外直接投资	0.068***	0.074***	0.070***	0.070***	0.067***
	(3.46)	(3.82)	(3.71)	(3.73)	(3.72)
贸易		-0.521**	-0.549**	-0.679**	-0.531**
		(-2.25)	(-2.43)	(-2.52)	(-2.02)
劳动力			1.204**	1.174**	1.290***
			(2.50)	(2.42)	(2.77)
资本存量				0.075	-0.013
				(0.89)	(-0.15)
技术					0.158***
					(2.95)
产业发展状况	-0.813***	-0.764***	-0.837***	-0.793***	-0.793***
	(-5.04)	(-4.81)	(-5.32)	(-4.81)	(-5.02)

续表

	（1）	（2）	（3）	（4）	（5）
市场需求状况	6.695***	5.056***	4.982***	4.438**	5.366***
	（3.82）	（2.72）	（2.75）	（2.32）	（2.89）
政府支出状况	2.293***	2.545***	2.618***	2.560***	2.424***
	（4.62）	（5.11）	（5.40）	（5.22）	（5.14）
基础设施服务	−0.028	−0.024	−0.032	−0.027	−0.059
	（−0.75）	（−0.66）	（−0.91）	（−0.75）	（−1.65）
引进外资水平	−0.010	−0.022	−0.111	−0.113	−0.189
	（−0.06）	（−0.14）	（−0.72）	（−0.73）	（−1.25）
高技能劳动力	0.223***	0.298***	0.352***	0.318***	0.380***
	（5.10）	（5.50）	（6.18）	（4.62）	（5.50）
常数项	22.807**	24.536***	−33.302	−29.862	−38.143
	（2.57）	（2.81）	（−1.35）	（−1.19）	（−1.58）
年份固定效应	Y	Y	Y	Y	Y
省份固定效应	Y	Y	Y	Y	Y
样本数	117.000	117.000	117.000	117.000	117.000
组内 R2	0.918	0.922	0.928	0.928	0.935

资料来源:作者根据 2003 年—2015 年中国中部省份的 EPS 数据库统计数据通过 Stata13.0 软件计算而来。

对于中国中部地区而言,与全样本相比,多数变量的影响一致,其分析不做赘述,不同的是,资本存量对于中部地区的母国经济增长效应的影响并不显著,引进外资对于中部地区的母国经济增长也不显著。其原因可能是,2003年中国的对外直接投资才刚刚起步,处于中国东部地区对外直接投资的较早起步时期,中部地区的国内投资力度不足,资本存量难以引起中国母国经济的增长,而中部地区引进外资状况也不乐观,中部地区的招商引资能力与基础设施对外资的吸引能力明显弱于东部地区,因此,难以通过中部地区国内自身投资和引进外资带来母国经济的增长。

以上研究发现,中部地区对外直接投资的母国增长效应显著为正,是因为中部地区的对外直接投资虽然已经起步,但起步较晚,在对外直接投资起步的较短时期,对外直接投资一定程度上带来了母国增长效应的超短期"立竿见影"的回报,与李泳(2009)的研究结论相一致。

表 3-6　内外增长要素对中国母国经济增长的影响—西部地区

	（1）	（2）	（3）	（4）	（5）
对外直接投资	-0.014	-0.013	-0.002	-0.003	-0.011
	（-1.48）	（-1.37）	（-0.21）	（-0.23）	（-1.03）
贸易		0.114	0.129	0.125	0.022
		（1.07）	（1.21）	（1.17）	（0.20）
劳动力			-0.573*	-0.577*	-0.629**
			（-1.90）	（-1.90）	（-2.16）
资本存量				0.009	0.075*
				（0.24）	（1.70）
技术					-0.083***
					（-2.91）
产业发展状况	-0.009	-0.022	-0.068	-0.067	-0.079
	（-0.12）	（-0.31）	（-0.90）	（-0.89）	（-1.09）
市场需求状况	5.393***	5.768***	5.071***	5.070***	5.024***
	（6.83）	（6.68）	（5.47）	（5.44）	（5.62）
政府支出状况	1.667***	1.651***	1.750***	1.743***	1.909***
	（5.58）	（5.52）	（5.85）	（5.77）	（6.46）
基础设施服务	-0.007	-0.004	-0.009	-0.009	-0.017*
	（-0.87）	（-0.53）	（-1.02）	（-1.03）	（-1.98）
引进外资水平	0.615***	0.570***	0.545***	0.543***	0.533***
	（6.35）	（5.39）	（5.19）	（5.12）	（5.24）
高技能劳动力	0.287***	0.273***	0.247***	0.240***	0.241***
	（9.09）	（7.92）	（6.78）	（5.03）	（5.27）
常数项	-8.685***	-8.923***	13.230	13.527	15.690
	（-2.70）	（-2.77）	（1.10）	（1.11）	（1.34）
省份固定效应	Y	Y	Y	Y	Y
年份固定效应	Y	Y	Y	Y	Y
样本数	117.000	117.000	117.000	117.000	117.000
组内 R2	0.949	0.950	0.952	0.952	0.956

资料来源:作者根据 2003 年—2015 年中国西部省份的 EPS 数据库统计数据通过 Stata13.0 软件计算而来。

表 3-6 进一步分析了西部地区的情况,对于西部地区而言,对外直接投资对于中国母国的经济增长效应作用不明显,主要是由于中国西部地区区域范围较广,投资比较分散,且投资规模较小,在对外直接投资发展初期难以形成对母国增长效应的影响。同时,西部地区的贸易水平、资本存量水平及产业发展水平对于西部地区的母国经济增长效应的作用不明显,主要是由于西部地区的经济发展程度较为落后,对外开放水平也较低,国内投资也主要集中于过剩产能部门以及东中部地区转移来的落后产能部门。

上述表明,西部地区的对外直接投资对母国经济增长的影响不显著,主要是受到地区经济发展水平、对外开放程度与投资规模的限制。

三、作用机制

上述分析已知,产业发展状况、市场需求状况、政府支出状况、基础设施服务、引进外资水平及高技能劳动力等要素,一定程度上影响了中国母国的经济增长效应,那么在中国特殊条件下,各省份不同的经济社会环境要素是否会对中国对外直接投资的母国增长效应形成影响? 为此,本书在现有模型分析的前提下分别加入了产业发展状况、市场需求状况、政府支出状况、基础设施服务、高技能劳动力要素等与中国国内外经济增长主要推动要素相关的对外直接投资、贸易、劳动力、资本、技术等的交乘项,得到表 3-7 和表 3-8 中的模型(1)—模型(6),检验对外直接投资通过这些中国各省份经济发展要素对中国母国经济增长的间接影响效果,模型包括交乘项,本书同样采用静态面板数据的双向固定效应进行分析。

表 3-7　分别加入产业发展状况、市场需求状况或政府支出
状况的双向固定效应回归结果—全样本

	（1）		（2）		（3）
对外直接投资	0.050***	对外直接投资	−0.017***	对外直接投资	−0.001
	(3.16)		(−3.55)		(−0.27)
对外直接投资 * 产业发展状况	−0.001*** (−2.69)	对外直接投资 * 市场需求状况	0.001*** (3.45)	对外直接投资 * 政府支出状况	0.000 (0.79)

续表

	(1)		(2)		(3)
贸易	0.294***	贸易	0.123***	贸易	0.130***
	(4.36)		(2.76)		(2.86)
贸易 * 产业发展状况	−0.003** (−2.36)	贸易 * 市场需求状况	−0.006 (−1.64)	贸易 * 政府支出状况	0.001 (0.65)
劳动力	1.058***	劳动力	0.034	劳动力	0.364*
	(3.51)		(0.18)		(1.71)
劳动力 * 产业发展状况	−0.015*** (−4.75)	劳动力 * 市场需求状况	0.119*** (8.61)	劳动力 * 政府支出状况	0.011** (2.41)
资本	−0.202	资本	−0.157***	资本	−0.126***
	(−1.59)		(−3.68)		(−2.85)
资本 * 产业发展状况	0.008*** (2.80)	资本 * 市场需求状况	0.032*** (5.17)	资本 * 政府支出状况	0.012*** (5.79)
技术	−0.017	技术	−0.046	技术	0.023
	(−0.21)		(−1.13)		(0.47)
技术 * 产业发展状况	−0.001 (−0.45)	技术 * 市场需求状况	0.001 (0.27)	技术 * 政府支出状况	−0.002 (−0.97)
常数项		常数项		常数项	
控制变量	Y	控制变量	Y	控制变量	Y
省份固定效应	Y	省份固定效应	Y	省份固定效应	Y
年份固定效应	Y	年份固定效应	Y	年份固定效应	Y
样本数	390	样本数	390	样本数	390
组内调整后的 R2	0.923	组内调整后的 R2	0.961	组内调整后的 R2	0.948

资料来源:作者根据 2003 年—2015 年中国 30 个省份的 EPS 数据库统计数据通过 Stata13.0 软件计算而来。

注:*** 代表在1%的水平下显著,** 代表在5%的水平下显著,* 代表在10%的水平下显著。

　　从表3-3 的结果已知,产业发展状况对于中国母国的经济增长效应显著为负,阻碍了中国母国经济的增长。而在表3-7 中,模型(1)显示,资本与产业发展状况的交乘项显著为正,但其系数较小,技术与产业发展状况的交乘项不显著,同时,无论是对外直接投资、贸易、劳动力等要素,它们与产业发展状况的交乘项都是显著为负的。因此,可以认为,产业发展状况总体上抑制了中国母国的经济增长效应,也抑制了对外直接投资的母国增长效应,对外直接投资对于母国的经济增长有间接影响效果。同理,表3-7中,从模型(2)和模型(3)的结果得到了对外直接投资通过市场需求状况间接影响母国经济增长效应的模型结果,发现中国的对外直接投资能够通过对个人消费品市场需求的影响,间接影响到母国经济增长,但是这种效果通过政府需求市场作用于母国经济增长的效果并不显著。可以说,个人消费市场较之政府消费市场,对于对外直接投资的母国增长间接效应的发挥更有意义。

表3-8　分别加入基础设施服务、引进外资水平或高技能
劳动力的双向固定效应回归结果—全样本

	(4)		(5)		(6)
对外直接投资	0.008**	对外直接投资	0.001	对外直接投资	−0.005
	(2.50)		(0.28)		(−1.16)
对外直接投资 * 基础设施服务	−0.000* (−1.88)	对外直接投资 引进外资水平	−0.000* (−0.02)	对外直接投资 * 高技能劳动力	0.000*** (2.25)
贸易	0.148***	贸易	0.002	贸易	0.062*
	(5.19)		(0.04)		(1.65)
贸易 * 基础设施服务	0.000*** (3.36)	贸易 * 引进外资水平	0.001*** (3.08)	贸易 * 高技能劳动力	0.001*** (3.95)
劳动力	0.560**	劳动力	0.759***	劳动力	−0.446
	(2.22)		(3.45)		(−1.60)
劳动力 * 基础设施服务	−0.001*** (−5.56)	劳动力 * 引进外资水平	0.000 (0.46)	劳动力 * 高技能劳动力	0.002* (1.89)
资本	0.023	资本	−0.031	资本	0.373***
	(0.54)		(−1.06)		(5.30)
资本 * 基础设施服务	0.001*** (4.24)	资本 * 引进外资水平	0.001*** (6.41)	资本 * 高技能劳动力	−0.001*** (−3.27)
技术	−0.141***	技术	0.007	技术	−0.135***
	(−3.30)		(0.27)		(−2.65)
技术 * 基础设施服务	0.000 (1.14)	技术 * 引进外资水平	−0.000 (−1.54)	技术 * 高技能劳动力	0.001* (1.69)
常数项		常数项		常数项	

续表

	(4)		(5)		(6)
控制变量	Y	控制变量	Y	控制变量	Y
省份固定效应	Y	省份固定效应	Y	省份固定效应	Y
年份固定效应	Y	年份固定效应	Y	年份固定效应	Y
样本数	390	样本数	390	样本数	390
组内调整后的R2	0.927	组内调整后的R2	0.949	组内调整后的R2	0.931

资料来源:作者根据 2003 年—2015 年中国 30 个省份的 EPS 数据库统计数据通过 Stata13.0 软件计算而来。

注:*** 代表在 1%的水平下显著,** 代表在 5%的水平下显著,* 代表在 10%的水平下显著。

同理采用相类似的方法,对表 3-8 中的对外直接投资通过基础设施服务、引进外资水平及高技能劳动力进行分别研究,如表 3-8 中的模型(4)—模型(6)所示,发现对外直接投资通过基础设施服务、引进外资水平或高技能劳动力作用于中国母国的经济增长的间接效应都较弱,虽然一定程度上显著,但其数值都较小。通过上述分析发现,中国的对外直接投资主要通过产业发展状况与影响国内个人消费市场间接影响母国经济增长。

四、可能性成因分析

本部分选取的经验样本时间区间为 2003 年到 2015 年,我国的对外直接投资开展时间较短。总体上看,我国对外直接投资的母国经济增长直接影响效果并不显著,主要是由于我国对外直接投资自 2003 年起才开始逐渐放开,其发展时间较短,而据已有的研究显示,对外直接投资的母国增长效应的发挥,在短期内将承受一个沉没成本,无法较好地发挥出促进母国经济增长效应的效果。而我国的对外直接投资又具有自身的特殊性,其目标多以资源寻求型、市场寻求型与技术寻求型等目标为主,存在一定的盲目投资与跟风投资问题,投资失败的可能性较大,因此,失败了的对外直接投资的母国增长效应并不明显,而成功了的对外直接投资的母国增长效应还未发挥出来,因此,整体上短期中我国对外直接投资的母国经济增长效应并不显著。

中国对外直接投资的母国增长效应具有地区差异。中部地区的对外直接投资一定程度上表现出了对母国经济增长的正向显著影响效果,主要是由于中部地区的对外直接投资起步比较晚,在超短期对外直接投资项目的实施能够带来"立竿见影"的母国经济增长效果。东部地区的对外直接投资已进行了一段时期,其母国经济增长效应的发挥还处于沉没成本阶段,而西部地区的对外直接投资规模小、分散、起步晚,且技术能力落后,其母国经济增长效应并不明显。

虽然中国对外直接投资的短期母国经济增长效应并不明显,但是对外直接投资通过产业发展状况与个人消费市场需求间接作用于母国经济增长的影响有一定的效果。主要是就中国而言,对外直接投资多是转移过剩产能,或中小型企业在较早的阶段开展对外直接投资通过"制度套利"回归母国进行生产经营,因此,其与产业发展的关系较为密切,且能丰富国内个人消费需求市场,可通过产业发展状况与个人消费市场需求带来对母国经济增长的间接影响效果。

第二节 基于中国对外直接投资特殊性的
母国增长效应周期与经验证据

按照 Mark Boisot 等(2008)①的理论,中国的中央直管地方分权制度由三个部分组成,形成了类似于君主国领导下的诸侯国制度。包括中央行政权、财权的省级单位下放,及大型企业的省份地方化等三个方面,带来了:(1)较高的能力成本,表现在中国企业规模小微,土地成本高等方面;(2)较高的运营成本,中国国内的物流成本高于国际物流成本;(3)较高的科斯交易成本,表现在不同边界的跨界交易成本上,如国家间、省域间、产业间、行政监管单位间及地区区域间等;(4)较高的行政成本,如知识产权保护成本等。这一制度使得各省份单位间彼此形成独立的政绩与经济绩效竞争单元,导致产能过剩及

---

① Boisot M,Meyer M W.Which Way through the Open Door? Reflections on the Internationalization of Chinese Firms.Management & Organization Review,2008,4(3):349-365.

本土贸易的正式与非正式制度障碍。本部分对中国的中央直管地方分权制度下的能力成本、运营成本、科斯交易成本,及行政成本进行刻画,研究省级面板数据下的中国对外直接投资在这四种较高的成本的作用下,形成的短期与长期母国经济增长效应,分析这种影响是正向的还是负向的,是实现了 Mark Boisot 等(2008)[1]的"制度套利"效果,还是一种"制度陷阱"。

本部分选取我国 30 个省份的 2012 年—2015 年的省级面板数据,由于西藏地区对外直接投资与经济发展水平较为落后,异于其他省份,因此剔除西藏地区的影响,共得到 30 个省份 4 年间的数据,为了使计量结果可读性加强,本书进行了数量级的调整,统一数量级处理,使得计量结果的可读性更强,但不影响估计结果的可靠性。数据资料来源于中国国家统计局,中国商务部,并由 EPS DATA 整理得出,资料来源真实可靠。同时,在中国较高的能力成本、运营成本、科斯交易成本和行政成本条件下,以中国对外直接投资的母国经济增长效应为研究对象,并加入控制变量来控制住社会经济发展对对外直接投资母国经济增长效应的影响。

对外直接投资水平的度量。以 2012 年为基期,用物价水平调整后的各省份对外直接投资存量水平作为各省份对外直接投资的代理变量,记作 $aofdi$。

母国增长效应的度量。以 2012 年为基期,用物价水平调整后的各省份 GDP 水平作为各省份母国经济增长效应的代理变量,记作 $agdp$。

制度环境的度量。中央权利地方化制度的度量指标:在涉及母国的制度效应检验时,建立在 Mark Boisot 等(2008)的四层次中国中央直管的地方分权制度下的省份政绩竞争带来的正式的或非正式的制度障碍的影响基础上,本书进一步把 Mark Boisot 等(2008)[2]的四层次成本予以量化分析,通过以下几种方式进行具体度量:①能力成本,用实际资本存量衡量,借鉴蔡冬青和周经(2012)[3]的做法,建立在 Goldsmith 的永续盘存法研究基础上,利用公式 $K_t =$

①　Boisot M,Meyer M W.Which Way through the Open Door? Reflections on the Internationalization of Chinese Firms.Management & Organization Review,2008,4(3):349-365.

②　Boisot M,Meyer M W.Which Way through the Open Door? Reflections on the Internationalization of Chinese Firms.Management & Organization Review,2008,4(3):349-365.

③　蔡冬青、周经:《东道国人力资本、研发投入与我国对外直接投资的反向技术溢出》,《世界经济研究》2012 年第 4 期。

$I_t + (1 - \delta)K_{t-1}$，$I$ 代表实际投资，t 代表年份，采用固定资产投资价格指数折算为 2012 年为基期的指数平滑后数据，K 代表实际资本存量，折旧率 $\delta = 10.96\%$（单豪杰，2008）[1]。采用孟望生和林军(2015)[2]对中国各省份 2012 年不变折旧率的基期资本存量，把该资本存量指标记作 K_{it}，实际资本存量越大，各省份的本土投资规模越大，越有利于中小规模企业发展，其能力成本越低，在此基础上再通过物价指数，以 2012 年为基期进行价格折算；②运营成本，与企业的物流成本有关，涉及各省份间的物流运输成本，用各省份的铁路运输量度量，记作 $Travelrate$。运营成本则与企业的物流成本有关，通常来说，铁路运输量越小，意味着铁路的运输成本越高，而铁路是我国各省份的主要运输方式，代表物流成本的高低；③科斯交易成本，与不同国家间、省份间、产业间、行政单位间及空间区域间的跨界运营成本有关，涉及区域间的分割要素，用以 2012 年为基期，用物价水平调整后的各省份进出口贸易额度量，记作 $Trade$，科斯交易成本用贸易额衡量，中央权利地方化越高，地方政府的地方权限越大，发展贸易的可能性越大，越有利于推动地方贸易的发展；④行政成本，涉及不同行政单位对知识产权、商标、品牌等的保护，用各省份的专利受理数度量，记作 $Propertyright$，行政成本用专利受理数量度量，受理专利的数量越多，其拥有专利保护与管理的经费越高，因此行政成本越高。

一、描述性统计分析

本书选取 2012—2015 年我国 30 个地区省份层面的数据，对衡量中央权利地方化的四个主要指标，对外直接投资以及母国增长效应进行了分组统计。如表 3-9 所示，研究发现东部地区的中央权利地方化程度最高，主要表现在其能力成本、科斯交易与行政成本高于中西部地区，而运营成本低于中西部地区。

① 单豪杰:《中国资本存量 K 的再估算:1952~2006 年》,《数量经济技术经济研究》2008 年第 10 期。
② 孟望生、林军:《我国省份资本存量及其回报率估算》,《东北财经大学学报》2015 年第 1 期。

表 3-9　中央权利地方化制度与国家宏观开放发展制度分组统计

地区	能力成本	运营成本	科斯交易成本	行政成本	对外直接投资	经济增长
东部地区	39.06	23.64	20.06	70.92	23.13	96.15
中西部地区	23.71	34.58	1.51	15.68	3.90	45.01
全样本	30.06	30.05	9.19	38.54	11.86	66.17

资料来源:中国国家统计局,中国商务部,由 EPS DATA 整理,Stata13.0 统计输出。

　　按照 Mark Boisot 等(2003)的理论,中央权利的地方化程度越高,地方政府的权限越大,其与其他省级政府开展绩效竞争的可能性越大,将带来更高的能力成本,更高的运营成本,更高的科斯交易成本与更高的行政成本。基于现有的对外开放程度与经济发展水平,虽然短期来讲,对外直接投资对于母国经济增长的影响效果不显著。但是长期来讲,通常来说,经济发展水平越高的地区,其对外投资规模越大,经济增长效应也越明显,由于经济发展与对外直接投资可能存在双向因果关系带来的内生性问题,一般的因果回归模型难以对其进行研究。所以,本书采用研究相关关系的 PVAR 模型对问题展开分析。

二、经验模型

　　采用面板 VAR 自回归模型方法进行分析,进一步假设,模型中所有的变量都是内生的,采用面板数据的同时能够综合考虑面板异质性,为了避免样本的损失,本书采用 PVAR 模型方法的同时,参考 Love 和 Zicchino(2007)[①]的研究方法与连玉君编写的 PVAR2 命令进行研究,模型估计策略如下:

$$y_{it} = \beta_0 + \beta_1 y_{it-1} + f_t + d_{it} + e_{it} \qquad \text{模型 3-2}$$

　　其中,y_{it} 是中央权利地方化制度的四维向量组合 $\{k, travelrate, trade, propertyright\}$,$f_t$ 代表时间效应,d_{it} 代表个体时间效应,e_{it} 是随机扰动项。具体变量诠释如上述,不做赘述。通过正交化冲击反映函数的方法,研究中国中央权利地方化制度、对外直接投资对母国增长效应的影响。正交化方法能够区分中央权利地方化制度以及中国对外直接投资的影响,而建立在本书的理

---

　　① Love I,Zicchino L.Financial development and dynamic investment behavior:Evidence from panel VAR.Quarterly Review of Economics & Finance,2007,46(2):190-210.

论基础上,认为中国中央权利的地方化引致了中国对外直接投资的特殊性,进而带来了母国增长效应的特殊性,因此在模型的估计策略中遵循一定的变量排放次序。同时,控制住了省份的个体效应与时间效应,通过组内去心去除时间效应,通过前向均值差分的方法,去除了个体效应,以使得多变量联立方程组模型中的变量个数恰当,使得模型的估计具有可操作性。

建立在模型 3-1 的面板向量自回归(PVAR)模型与估计检验基础上,在分析中央权利地方化制度对对外直接投资的影响,以及中国对外直接投资对母国增长效应的影响前,为了避免伪回归问题的发生,要采取对各模型中变量的数据平稳性分析。

表3-10　各面板序列的平稳性检验结果

检验方法	中央权利地方化	对外直接投资	经济增长	科斯交易成本	运营成本	行政成本	能力成本
LLC	-7.80^{***}	-9.20^{***}	-6.20^{***}	-4.82^{***}	-11.77^{***}	-7.03^{***}	-7.04^{***}
HT	-35.89^{***}	-40.05^{*}	-32.97^{***}	-39.89^{***}	-52.22^{***}	-35.73^{***}	-26.02^{***}
Breitung	-6.02^{***}	-6.96^{***}	-4.99^{***}	-4.14^{***}	-6.75^{***}	-5.86^{***}	-5.19^{***}
IPS	-5.57^{***}	-8.16^{***}	-3.52^{***}	-8.23^{***}	-7.35^{***}	-8.09^{***}	-6.07^{***}
Fishier	-6.18^{***}	-7.90^{***}	-5.96^{***}	-5.67^{***}	-8.23^{***}	-5.78^{***}	-6.17^{***}
Hadri LM	7.44^{***}	-7.06^{***}	2.27^{**}	8.07^{***}	8.01^{***}	6.09^{***}	10.32^{***}

注:*代表在10%的置信水平显著,** 代表在5%的置信水平显著,*** 代表1%的置信水平显著,表中数字分别代表 LLC 检验、HT 检验、Breitung 检验、IPS 检验、Fishier 检验以及 Hadri-LM 检验中相应的统计量,对所有数字均保留两位小数。

截至目前,在分析 PVAR 的模型研究过程中,采用何种策略估计模型方法是解决问题的核心与关键策略。由于 PVAR 有一定的时间序列的特性,要分析数据的平稳性问题。若不如此,把分析建立在特定基础上,对非平稳变量关系进行 PVAR 分析,难以较好的研究各变量间的内在逻辑与联系;本书采用了主要的面板单位根检验方法,主要使用 LLC 检验、HT 检验、Breitung 检验、IPS 检验、Fishier 检验以及 Hadri-LM 检验等六种方法,研究各变量的平稳性问题,其检验结果如表 3-10 所示。意味着各模型结果至少都在10%的显著性水平下拒绝了存在单位根的原假设,因此认为,各序列过程是平稳的过程。

三、经验结果

本部分由两个内容构成,其一是中央权利地方化对各省份对外直接投资的制度冲击影响,其二是对外直接投资对母国经济增长效应的影响。具体来说,分为三个部分,第一部分,用 PVAR 模型分析 GMM 的估计结果,研究了三个变量间的相互影响关系;第二部分,研究脉冲响应函数图,分析中央权利地方化制度和对外直接投资对母国增长效应的影响及其平稳性;第三部分,研究方差分解模型,分析各要素对单个要素冲击的贡献程度。首先,研究中央权利地方化制度与中国对外直接投资及母国增长效应的关系,研究整体制度效应的作用;其次,研究中央权利地方化制度的各分类制度与中国对外直接投资及母国增长效应的关系。

在去除省份个体固定效应和年份效应的影响后,表 3-11 呈现了我国 30 个省份,东部地区省份样本,以及中西部地区省份样本在内的三组 PVAR 回归结果,这三个要素分别是 $\{institute, aofdi, agdp\}$,其中,$institute$ 代表中央权利地方化制度,取数量级调整后衡量中央权利地方化的四层次制度的均值表示,即 $\{k, travelrate, trade, propertyright\}$ 的均值,并且展现了冲击响应函数,以 95% 为置信区间,研究蒙特卡洛模拟后的冲击反应函数图,如图 3-1 所示。

表 3-11　中央权利地方化制度、对外直接投资与中国母国经济
增长效应:PVAR 模型的 GMM 估计结果

冲击后反映	被冲击对象		
	institute(t-1)	aofdi(t-1)	agdp(t-1)
面板 A1:全部地区样本—中央权利地方化制度、对外直接投资与中国母国增长效应			
institute(t)	0.657***(8.44)	-0.091**(-2.53)	0.581***(4.90)
aofdi(t)	0.002(0.05)	0.678***(13.17)	0.302***(5.12)
agdp(t)	-0.029(-0.71)	-0.010(-0.33)	0.818***(12.80)

续表

冲击后反映	被冲击对象		
	institute(t−1)	**aofdi(t−1)**	**agdp(t−1)**
面板A2:东部地区样本−中央权利地方化制度、对外直接投资与中国母国增长效应			
institute(t)	0.742***(8.67)	−0.123***(−3.79)	0.537***(3.54)
aofdi(t)	0.088**(2.72)	0.651***(12.50)	0.265***(5.25)
agdp(t)	−0.020(−0.46)	−0.011(−0.35)	0.807***(11.22)

冲击后反映	被冲击对象		
	institute(t−1)	**aofdi(t−1)**	**agdp(t−1)**
面板A3:中西部地区样本−中央权利地方化制度、对外直接投资与中国母国增长效应			
institute(t)	0.741***(3.72)	−0.759(−0.92)	0.521***(4.71)
aofdi(t)	0.079(0.69)	−0.163(0.32)	0.181**(2.53)
agdp(t)	−0.006(−0.04)	−0.252(−0.41)	0.869***(11.18)

资料来源:中国国家统计局,中国商务部,由EPS DATA整理,Stata13.0统计输出。

注:*代表在0.1水平下显著,**代表在0.05水平下显著,***代表在0.001水平下显著。

表3-11中报告了中国30个省份的样本,并且汇报了三个要素变量滞后一期的冲击反应,但并没有发现滞后一期的中央权利地方化制度对于对外直接投资的显著影响(除东部地区这一影响显著为正外),并未发现滞后一期的对外直接投资对于母国增长效应的显著影响,在不同的分组样本中这一结论得到了证实,也即意味着结论的稳健性与可靠性。

上述结果表明:截至2012年,我国的对外直接投资已经开展了一段时间,在短期(一年)中,制度效应一定程度上形成对当期中国对外直接投资的正向影响效果,但未形成对当期母国增长效应的影响,同时短期(一年)的中国对外直接投资并未形成对当期母国增长效应的影响。

在图3-1的研究中发现,滞后一阶的中央权力地方化制度对于前5期制度效应的冲击显著为正,即中央权利的地方化制度会引起中央权利地方化的长期存在,即中央权利地方化制度具有惯性效应;中央权利地方化制度对于0—12期的母国增长效应具有正向冲击作用,且这种冲击作用呈现出先增强后削弱的趋势,即中央权利的地方化制度一定程度上强化了母国增长效应;滞后一阶的中国对外直接投资对于中国的母国增长效应呈现出了正向的冲击作用,与滞后一阶的中央权利地方化制度的冲击效果相一致,同样呈现出了先增强后削弱的态势;而滞后一阶的经济增长效应对于0—10期的母国经济增长效应呈现出正向的冲击效果,且这种效果具有持续性,表现出了一定的惯性趋势。

从中可以发现,长期来看,中国中央权利地方化制度与中国对外直接投资制度对于母国经济增长效应呈现出了正向的冲击效果,且该冲击效果相一致,先增强后削弱,而母国经济增长对于其自身的冲击效果具有正向效应,且表现出一定的路径依赖。

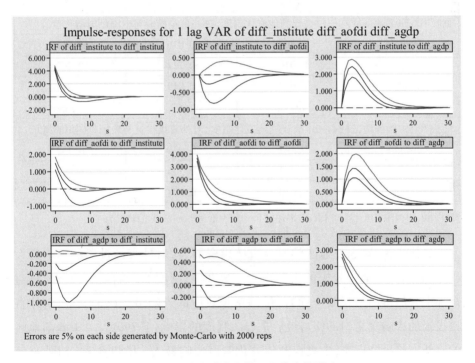

图 3-1　冲击响应函数—总成本的影响

资料来源:中国国家统计局,中国商务部,由 EPS DATA 整理,Stata13.0 统计输出。

表 3-12 显示,在全样本中,对于中国对外直接投资的预测,对外直接投资的贡献最大(占 63.9%),母国增长效应的贡献次之(占 27.3%),中央权利地方化制度的贡献最小(占 8.8%);对于母国增长效应的预测,母国增长效应

的贡献主要来源于母国增长效应(占 96.4%),中央权利的地方化(占 3%),而中国的对外直接投资(占 0.6%)。

表 3-12　中央权利地方化制度、对外直接投资与中国母国经济增长效应:方差分解结果

	institute	aofdi	agdp
面板 B1:全部地区样本—中央权利地方化制度、对外直接投资与中国母国增长效应			
institute	0.510	0.005	0.485
aofdi	0.088	0.639	0.273
agdp	0.030	0.006	0.964
	institute	aofdi	agdp
面板 B2:东部地区样本—中央权利地方化制度、对外直接投资与中国母国增长效应			
institute	0.469	0.016	0.514
aofdi	0.019	0.714	0.267
agdp	0.017	0.019	0.964
	institute	aofdi	agdp
面板 B3:中西部地区样本—中央权利地方化制度、对外直接投资与中国母国增长效应			
institute	0.494	0.074	0.432
aofdi	0.494	0.306	0.199
agdp	0.030	0.008	0.961

资料来源:中国国家统计局,中国商务部,由 EPS DATA 整理,Stata13.0 统计输出。

具体来说,对东部地区的对外直接投资而言,对外直接投资的影响最大(71.4%),母国增长效应的影响次之(26.7%),制度的影响最小(1.9%);对东部地区的母国增长效应而言,母国增长效应的影响最大(96.4%),对外直接投资的影响次之(1.9%),最后是母国制度的影响(1.7%)。对中西部地区的对外直接投资而言,中央权利地方化制度影响最大(占 49.4%),对外直接投资自身影响次之(占 30.6%),母国经济增长效应的影响最小(占 19.9%);对中西部地区的母国增长效应而言,母国增长效应的影响最大(占 96.1%),中央权利地方化制度影响次之(占 3%),对外直接投资的影响最小(占 0.8%)。

以上研究可以说明,对于中国对外直接投资的影响,除自身影响外,经济增长与中央权利地方化制度都有贡献,但这种贡献有东部地区和中西部地区之分;对于中国母国经济增长的影响,除自身影响外,对外直接投资与中央权利的地方化制度都有贡献,同样这种贡献有东部地区和中西部地区之分。

为了分析中央权利地方化制度的各构成制度与中国对外直接投资及中国母国增长效应的关系,表 3-12 进一步研究把 PVAR 自回归向量 $\{institute, aofdi, agdp\}$ 中的变量 institute 替代为分类制度变量 $\{k, travelrate, trade, propertyright\}$ 中的某一制度,并研究运营成本、能力成本、科斯交易成本或行政成本与对外直接投资及母国增长效应的关系。表 3-12 的研究结果发现,面板 C1-1 中,滞后一期的运营成本,滞后一期的对外直接投资与滞后一期的经济增长对于当期中国对外直接投资的影响均显著为正,说明运营成本度量的中央权利地方化程度越大,越有利于中国对外直接投资的发展。而滞后一期的运营成本,与滞后一期的对外直接投资对当期经济增长的影响不显著;滞后一期的经济增长对当期经济增长的影响显著为正。同时,表 3-13 中 C1-2 面板,C1-3 面板,与 C1-4 面板中把运营成本分别替换为能力成本,科斯交易成本,或行政成本后,得到了相类似的结果。

通过上述分析发现,短期(一年)的各分类构成制度效应形成了对当期中国对外直接投资的负向影响效果,但未形成对当期母国增长效应的影响,且短期(一年)的中国对外直接投资并未形成对当期母国增长效应的影响。

表 3-13　中央权利地方化制度、对外直接投资与中国母国经济增长效应:各分类制度的影响

冲击后反映	被冲击对象		
	travelrate(t-1)	aofdi(t-1)	agdp(t-1)
面板 C1-1:运营成本的影响-中央权利地方化制度、对外直接投资与中国母国增长效应			
travelrate(t)	0.836 *** (21.11)	-0.029 ** (-2.26)	0.067 *** (3.06)
aofdi(t)	-0.344 *** (-4.43)	0.703 *** (15.12)	0.457 *** (7.11)
agdp(t)	-0.011(-0.19)	-0.017(-0.63)	0.722 *** (14.29)

续表

冲击后反映	被冲击对象		
	k(t−1)	**aofdi(t−1)**	**agdp(t−1)**
面板 C1-2:能力成本的影响−中央权利地方化制度、对外直接投资与中国母国增长效应			
k(t)	0.724***(32.55)	−0.160***(−5.80)	0.692***(13.59)
aofdi(t)	0.002(0.12)	0.687***(13.96)	0.301***(9.55)
agdp(t)	−0.023(−1.61)	−0.012(−0.43)	0.830***(30.45)

冲击后反映	被冲击对象		
	trade(t−1)	**aofdi(t−1)**	**agdp(t−1)**
面板 C1-3:科斯交易成本的影响−中央权利地方化制度、对外直接投资与中国母国增长效应			
trade(t)	0.741***(3.72)	−0.759(−0.92)	0.521***(4.71)
aofdi(t)	0.079(0.69)	−0.163(0.32)	0.181**(2.53)
agdp(t)	−0.006(−0.04)	−0.252(−0.41)	0.869***(11.18)

冲击后反映	被冲击对象		
	propertyrights(t−1)	**aofdi(t−1)**	**agdp(t−1)**
面板 C1-4:行政成本的影响−中央权利地方化制度、对外直接投资与中国母国增长效应			
propertyrights(t)	0.630**(3.09)	−0.182(−1.55)	1.280***(1.97)
aofdi(t)	0.025*(1.82)	0.675***(13.54)	0.218***(5.00)
agdp(t)	−0.006(−0.27)	−0.014(−0.48)	0.788***(10.98)

资料来源:中国国家统计局,中国商务部,由 EPS DATA 整理,Stata13.0 统计输出。
注:* 代表在 0.1 水平下显著,** 代表在 0.05 水平下显著,*** 代表在 0.001 水平下显著。

图 3-2 显示,中央权利地方化制度中的运营成本对于母国经济增长效应的影响,以及中国对外直接投资对于母国增长效应的影响呈现出正向的冲击作用,在前期这种冲击逐渐扩大,在后期这种冲击作用逐渐削弱但仍然为正,直至全部消退。而对于图 3-3 及图 3-5 表现出了相类似的冲击效果(见附录)。中国对外直接投资对于母国增长效应的影响均显现出正向冲击的作用,在前期这种冲击逐渐扩大增强,在后期这种冲击逐渐削弱,但冲击效果仍然显著为正。但对于图 3-4 的科斯交易成本而言,这一效果不明显。而中国母国经济增长效应与中国母国的各分类制度对于其自身的影响效应始终显著

为正，且具有一定的路径依赖，随着时间的推移，其影响效果逐渐削弱到不显著（图 3-3，图 3-4 和图 3-5，见附录）。

　　通过上述分析可见，对于中央权利地方化的各构成制度而言，短期（一年）的运营成本，能力成本及行政成本与中国对外直接投资制度对于母国经济增长效应呈现出了正向的冲击效果，且该冲击效果相一致，先增强后削弱，而母国经济增长与各构成制度对于其自身的冲击效果具有正向效应，且表现出一定的路径依赖，随着时间推移而削弱。

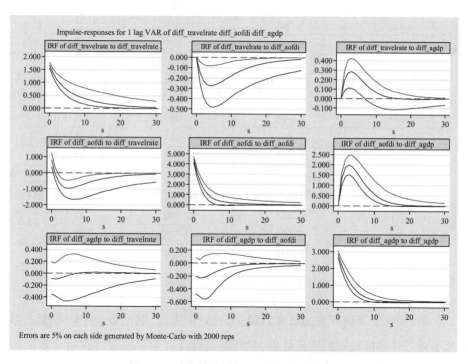

图 3-2　冲击响应函数—运营成本的影响

资料来源：中国国家统计局，中国商务部，由 EPS DATA 整理，Stata13.0 统计输出。

　　对于表 3-14 中，无论是中国的对外直接投资还是母国增长效应都一定程度上受到了中央权利地方化制度各组成部分的各分制度影响，且其贡献的大小依据不同面板的不同而不同。

表 3-14 方差分解结果:运营成本的影响

	travelrate	aofdi	agdp
面板 D1:运营成本的影响—中央权利地方化制度、对外直接投资与中国母国增长效应			
travelrate	0.912	0.050	0.039
aofdi	0.099	0.587	0.315
agdp	0.002	0.014	0.984
	k	aofdi	agdp
面板 D2:能力成本的影响—中央权利地方化制度、对外直接投资与中国母国增长效应			
k	0.359	0.026	0.615
aofdi	0.098	0.618	0.284
agdp	0.028	0.005	0.967
	trade	aofdi	agdp
面板 D3:科斯交易成本的影响—中央权利地方化制度、对外直接投资与中国母国增长效应			
trade	0.908	0.090	0.002
aofdi	0.653	0.344	0.004
agdp	0.230	0.005	0.765
	propertyrights	aofdi	agdp
面板 D4:行政成本的影响—中央权利地方化制度、对外直接投资与中国母国增长效应			
propertyrights	0.704	0.003	0.293
aofdi	0.026	0.735	0.239
agdp	0.038	0.006	0.957

资料来源:中国国家统计局,中国商务部,由 EPS DATA 整理,Stata13.0 统计输出。

总之,对于不同样本的研究对象而言,短期来说,制度效应一定程度上形成了对对外直接投资的冲击效果,对外直接投资并未形成对母国增长效应的冲击效果,但二者对未来期(长期)的母国增长效应有正向的显著作用,且该作用先增强后削弱,母国经济增长效应与中央权利地方化制度对其自身的冲击效果显著为正,且这种正向效应具有路径依赖,随着时间的推移而削弱,但各要素的贡献有地区差异,且有各分类制度的构成影响效果区别。

四、可能性成因分析

通过上述分析,本章第二小节得出的结论如下:第一,短期来说,中国的制度效应一定程度上形成了对中国对外直接投资的影响,形成负向冲击效果,但中国的对外直接投资并未形成对母国增长效应的冲击效果。第二,截至2012年,我国的对外直接投资发展已经进行了大概10年左右的时间,冲击响应函数对于未来期的影响发现,长期来说(自2012年起未来的几十年时间),中央权利的地方化与中国对外直接投资形成了对母国增长效应的正向显著影响,且该作用先增强后削弱。第三,母国经济增长效应与中央权利地方化制度对其自身的冲击效果显著为正,且这种正向效应具有路径依赖。第四,在不同经济发达程度的地区与差异化细分制度影响下,各要素的贡献有地区差异,且有影响效果的差别。

主要原因是,与一般发达国家的中央政府与地方政府关系不同,中国采用的是中央直管的地方分权制度,带来了地方政府,如各省份政府间激烈的政绩竞争,进而带来了各省份地方政府在GDP上的激烈角逐。为此,各地方政府大力发展区域内企业,兴修基础设施,大力投资,受地方政府与资本规模与能力的限制,带来了省份内企业多以规模小微的中小型企业为主,这些企业规模小微,灵活性、适应性与反应能力强,能够满足特殊利基市场需求。但是,这些中国中小规模企业并不具备一般发达国家建立在资本主义市场经济与规范环境下形成的OLI优势,既不具备不可替代性的所有权优势,也不具备整合多种资源的内部化优势。同样是由于各省份地方政府间的激烈竞争关系,使得跨省域物流成本与行政成本远远高于跨国物流成本与行政成本,带来了中国企业较之国际运营成本更高的国内运营成本。各省份所属企业不仅要面对较之大型央企更高的融资要求与更严格的行政管理规范,还要面对较之外资企业更高的运营成本,在国内经营的过程中面临"新进者劣势",而在国际运营过程中将面临一定"外来者劣势"与较小的"新进者劣势"。但国际经营带来的成本低于国内经营的成本,因此,中国中小企业多选择开展跨国经营,获取"外资身份",当国际运营成本逐渐提高高于国内运营成本时,其将选择再次回归国内利用外资身份进行"制度套利"。所以,中央直管的地方分权制度由于已使得国内运营成本高于国际运营成本,会迫使中国企业未在本土经营壮大的前提下开展对外直接投资。但在企业对外直接投资初期的短期内,这种中央权利的地方化政策使得企业规模小微,国际化能力较弱,中国的中央权利地方化制度效应一定程度上形成了对中国对外直接投资的短期负向冲击效果。同时,中国企业通过海外经营壮大—获取外资身份—实现母国经济增长的这一过程需要一定的时间。因此,对外直接投资在短期内并未形成对母国增长效应的冲击效果,而在长期来说,通过对"制度套利"优势的吸收与海外发展的壮大经营,中国的中央权利地方化制度与对外直接投资形成了对母国增长效应的正向冲击效果,且这种正向冲击效果遵循先增强后削弱的趋势。

同时,中国母国经济增长效应与中央权利的地方化制度对其自身的冲击效果显著为正,且这种正向冲击效果具有惯性作用,主要是受经济增长效应的连续性特征以及中央权利地方化制度影响的连续性特征所影响。当中央权利的地方化制度制定后,其引致的政府间绩效竞争以及对各企业竞争优势的影响,以及对外直接投资"制度套利"的路径影响需要一定时间发挥效应。同时,先前的中央权利地方化制度与经济增长效果也一定程度上对其自身效果带来了冲击,所以,中央权利的地方化制度与经济增长效果对其自身有显著正向冲击,且表现出了一定的惯性影响效果。

第三节   小   结

我国的国际直接投资自 20 世纪 90 年代起以引进外资为主,自 2003 年左右才开始开展对外直接投资,通过 2003 年到 2015 年的中国对外直接投资的母国经济增长效应研究发现。由于始于 2003 年,中国的对外直接投资开展时间较短,在短期内对外直接投资要承受一个沉没成本,无法较好的带来对母国增长效应的推动作用。主要是由于中国对外直接投资以"两条腿"走路,其一是大型国有企业,其对外直接投资包括自身获利与获取国家利益的双重目标,因此对于在短期获取利益并不看重,多投资于海外境外产业园区基础设施服务,资源、公路、桥梁以及大型装备等进入门槛较高的产业,在短期内无法带来对母国增长效应的促进作用;其二是中小型企业,其对外直接投资以自身获利为目标,迫于国内高运营成本的压力,在较早的阶段实现了国际化,虽然一定程度上考虑了东道国的经营环境与投资风险,但其具有盲目跟风的投资特点,投资失败的可能性较大。因此,在中国对外直接投资开展时间不长的阶段,对外直接投资的母国增长效应并不明显，需要支付沉没成本。另外发现，我国对外直接投资的母国增长效应的效果发挥表现出了一定的地区差异特点。

通过对2012年—2015年的样本进行分析发现，在短期，中国对外直接投资的母国增长效应并不明显，但是在较长的时间阶段，如自2012年起的未来几十年来看，中国对外直接投资将带来正向的母国增长效应。主要是由于此阶段的中国对外直接投资，自2003年起，已经开展了较长的时间，大型国企的对外直接投资积累了投资实力与利润，逐渐开始从海外开发与兴修基础设施转到了大规模的国际产能合作，而中小型企业也逐渐通过"海外经营壮大—获取外资身份—制度套利"等进行，实现了母国增长效应。

总之，中国对外直接投资的母国增长效应在短期显著性不明显，而在长期能够带来正向的显著母国增长效应。

第四章　基于中国对外直接投资特殊性的
母国增长效应：来源与经验证据

第四章分析发现，中国 OFDI 的特殊性能够带来母国增长效应的特殊性。那么，这种特殊性是来自于中国 OFDI 的企业特殊性，中国 OFDI 的东道国特殊性，还是中国 OFDI 的母国特殊性。为进一步回答这一问题，本书研究视角在现有的对外直接投资的母国增长效应文献与理论基础上加入了对外直接投资的异质性问题进行分析，并从母国特定优势、企业特定优势与东道国特定优势等层面进行研究。建立在此基础上，为了进一步回答基于中国对外直接投资特殊性的母国增长效应特殊性来源，第一小节和第二小节将分别研究了中国对外直接投资特殊性的母国增长效应更多是来源于国家特殊性还是企业特殊性？以及东道国特殊性影响更大还是母国特殊性影响更大？第一节将通过经验分析研究中国对外直接投资的母国技术增长效应的特殊性更多的来源于企业特殊性还是国家特殊性。第二小节将进一步通过实证分析中国对外直接投资的母国就业增长效应的特殊性更多的来源于母国特殊性还是东道国特殊性的问题。

第一节　企业优势来源与国家优势来源的对比分析

第一小节遵循如下分析逻辑：中国的对外直接投资投向世界不同的东道国，在中国母国特殊性的影响下，中国对外直接投资的母国与东道国在经济、社会、文化、制度等方面存在差异，进而导致中国投向不同东道国对外直接投资的母国技术增长效应不同。模型拟解决的主要问题是：中国对外直接投资的特殊性是否带来母国技术增长效应的特殊性，这种特殊性差异是否与中国母国及东道国间的差异有关,还是与中国对外直接投资企业特殊性有关,其来源是什么? 本书采用中国母国与东道国的人均 GDP 差异、失业率差异及国家公债占 GDP 的比重差异作为中国母国与对外直接投资东道国特殊性差异的代理变量。人均 GDP 差异、失业率差异、国家公债占 GDP 的比重差异等三个指标均来自美国传统基金会的 2013 年—2015 年的《世界经济自由度指数》,资料来源真实可靠。第一节主要采用叶德珠,连玉君,黄有光和李东辉(2012)的随机前沿分析方法(SFA)①。

一、资料来源与变量选取

国家特殊性差异的度量指标:(1)人均 GDP 差异(dgdppercapitappp)。国家间的富裕程度与经济发展程度很大程度上是用人均 GDP 来衡量,人均 GDP 的差异能够较好地衡量中国对外直接投资母国与东道国间的经济发展程度及经济发展能力上的差异,计算方法是用某年的东道国人均 GDP 减去当年的中国人均 GDP,通过购买力平价以 2013 年为基期进行指数平滑;(2)失业率差异(dunemployment)。国家间的经济景气程度与人民福利水平很大程度上与失业问题有关,而中国母国与东道国间的失业率差异较好的衡量了中国母国与东道国间的经济景气程度与人民生活水平差异,计算方法是用某年东道国失业率减去当年的中国失业率;(3)公债占 GDP 的比重差异(dpublicdebtofgdp)。国家间的发展能力差异与债务水平有关,一般而言,负债水平影响国家的发展问题与可持续发展能力,而中国对外直接投资母国与东道国间的国家公债占 GDP 的比重差异较好的衡量了中国母国与东道国间的经济增长与可持续发展能力差异,计算方法是用某年东道国国家公债占 GDP 的比重减去当年的中国国家公债占 GDP 的比重。

对外直接投资的企业特殊性度量指标:对外直接投资(OFDI)。对外直接投资存量采用各年度的对外直接投资存量指标度量,并以 2013 年为基期通过消费者价格指数进行指数平滑处理。资料来源于《2015 年度中国对外直接

---

① 叶德珠、连玉君、黄有光等:《消费文化、认知偏差与消费行为偏差》,《经济研究》2012 年第 2 期。

投资统计公报》,资料来源真实可靠。

母国技术增长效应:(1)对外直接投资的实际母国技术增长效应
(OFDItech)。投向各东道国的对外直接投资的母国技术增长效应用中国母
国来自东道国各国的境外技术合同数与境外技术合同金额分别作为替代变量
进行分析,并可同时研究其稳健型,数据主要来源于 2013 年—2015 年的《中
国科技统计年鉴》,资料来源真实可靠;(2)对外直接投资的母国技术增长效
应的偏离(Ex_OFDItech)。对外直接投资的母国技术增长效应偏离定义为
实际对外直接投资母国技术增长效应与正常对外直接投资母国技术增长效应
之间的偏差,采取两步法进行计算。首先,采用已有文献中存在的比较常用的
指标,并采用其线性拟合值计算正常的对外直接投资母国技术增长效应。即,
首先对以下线性模型进行估计分析:

$$OFDItech_{it} = \alpha + Z_{it}\beta + \varepsilon_{it} \hspace{4cm} \text{模型 4-1}$$

$OFDItech_{it}$ 代表投向东道国 i 在年份 t 的 OFDI 母国实际技术增长效应,Z
为影响对外直接投资母国技术增长效应的主要影响变量,包括以下指标:国家
宏观环境距离、产权保护自由度距离、贸易自由度距离等 3 个指标,以及对外
直接投资的存量指标。其次,采用模型 4-1 中的 OLS 估计值 α 和 β 可以计算
出 OFDItech 的拟合值 $NormOFDItech_{it} = \hat{\alpha} + Z_{it}\hat{\beta}$,对于正常对外直接投资母
国技术增长效应的偏离可以用其残差进行度量,即:

$$Ex\_OFDItech_{it} = OFDItech_{it} - NormOFDItech_{it} \hspace{2cm} \text{模型 4-2}$$

二、经验证据

本书拟研究以下回归模型:

$$OFDI\,tech_{it} = \beta_0 + \beta_1 OFDI_{it} + \beta_2 C\,controls_{it} + \varepsilon_{it} \hspace{2cm} \text{模型 4-3}$$

在模型 4-3 中,$OFDI\,tech_{it}$ 的含义与前述相类似,ε_{it} 是随机扰动项,
$OFDI_{it}$ 为对外直接投资存量,$C\,controls_{it}$ 表示前述文献中的对中国对外直接特
殊性有较好刻画的控制变量,主要包含:中国与中国对外直接投资东道国间的
人均 GDP 差异、中国与中国对外直接投资东道国间的失业率差异、中国与中
国对外直接投资东道国间的公债占 GDP 比重的差异。

进一步,为对由于中国的企业特殊性、母国特殊性与东道国特殊性带来的母国技术增长效应与理论上对外直接投资母国技术增长效应差异较好的刻画研究,本书拟进一步分析以下回归模型:

$$Ex\_OFDI\,tech_{it} = \alpha + \beta_1 TFD_{it} + \beta_2 Ex\_OFDI_{it} + \varepsilon_{it} \qquad 模型4-4$$

在模型4-4中,$Ex\_OFDItech$为模型4-2中与正常对外直接投资母国技术增长效应的偏离,本书重点研究的是实际的对外直接投资母国技术增长效应与正常的对外直接投资母国技术增长效应的偏离程度,因此,在模型4-4的研究过程中,用$Ex\_OFDItech_{it}$作为研究对象,TFD表示中国与东道国贸易自由度水平间的差异,用东道国的贸易自由度减去中国的贸易自由度表示。Ex_OFDI表示对外直接投资偏差,用中国母国对第i个东道国在第t年的$OFDI$与样本均值离差表示,即$Ex\_OFDI_{it} = OFDI_{it} - \overline{OFDI}$。

三、描述性统计研究

本书所涉及的数据指标主要来自2015年《中国对外直接投资统计公报》,美国传统基金会的2013年—2015年《世界经济自由度指数》,以及2013年—2015年《中国科技统计年鉴》。

表4-1　基本描述性统计研究与资料来源

变量名称	平均值	标准差	最小值	最大值	定义及来源
contractnum	157.8	425.9	1	2761	中国母国来自各东道国的境外技术合同数
contractvolume	52.72	164.0	0.002	1177	中国母国来自各东道国的境外技术合同金额
dgdppercapita	16.8	16.76	-6.549	69.34	东道国人均GDP与中国人均GDP差额
dunemployment	2.997	5.352	-5.800	23	东道国失业率与中国失业率差额
dpublicdebofgdp	36.82	39.08	-25.80	220.8	东道国公债占GDP的比重与中国公债占GDP比重的差额
dscore	13.41	10.99	-18.40	37.60	东道国整体自由度指数与中国自由度指数差额
dpropertyrights	39.14	26.45	-15	75	东道国产权自由度与中国产权自由度差额

变量名称	平均值	标准差	最小值	最大值	定义及来源
dtradefreedom	8.405	11.47	−38.60	18.20	东道国贸易自由度与中国贸易自由度差额
ofdi	18.73	47.55	−143.3	293.3	中国的对外直接投资

资料来源:除对外直接投资来源于《2015 年中国对外直接投资统计公报》外,其余数据均来源于美国传统基金会《2013 年—2015 年世界自由度指数》。

对三个数据库来源的国家进行数据匹配,剔除有指标整体年份缺失的国家、同一指标有两年缺失的数据,对数据首先进行前补漏,然后进行后补漏,得到 2013 年—2015 年 61 个国家的 183 个样本间的平衡面板数据。表 4-1 显示了主要变量的描述性统计方法,其指标的计算方法、统计量特征及具体的资料来源都可知晓。

四、经验结果

采用 OLS 回归研究了模型 4-3,经验结果如表 4-2 所示,据悉,如结果(1)和(2)所示,一国的对外直接投资会影响其母国技术增长效应,中国对外直接投资的系数均显著为正,很好的证明了这一点,当控制住区位效应(该东道国属于世界的哪一区位板块)及时间效应后,模型的 R^2 分别为 0.451 和 0.434 并没有很大的变化,说明在研究样本对象中,区位效应与时间效应的影响并不大。在结果(2)中,加入反映时间趋势的年度虚拟变量,多数时间虚拟变量并不显著,加入反映区位效应的东道国所处区域的虚拟变量,多数地区虚拟变量显著,意味着中国的对外直接投资国家间的差异性,具有高度的时间稳定性与空间区域稳定性(不随时间变化,但受区位的影响大。实证结果略,备索)。通过以上分析发现,中国对外直接投资企业特殊性促进母国技术增长效应提升。

中国对外直接投资的母国技术增长效应主要受到对外直接投资自身规模的影响,也一定程度上受母国与东道国间的差异影响。而我们更感兴趣的是,这些影响中国对外直接投资母国增长效应的东道国与母国间的差异是哪些方面的?是源于中国对外直接投资的企业特殊性,还是中国对外直接投资的东道国与母国特殊性。

表4-2　对外直接投资企业特殊性、母国与东道国差异作用于对外直接投资的母国技术增长效应情况

	中国母国来自东道国各国的境外技术合同数						中国母国来自东道国各国的境外技术合同金额					
	(1)	(2)	(3)	(4)	(5)	(6)	(7)	(8)	(9)	(10)	(11)	(12)
对外直接投资	3.171**	2.972**	2.558**	2.564**	2.421**	2.407**	1.794**	1.500**	1.552**	1.549**	1.278**	1.267**
	(2.23)	(2.01)	(2.33)	(2.28)	(2.28)	(2.21)	(2.29)	(2.24)	(1.97)	(1.94)	(2.06)	(2.00)
人均GDP差异			3.560**	3.626**	4.465***	4.661***			0.959*	0.989*	1.134**	1.205**
			(2.20)	(2.15)	(2.61)	(2.68)			(1.93)	(1.94)	(2.17)	(2.25)
失业率差异			-19.737***	-17.659***	-14.977**	-11.680*			-4.638***	-4.010**	-3.952**	-2.979*
			(-2.66)	(-2.57)	(-2.13)	(-1.81)			(-2.79)	(-2.48)	(-2.19)	(-1.75)
公债占GDP比重差异			4.724***	4.778***	4.656***	4.706***			1.105***	1.119***	1.111***	1.123***
			(2.73)	(2.71)	(2.91)	(2.89)			(2.88)	(2.88)	(2.75)	(2.74)
常数项	98.444***	263.906**	-65.003	-50.795	33.901	63.243	19.107*	45.798*	-19.364*	-15.237	-10.633	-2.942
	(2.91)	(2.42)	(-1.63)	(-1.23)	(0.69)	(1.23)	(1.68)	(1.89)	(-1.83)	(-1.27)	(-0.80)	(-0.23)
区位效应	N	Y	N	N	Y	Y	N	Y	N	N	N	Y
时间效应	N	Y	N	Y	N	Y	N	Y	N	Y	N	Y
样本数	186	186	183	183	183	183	186	186	183	183	183	183
R2	0.452	0.434	0.576	0.576	0.596	0.597	0.623	0.582	0.634	0.634	0.621	0.620

资料来源：除对外直接投资来源于《2015年中国对外直接投资统计公报》，中国母国来自各东道国的境外技术合同数、中国母国来自各东道国的境外技术合同金额来源于《2013—2015中国科技统计年鉴》外，其余数据均来源于美国传统基金会《世界自由度指数》。

注：* 代表在10%显著水平下显著，** 代表在5%显著水平下显著，*** 代表在1%显著水平下显著。

为回答上述问题,在(1)列的模型基础上,加入中国对外直接投资母国与东道国间的在人均 GDP、失业率与公债占 GDP 比重等三方面的代理变量,得到模型(3)—(6)的结果,分别是不考虑区位效应和时间效应、只考虑区位效应、只考虑时间效应及同时考虑区位效应和时间效应的回归结果,且模型(3)—(6)较之模型(1)和(2),R^2有一定程度的上升,解释力更好。在结果(3)中,进一步加入了反映中国对外直接投资母国与东道国差异的变量,此时,模型的 R^2 由 0.451 提高到了 0.576,其含义是中国与各东道国的对外直接投资解释了大约 12.5%(0.576-0.451)的对外直接投资母国技术增长效应,更多的 45.1%则由中国对外直接投资自身特殊性解释。人均 GDP 差异和公债占 GDP 比重的差异影响均显著为正,而失业率差异的影响显著为负。这意味着,中国的对外直接投资投向与中国国家间富裕水平、经济发展程度、发展能力与债务水平的差距越大的东道国,越有利于中国对外直接投资的母国技术增长效应发挥。这与中国的对外直接投资主要投向发达东道国,以技术和管理经验搜寻为主要目标的事实相符。另一方面,失业水平反映了经济景气程度与人民福利状况,一定程度上反映了劳动力要素禀赋条件。发现,中国对外直接投资投向经济景气、福利水平及劳动力资源禀赋条件与中国差距较大的地区,并不利于中国对外直接投资的母国技术增长效应的发挥。

由上述分析可知,国家特殊性(东道国与母国的特殊性)能够影响中国对外直接投资母国的技术增长效应,且投向越发达的国家,越有利于提升母国技术增长效应。

五、稳健性检验

为了对模型结果的稳健性进行说明,在表4-2中,本书采取了中国母国来自东道国各国的境外技术合同金额指标替代中国母国来自东道国各国的境外技术合同数指标的方法,并通过不考虑时间效应与区位效应、只考虑时间效应、只考虑区位效应、同时考虑时间效应与区位效应等不同的模型方法进行 OLS 回归,发现模型(7)—(12)得出了与模型(1)—(6)相类似的结论,证明上述结果是稳健可靠的。图 4-1 中的散点图更为清晰直观的体现出了上述结论,图 4-1 中纵轴为模型 4-4 中定义的与正常对外直接投资母国技术增长效应的偏离($Ex\_OFDI\,tech_{it}$)。在模型中, $Ex\_OFDI\,tech_{it}$ 被看作实际的对外直接投资母国技术增长效应中不能通过通常的对外直接投资东道国与母国间的差异变量(即模型4-1中的 Z 变量)进行诠释的部分。如果模型4-4的形式设定是正确的,那么 $Ex\_OFDI\,tech_{it}$ 主要研究了对外直接投资存量与均值的偏差及对外直接投资东道国与母国贸易自由度差异对中国对外直接投资母国技术增长效应的影响。图4-1中横轴代表中国每年对外直接投资的存量,其散点图斜率能够被认为是中国投向各东道国的对外直接投资存量对中国对外直接投资母国技术增长效应的边际影响效果,若把 $Ex\_OFDI\,tech_{it}$ 看作是对正常的中国对外直接投资的母国技术增长效应的偏离,那么图4-1体现了每年中国对外直接投资存量的偏离对中国对外直接投资母国增长效应偏离程度的影响,其关系较为显著。

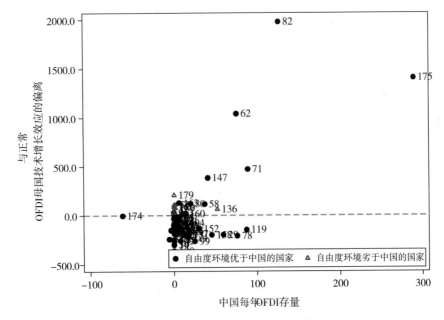

图4-1　中国对外直接投资母国技术增长效应偏差与中国每年
对外直接投资存量的散点图(2013—2015)

资料来源:除对外直接投资来源于《2015年中国对外直接投资统计公报》,中国母国来自各东道国的境外技术合同数、中国母国来自各东道国的境外合同金额来自于《2013—2015中国科技统计年鉴》外,其余数据均来源于美国传统基金会《世界自由度指数》。

由此可见,国家特殊性与对外直接投资企业特殊性均带来中国对外直接投资母国技术增长效应的特殊性,但对外直接投资企业特殊性对中国对外直接投资母国的技术增长效应特殊性的影响更大。

图 4-1 主要把中国投向各东道国的对外直接投资样本分为了两类,其一是中国对外直接投资投向自由度环境优于中国的东道国样本,其二是中国对外直接投资投向自由度环境劣于中国的东道国样本(自由度环境得分是美国传统基金会计算出的关于各国自由度环境的一个综合得分,涉及政治、经济、文化、社会、制度等多个方面,是一个综合指标)。分别研究其对外直接投资偏离均值对中国对外直接投资母国技术增长效应偏离的影响,结果发现,中国母国与东道国间的综合自由度差异与中国对各东道国的对外直接投资对均值偏离,及中国对外直接投资与正常对外直接投资母国技术增长效应的偏离并没有十分明确的关系,这更好的验证了上述结论,即中国对外直接投资的母国技术增长效应大部分由对外直接投资企业特殊性所诠释,而仅有小部分由中国对外直接投资东道国与母国间的差异解释。

表 4-3 对外直接投资企业特殊性与国家特殊性的影响占比

	(1)	(2)	(3)
A:中国母国来自东道国各国的境外技术合同数_异常值			
对外直接投资_异常值	5.064 *** (9.92)		4.912 *** (9.61)
投资自由度差异	2.849 *** (2.84)	1.695 ** (2.05)	
常数项	86.346 *** (3.55)	117.916 *** (2.67)	28.389 (0.76)
样本数	183	183	183
r2_a	0.349	0.037	0.36
B:中国母国来自东道国各国的境外技术合同金额_异常值			
对外直接投资_异常值	2733.157 *** (16.86)		2690.996 *** (16.53)
投资自由度差异	1101.341 *** (2.67)	468.725 * (1.78)	

续表

	（1）	（2）	（3）
常数项	3992. 256(0. 52)	3. 7e+04**(2. 04)	−1. 20E+04(−1. 02)
样本数	183	183	183
r2_a	0. 609	0. 033	0. 614

资料来源:除对外直接投资来源于《2015 年中国对外直接投资统计公报》,中国母国来自各东道国的境外技术合同数、中国母国来自各东道国的境外合同金额来自于《2013—2015 中国科技统计年鉴》外,其余数据均来源于美国传统基金会《世界自由度指数》。

注:* 代表在10% 显著水平下显著,** 代表在5% 显著水平下显著,*** 代表在1% 显著水平下显著。

　　图 4-1 仅从直观上对结论进行描述,为了进一步用实证经验论证,本书表 4-3 进一步呈现了模型 4-4 的回归估计结果,在子表 A 中,采用中国母国来自东道国各国的境外技术合同数_异常值作为被解释变量,在模型（1）中,仅考虑对外直接投资_异常值的影响,发现其系数是 5. 064 且在 0. 01 的显著性水平上显著,意味着对外直接投资的企业特殊性越大,越会导致中国对外直接投资母国技术增长效应与正常值的偏离,也就是说,中国对外直接投资的企业特殊性带来母国技术增长效应的特殊性;在模型（2）中,仅考虑中国与东道国的投资自由度差异,发现其系数为 2. 849 且在 0. 01 的显著性水平下显著,意味着中国与东道国的投资环境差异越大,越会导致中国对外直接投资母国技术增长效应与正常值的偏离,即中国对外直接投资的国家特殊性(东道国与母国特殊性)带来母国技术增长效应的特殊性;在模型（3）中,同时考虑对外直接投资异常值与投资自由度差异的影响,发现其系数分别为 4. 912(在 0. 01 显著性水平下显著)和 1. 695(在 0. 05 显著性水平下显著),可以初步认为,对外直接投资的企业特殊性带来的中国母国技术增长效应特殊性大于国家特殊性带来的中国母国技术增长效应特殊性。在表 4-3 的子表 B 中,更好的论证了这一结论,在 B 中的模型（3）中,中国对外直接投资的异常值系数显著大于投资自由度差异的系数,显著性水平也有差异,结合 B 中的模型（1）和（2）的结论。

六、可能性原因分析

　　中国对外直接投资的特殊性能够促进母国技术增长效应提升,其动力主要来源于中国对外直接投资企业特殊性,东道国特殊性与母国特殊性等三个方面,投向越发达的东道国越有利于中国对外直接投资的母国技术增长效应升级,且中国对外直接投资企业特殊性较母国与东道国的国家特殊性带来的中国对外直接投资的母国技术增长效应影响要大。究其原因主要包括以下几个方面:

第一,中国跨国企业的对外直接投资不同于一般发达国家跨国企业的对外直接投资,不具有 OI 竞争优势,并不具备不可替代性的所有权优势与整合资源与能力的内部化优势,而是规模小、灵活性与适应性强,能够满足利基市场特殊需求,且国内运营成本高于国际运营成本,通常在较早的阶段选择国际化。由于自身所有权优势的缺失,中国跨国企业通常缺乏技术能力与管理经验,生产活动的技术含量较低,因此,技术寻求型是中国企业开展对外直接投资的主要目的和动机之一。由于技术创新的主体是跨国企业,为寻求高科技含量的技术与丰富的管理经验,中国的对外直接投资投向海外高技术含量与管理经验丰富的东道国,通常来说,技术较为发达的东道国都是经济水平较为发达的国家。若开展跨国并购,中国对外直接投资能够直接购买发达东道国的优势资源与能力技术,引进东道国人才,并带来母国技术升级;若通过对外直接投资设立海外子公司,子企业对母企业的逆向技术溢出效应,与技术反馈效应能够带来母国的技术升级。因此,中国跨国企业的对外直接投资能够带来母国技术效应的升级,且对外直接投资的企业特殊性具有重要影响。

第二,一方面对外直接投资的主体与技术创新的主体是跨国企业,无论是开展跨国并购还是设立海外子公司,都是跨国企业直接开展技术与管理经验的获取。技术的逆向溢出也是在跨国企业内部完成的,这从直接性的正向影响角度说明了跨国企业是对外直接投资的母国技术增长效应的主要来源,即中国对外直接投资的母国技术增长效应主要来源于企业特殊性;另一方面,对外直接投资的特殊性,既包括竞争优势的特殊性,又包括竞争劣势的特殊性,既由跨国企业自身特殊性所直接决定,又由母国的竞争优势的特殊性与东道国竞争优势的特殊性间接决定,这也从间接和侧面佐证了中国对外直接投资的母国技术增长效应更多的来源于企业对外直接投资特殊性的观点。

第二节 东道国优势来源与母国优势来源的对比分析

第一节通过中国对外直接投资的母国技术增长效应的国家层面的面板数据模型分析发现,中国对外直接投资的特殊性带来的母国增长效应的特殊性,虽然主要源于对外直接投资的企业特殊性,但同时也来源于国家层面的特殊性。然而,并没有明确的区分东道国特殊性与母国特殊性,且未对东道国特殊性与母国特殊性影响的主次关系进行区分。按照 Rugman(1981,2006)[①]的理论,新兴市场经济体母国建立在低劳动力成本、政府的大力扶持基础上发展其对外直接投资特定优势。裴长洪和郑文(2011)[②]把母国的优势定义为了与母国生产发展密切相关的基础条件,如国民收入水平、服务业发展水平,以及母国所具备的特定优势,如行业优势、规模优势、区位优势、组织优势和其他优势。而把东道国优势定义为区域优势,即与自然条件、经济条件、法律条件、政治条件、社会条件、文化条件和其他条件密切相关的优势。第二节把这种国家层面的优势具体化为国家特殊性,并进一步把其划分为东道国特殊性与母国特殊性,并开展实证分析。

一、资料来源与变量选取

具体来说,第一节研究发现,中国对外直接投资的母国技术增长效应的特殊性主要受到对外直接投资自身特殊性的影响,并一定程度上受对外直接投资的母国特殊性与东道国特殊性影响。为进一步分析中国对外直接投资的母国增长效应的国家特殊性影响来源,第二节选用我国 17 个主要产业的中观层面的样本数据,涉及这些产业投向澳大利亚、东盟、俄罗斯、美国、欧盟以及整体世界等 6 个地区的 2012—2015 年的样本,部分样本数据缺失,首先对缺失

---

① Rugman A M.Inside the multinationals 25th anniversary edition:the economics of internal markets.Palgrave Macmillan,2006;Rugman A M.Inside The Multinationals:The Economics of Internal Markets.Canadian Public Policy,2006,8(1):64-65.

② 裴长洪、郑文:《国家特定优势:国际投资理论的补充解释》,《经济研究》2011 年第 11 期。

值进行前补缺,后进行后补缺,得到平衡面板数据。为避免极端值的影响,对数据样本进行了双边缩尾处理。对于产业 GDP、对外直接投资存量等受物价水平波动影响的指标,本书以 2012 年为基期,进行了物价水平调整。为使结果更具有可读性,本书进行了数量级的统一处理,最后得到涉及 17 个产业 6 个国家或地区的 408 个样本。资料来源于中国国家统计局与中国商务部,由 EPS DATA 整理得出,真实可靠。

国家特殊性的度量指标:(1)东道国或东道地区特殊性。为研究东道国或东道地区的特殊性,本书采用各地区的虚拟变量对东道国或东道地区的特殊性进行研究,并生成了东道国的相应虚拟变量;(2)母国特殊性。由于本书研究的是中国 17 个产业对外直接投资的母国增长效应,本书采用各产业的虚拟变量对各产业的特殊性进行刻画,生成了相应母国产业的虚拟变量。

对外直接投资:本书采用经物价水平调整与数量级调整后的中国 17 个产业对外直接投资存量度量的各产业对外直接投资水平。同时,分别产生位于 0%—20%(低水平对外直接投资)、20%—40%(较低水平对外直接投资)、40%—60%(中等水平对外直接投资)、60%—80%(较高水平对外直接投资)、80%—100%(高水平对外直接投资)位置,生成对外直接投资水平的虚拟变量。

控制变量:(1)采用 17 个产业的产值水平,以 2012 年为基期,经过物价调整与统一数量级处理。(2)经数量级调整后的城镇固定资产交付使用率;(3)外商直接投资实际使用金额,采用各行业的外商直接投资实际使用金额,并经过物价水平调整与数量级调整后的水平度量。

产业就业增长效应:采用中国各产业就业人数度量。

二、描述性统计分析

表 4-4 对主要的核心变量进行分析,产业就业人数均值为 83.14,中位数 40.63,绝大多数样本位于均值左侧,少数几个较大的样本拉大了就业人数的平均水平,产业 GDP 的均值为 33.38,中位数为 15.61,绝大多数样本位于均值左侧,少数的几个较大的样本值拉大了产业产值的平均水平。同样对外直接投资存量的均值为 104.81,中位数为 9.52,绝大多数样本位于均值左侧,少

数的几个较大的样本拉大了对外直接投资存量的平均水平。而控制变量中,城镇职工平均工资,城镇固定资产交付使用率的均值与中位数较为接近,基本满足正态分布。外商直接投资实际使用金额的中位数位于均值左侧,表明大多数该指标样本位于均值以下,较高的均值由少数几个较大的样本拉高。

表 4-4　描述性统计研究:主要核心变量

	均值	中位数	标准差	最小值	最大值	样本数
A:被解释变量						
产业就业人数	83.14	40.63	118.65	6.21	525.79	408
B:解释变量						
对外直接投资存量	104.81	9.52	368.04	0.14	4095.68	360
C:控制变量						
产业 GDP	33.38	15.61	41.67	2.56	195.62	408
城镇固定资产交付使用率	67.64	69.16	9.335	47.71	87.06	408
外商直接投资实际使用金额	69.86	21.61	115.82	0.63	488.67	408

资料来源:中国国家统计局与中国商务部,由 EPS DATA 整理得出。

表 4-5 对中国各行业对外直接投资存量水平与各产业就业水平进行了描述性统计分析,发现租赁和商务服务业,金融业,采矿业,批发和零售业,制造业和电力、热力、燃气及水生产和供应业,房地产业等行业的对外直接投资存量均值水平较高,而卫生和社会工作,住宿和餐饮业,水利、环境和公共设施管理业,住宿和餐饮业,文化、体育和娱乐业等行业的对外直接投资存量均值水平较低。从产业就业水平来看,产业就业水平较高的是制造业、建筑业等行业,其他行业的产业就业均值水平较为接近。

表 4-5　描述性统计研究:各行业对外直接投资存量水平与产业就业水平

行业	对外直接投资存量均值	产业就业水平
采矿业	237.99	60.24
电力、热力、燃气及水生产和供应业	43.01	38.72
房地产业	45.84	36.67
建筑业	42.36	266.23

行业	对外直接投资存量均值	产业就业水平
交通运输、仓储和邮政业	62.77	80.74
金融业	256.18	55.98
居民服务、修理和其他服务业	15.64	7.12
科学研究和技术服务业	21.17	38.43
农、林、牧、渔业	21.62	29.71
批发和零售业	179.87	84.36
水利、环境和公共设施管理业	4.65	26.14
卫生和社会工作	1.29	78.54
文化、体育和娱乐业	4.94	14.48
信息传输、软件和信息技术服务业	23.90	30.91
制造业	126.6135	495.7976
住宿和餐饮业	4.03	28.37
租赁和商务服务业	496.30	40.94
行业合计	104.806	83.13959

资料来源:中国国家统计局与中国商务部,由 EPS DATA 整理得出。

建立在各分行业研究的基础上,删除行业为金融业与房地产业的所有样本,得到 360 个样本。

三、经验模型

在分析不同水平的产业对外直接投资对母国产业增长效应的影响基础上,进一步研究母国特殊性产业效应、时间效应与东道国区位效应等对于中国产业对外直接投资母国产值增长效应的影响,分析母国特殊性与东道国特殊性对中国就业增长效应的影响,研究其是加剧还是削弱了中国对外直接投资的母国就业增长效应。为了分析对外直接投资对母国产业就业增长效应的影响,采用如下基准回归模型进行分析:

$$IEMPLOY_{it} = C_{it} + \beta_1 VL_{it} + \beta_2 L_{it} + \beta_3 H_{it} + \beta_4 VH_{it} + \alpha_i + \gamma_t + \lambda X_i t + \varepsilon_{it}$$

模型 4-5

其中, $IEMPLOY_{it}$ 是产业 i 第 t 年的就业水平, C_{it} 是截距项, VL_{it}、L_{it}、

H_{it}、VH_{it} 是虚拟变量（为 0—1 虚拟变量，在同一产业同一年份，VL_{it}、L_{it}、H_{it}、VH_{it} 四个虚拟变量中，只会有其中一个虚拟变量的取值为 1，其他虚拟变量取值为 0，即同一产业在同一时期，对外直接投资存量水平只会处于低水平、较低水平、高水平和较高水平中的一种状态，本书未考虑处于中等水平对外直接投资状况的样本），分别代表第 i 产业，第 t 年的处于低水平对外直接投资存量水平、较低水平对外直接投资存量水平、较高水平对外直接投资存量水平，或高水平对外直接投资存量水平，α_i 和 γ_t 代表行业效应和时间效应，$X_i t$ 是控制变量的时间效应，ε_{it} 是随机扰动项。

表 4-6　基本回归结果：不同产业对外直接投资对产业就业水平的影响

	（1）	（2）	（3）	（4）
低水平对外直接投资	52.278	52.278 ***	5.270	5.890 ***
	(1.26)	(3.23)	(0.64)	(4.49)
较低水平对外直接投资	41.239	41.239 ***	1.385	1.842
	(0.95)	(2.63)	(0.15)	(1.30)
较高水平对外直接投资	-0.169	-0.169	6.821	7.673 ***
	(-0.01)	(-0.10)	(0.49)	(3.12)
高水平对外直接投资	4.513	4.513 ***	5.572	6.226 ***
	(0.25)	(3.72)	(0.66)	(4.25)
常数项	29.606	29.606 ***	48.880 ***	207.897
	(0.76)	(4.03)	(2.77)	(0.93)
组间 R2	0.260	0.260	0.499	0.500
控制变量	Y	Y		
时间效应	Y	Y	Y	Y
控制变量 * 时间效应			Y	Y
聚类稳健型标准误		Y		Y

资料来源：中国国家统计局与中国商务部，由 EPS DATA 整理得出。

注：* 代表 10% 的水平上显著，** 代表 5% 的水平上显著，*** 代表 1% 的水平上显著。

我国产业对外直接投资的母国产业就业增长效应如表 4-6 所示，通过

OLS 基准回归发现,无论是低水平对外直接投资、较低水平对外直接投资,还是高水平对外直接投资一定程度上能够带来母国的产业就业增长效应的正向效果。较高水平对外直接投资的母国产业就业增长效应多数不显著,且符号不一致。在模型(1)仅考虑时间效应和控制变量,模型(2)同时考虑时间效应、控制变量和聚类稳健型标准误,模型(3)同时考虑时间效应、控制变量的时间效应,模型(4)同时考虑时间效应、控制变量的时间效应、聚类稳健型标准误,其估计结果都较为一致,说明除较高水平的对外直接投资外,不同水平的对外直接投资对母国产业就业增长效应具有促进作用。

(一)产业效应的影响

由于采用的是产业层面的面板数据,因此,采用产业发展状况的度量对象,用产业效应来衡量母国的特殊性问题。考察产业效应对各水平对外直接投资对中国母国各产业就业效应的影响效果。VL_{it}、L_{it}、H_{it}、VH_{it} 是虚拟变量(为 0—1 虚拟变量,在同一产业同一年份,VL_{it}、L_{it}、H_{it}、VH_{it} 四个虚拟变量中,只会有其中一个虚拟变量的取值为 1,其他虚拟变量取值为 0,即同一产业在同一时期,对外直接投资存量水平只会处于低水平、较低水平、高水平和较高水平中的一种状态,本书未考虑处于中等水平对外直接投资状况的样本),在模型 4-5 的回归结果基础上,加入产业效应和各种水平的对外直接投资虚拟变量的交互项,研究产业效应对产业对外直接投资作用于中国母国产业就业增长的调节效应:

$$IEMPLOY_{it} = C_{it} + \xi_1' VL_{it} * Industry_{it} + \xi_1 VL_{it} + \xi_2' L_{it} * Industry_{it} + \xi_2 L_{it} + \xi_3' H_{it} * Industry_{it} + \xi_3 H_{it} + \xi_4' VH_{it} * Industry_{it} + \xi_4 VH_{it} + \gamma_t + \lambda X_i t + \varepsilon_{it}$$

模型 4-6

模型 4-6 中,$Industry_{it}$ 代表产业效应(母国特殊性),其他变量的解释与模型 4-5 的解释相类似,此处不做赘述。在表 4-6 的基准模型中,原本低水平和较低水平的对外直接投资对于母国产业就业水平的影响显著为正,但在表 4-7 中,加入产业效应与各水平对外直接投资的交互项后,对外直接投资通过母国特殊性作用于低水平和较低水平对外直接投资的母国产业就业增长效应表现为一种削弱作用,其交乘项显著为负。

表 4-7　产业效应对对外直接投资的母国就业增长效应调节效果

	（1）	（2）	（3）	（4）
低水平对外直接投资	20.367	20.367	20.589	20.589
	(0.59)	(1.05)	(0.60)	(1.06)
低水平对外直接投资 * 产业效应	-2.487*	-2.487**	-2.498*	-2.498**
	(-1.95)	(-2.14)	(-1.96)	(-2.15)
较低水平对外直接投资	9.397	9.397	9.604	9.604
	(0.25)	(0.54)	(0.26)	(0.55)
较低水平对外直接投资 * 产业效应	-3.476	-3.476***	-3.490	-3.490***
	(-1.36)	(-3.03)	(-1.37)	(-3.04)
较高水平对外直接投资	4.645	4.645***	4.549	4.549***
	(0.30)	(3.79)	(0.29)	(3.72)
高水平对外直接投资	23.610	23.610	23.754	23.754
	(0.31)	(0.67)	(0.31)	(0.67)
高水平对外直接投资 * 产业效应	-0.531	-0.531	-0.539	-0.539
	(-0.12)	(-0.27)	(-0.13)	(-0.27)
常数项	56.474	56.474***	56.453	56.453***
	(1.63)	(4.03)	(1.63)	(4.02)
组间 R2	0.401	0.500	0.500	0.501
控制变量	Y	Y		
时间效应	Y	Y	Y	Y
控制变量 * 时间效应			Y	Y
聚类稳健型标准误		Y		Y

资料来源:中国国家统计局与中国商务部,由 EPS DATA 整理得出。
注:* 代表10%的水平上显著,** 代表5%的水平上显著,*** 代表1%的水平上显著。

　　而原本在基准回归中,高水平的对外直接投资的母国就业增长效应显著为正(如表4-6所示)。但在表4-7中,高水平对外直接投资和产业效应的交乘项不再显著,说明,母国特殊性对于高水平对外直接投资的母国产业就业增长效应具有调节效果,且这种调节效果为削弱作用。

　　因此,母国特殊性对低水平、较低水平和高水平的对外直接投资的母国产业就业增长效应有削弱作用。

（二）东道国区位效应的影响

考察东道国区位效应和时间效应对各水平对外直接投资对中国母国各产业就业增长效应的调节作用。VL_{it}、L_{it}、H_{it}、VH_{it} 是虚拟变量（为 0—1 虚拟变量，在同一产业同一年份，VL_{it}、L_{it}、H_{it}、VH_{it} 四个虚拟变量中，只会有其中一个虚拟变量的取值为 1，其他虚拟变量取值为 0，即同一产业在同一时期，对外直接投资存量水平只会处于低水平、较低水平、高水平和较高水平中的一种状态，本书未考虑处于中等水平对外直接投资状况的样本），在模型 4-5 的回归结果基础上，加入区位效应（包括对澳大利亚、东盟、俄罗斯、美国、欧盟以及整体世界等 6 个地区的对外直接投资区位效应，分别产生虚拟变量）、区位效应和各种水平的对外直接投资的交互项，研究区位效应、对各产业对外直接投资作用于中国母国产业就业增长效应的调节作用：

接下来同时考虑区位效应，如模型 4-7 所示：

$$IEMPLOY_{it} = C_{it} + \eta_1' VL_{it} * Region_{it} + \eta_1 VL_{it} + \eta_2' L_{it} * Region_{it}$$
$$+ \eta_2 L_{it} + \eta_3' H_{it} * Region_{it} + \eta_3 H_{it} + \eta_4' VH_{it} * Region_{it} \qquad \text{模型 4-7}$$
$$+ \eta_4 VH_{it} + \gamma_t + \lambda X_i t + \varepsilon_{it}$$

模型 4-7 中，$Region_{it}$ 代表东道国区位效应，其他变量的解释与模型 4-5 的解释相类似。如表 4-6 所示，不同水平的对外直接投资的母国产业就业增长效应一定程度上显著为正，但在表 4-8 中，在区位效应的调节效应作用下，不同水平的对外直接投资的母国产业就业增长效应不显著。

表 4-8　不同产业对外直接投资、东道国区位效应
与时间效应对母国产业就业的影响

	（1）	（2）	（3）	（4）
低水平对外直接投资	−11.145	−11.145	−11.009	−11.009
	（−0.28）	（−0.53）	（−0.28）	（−0.52）
低水平对外直接投资 * 区位效应	−0.812	−0.812	−0.811	−0.811
	（−0.21）	（−0.19）	（−0.21）	（−0.19）
较低水平对外直接投资	−27.682	−27.682	−27.575	−27.575
	（−0.71）	（−1.50）	（−0.70）	（−1.49）

续表

	（1）	（2）	（3）	（4）
较高水平对外直接投资	5.344	5.344***	5.257	5.257***
	(0.35)	(4.60)	(0.34)	(4.54)
高水平对外直接投资	17.642	17.642***	17.633	17.633***
	(0.96)	(3.67)	(0.96)	(3.65)
高水平对外直接投资*区位效应	-3.056	-3.056	-3.041	-3.041
	(-0.34)	(-0.78)	(-0.33)	(-0.77)
常数项	68.417*	68.417***	68.385*	68.385***
	(1.76)	(4.19)	(1.76)	(4.17)
组间 R2	0.808	0.808	0.808	0.808
控制变量	Y	Y		
时间效应	Y	Y	Y	Y
控制变量*时间效应			Y	Y
聚类稳健型标准误		Y		Y

资料来源:中国国家统计局与中国商务部,由 EPS DATA 整理得出。

注:* 代表10%的水平上显著,** 代表5%的水平上显著,*** 代表1%的水平上显著。

所以可知,东道国特殊性对不同水平对外直接投资的母国产业就业增长效应有削弱作用。

四、区位效应和产业效应的对比分析

进一步,为分析东道国区位效应、母国特殊性(产业效应)作用于中国产业对外直接投资对于母国产业就业效应影响的调节效应的对比效果,VL_{it}、L_{it}、H_{it}、VH_{it}是虚拟变量(为0—1虚拟变量,在同一产业同一年份,VL_{it}、L_{it}、H_{it}、VH_{it}四个虚拟变量中,只会有其中一个虚拟变量的取值为1,其他虚拟变量取值为0,即同一产业在同一时期,对外直接投资存量水平只会处于低水平、较低水平、高水平和较高水平中的一种状态,本书未考虑处于中等水平对外直接投资状况的样本),建立如下分析模型,开展对比分析:

$$IEMPLOY_{it} = C_{it} + \chi_1'' VL_{it} * Region_{it} + \chi_1' VL_{it} * Industry_{it} + \chi_1 VL_{it}$$

$$+ \chi_2'' L_{it} * Region_{it} + \chi_2' L_{it} * Industry_{it} + \chi_2 L_{it}$$

$$+ \chi_3'' H_{it} * Region_{it} + \chi_3' H_{it} * Industry_{it} + \chi_3 H_{it} \qquad 模型 4-8$$

$$+ \chi_4'' VH_{it} * Region_{it} + \chi_4' VH_{it} * Industry_{it} + \chi_4 VH_{it}$$

$$+ \gamma_t + \lambda X_i t + \varepsilon_{it}$$

对二者进行对比分析,采用赛马测试的研究方法(Horse Rise Test),对比分析二者影响效应。

表 4-9 比较研究:区位效应、产业效应与时间效应的对比分析

	(1)	(2)	(3)	(4)
低水平对外直接投资	15. 356	15. 356	8. 319	8. 319
	(0. 35)	(0. 57)	(0. 19)	(0. 33)
低水平对外直接投资 * 区位效应	−1. 073	−1. 073	−1. 048	−1. 048
	(−0. 28)	(−0. 26)	(−0. 27)	(−0. 25)
低水平对外直接投资 * 产业效应	−2. 493*	−2. 493**	−2. 506*	−2. 506**
	(−1. 93)	(−2. 14)	(−1. 94)	(−2. 22)
较低水平对外直接投资	3. 210	3. 210	7. 345	7. 345
	(0. 07)	(0. 14)	(0. 16)	(0. 33)
较低水平对外直接投资 * 产业效应	−3. 480	−3. 480***	−3. 934	−3. 934***
	(−1. 36)	(−3. 02)	(−1. 44)	(−3. 32)
较高水平对外直接投资	4. 642	4. 642***	3. 879	3. 879***
	(0. 30)	(3. 79)	(0. 23)	(2. 92)
高水平对外直接投资	36. 372	36. 372	32. 599	32. 599
	(0. 43)	(1. 02)	(0. 38)	(0. 94)
高水平对外直接投资 * 区位效应	−3. 503	−3. 503	−3. 558	−3. 558
	(−0. 37)	(−0. 94)	(−0. 38)	(−1. 02)
高水平对外直接投资 * 产业效应	−1. 022	−1. 022	−1. 016	−1. 016
	(−0. 23)	(−0. 52)	(−0. 22)	(−0. 52)
常数项	65. 000	65. 000***	43. 419	43. 419**
	(1. 56)	(3. 47)	(1. 07)	(2. 54)

续表

	（1）	（2）	（3）	（4）
组间 R2	0.818	0.818	0.813	0.813
控制变量	Y	Y		
时间效应	Y	Y	Y	Y
控制变量 * 时间效应			Y	Y
聚类稳健型标准误		Y		Y

资料来源：中国国家统计局与中国商务部，由 EPS DATA 整理得出。
注：* 代表10%的水平上显著，** 代表5%的水平上显著，*** 代表1%的水平上显著。

　　如表4-9中的模型（1）—模型（4）所示，对于低水平对外直接投资以及较低水平的对外直接投资而言，对于其母国产业就业增长效果，产业效应更明显，产业效应与低水平以及较低水平对外直接投资的交互项系数显著为负，但低水平对外直接投资与区位效应的交互项不显著。而区位效应与产业效应对于高水平对外直接投资的削弱作用相类似。

　　由此可以发现，东道国特殊性和母国特殊性都削弱了中国对外直接投资的母国就业增长效应，对低水平的对外直接投资而言，母国特殊性的削弱作用更明显，对高水平的对外直接投资而言，母国特殊性的削弱作用与东道国区域的削弱作用相差不大。

五、可能性原因分析

　　研究不同水平的中国产业对外直接投资的母国产业就业增长效应发现，不同水平的对外直接投资的母国产业就业增长效应显著为正，当考虑母国特殊性（产业效应）与东道国特殊性（区位效应）时，发现，母国特殊性和东道国特殊性都在一定程度上削弱了中国产业对外直接投资的母国产业就业增长效应，一定程度上挤出了中国的母国就业。使得中国对外直接投资的母国产业就业增长效应由正转为不显著，且初步发现，母国特殊性对中国对外直接投资的母国产业就业增长效应的挤出效应，在对外直接投资规模小的产业中更明显。

　　究其原因主要在于：第一，对于中国产业对外直接投资的母国产业就业增长效应而言,对外直接投资作为一种资本输出,一定程度上替代了国内产业的资本投入,因此,对于母国产业就业增长效应表现出挤出效应;第二,对于规模较大和规模中等的跨国企业而言,母国是跨国企业核心竞争力的主要来源,为企业开展对外直接投资提供了基础设施、服务条件,以及资源与制度保障,而东道国企业的特征将影响企业的国际化过程和模式选择(Zhang,2016)①。具体来说,母国条件的不同创造了其自身的贸易优势、规模优势、区位优势、组织优势、特定优势,并形成了本土企业参与国际投资的主要优势,母国的特殊性主要赋予了母国企业特定的不可替代性优势与整合资源的优势,对于中国大型企业而言,赋予了国有企业获取垄断竞争资源、获取强有力资金与金融资源支持的能力。因此,对外直接投资规模越大的企业其母国特殊性的作用发挥越大,资本输出水平与对国内生产的替代效应也越明显,但是,由于大规模的企业拥有资金与政策支撑,因此不看重东道国的投资风险,投资失败的可能性较大,因此,东道国特殊性对于规模较大的中国跨国企业的母国产业就业削弱作用也较为明显。

而对于中小型企业而言,虽然其规模小微,但在灵活性、适应性、创新力与适应利基市场特殊需求方面有较大优势,对于东道国市场而言,更多的是赋予了投向这些东道国的中国对外直接投资的国外子公司或跨国并购企业以区位优势,能够较好地利用东道国区位条件与禀赋条件。规模小微的企业更倾向于考虑东道国的制度环境与营商环境,对东道国的综合环境要求较高。对小微企业而言,母国特殊性更多的是一种"新进者劣势"与高额的运营成本,而东道国区位更多的赋予了对外直接投资企业以区位与禀赋条件优势,因此,在小规模的中国对外直接投资的母国产业就业增长效应中,东道国主要受到母国高运营成本和"制度逃离"的影响,因此在对外直接投资的过程中,中小微企业通常能克服掉东道国的风险,而对母国高额成本的敏感性较高,母国特殊性是影响中小微企业对外直接投资母国就业增长效应的主要要素。

第三,跨国企业的国际化对于母国的国有企业而言,更多的是经历了"本

---

① Zhang H R. Literature Review on Country-Specific Advantage. Journal of Service Science & Management,2016,09(2):111-118.

土壮大—跨国经营—跨国并购或设立子公司—母国就业增长效应形成"的过程，而对于中国母国的中小型企业而言，更多的是经历了"跨国经营—外资身份—本土制度套利—母国就业增长效应"的路径过程。其企业的整个国际化过程与母国就业增长效应的形成过程所经历的路径不同，时间效应的影响较为显著。同时，母国的中央直管的分权制度使得国有大型企业和地方小型企业的竞争优势形成了两极分化，大型企业具有母国优势，且具有促进发展的政治目标，资金来源充足，较少考虑东道国特殊性，严重依赖于中国母国制度的优势，东道国风险较大，容易导致跨国投资失败，工人失业；而小微型企业的国内运营成本高，国际化运营成本低于国内运营成本，为获取利益，限于融资条件，更多地考虑东道国的风险与营商环境，受母国高额成本影响大，母国高额的成本易导致跨国中小微企业在国内运营困难而运营失败，造成工人失业。认为，中国母国的特殊性是形成中国大型企业对外直接投资竞争优势的主体，但其投资失败主要受东道国风险影响，影响其母国就业，东道国特殊性与母国特殊性对于大型企业对外直接投资的母国就业增长效应的影响都较为明显。而东道国特殊性则是影响中国小微企业对外直接投资效果的重要影响要素，但中小微企业的投资成本很大程度上受母国特殊性影响，母国特殊性较之东道国特殊性对小微企业对外直接投资的母国就业增长效应影响更大，母国风险易带来中小型企业投资失败，工人失业。

第三节　小　结

中国对外直接投资的特殊性能够带来母国技术增长效应提升，其动力来源于中国对外直接投资的企业特殊性、东道国特殊性与母国特殊性等方面，与投向东道国的发达程度有关。中国跨国企业的对外直接投资通常不具备 OI 竞争优势，所以，OFDI 企业特征对其的影响较之国家特质的影响要大。若采用跨国并购的方式，企业开展对外直接投资对于整合资源与技术的能力的要求较强，若是设立海外子公司，则对企业的技术学习与模仿的能力要求较高。另外，技术创新与发展的主体是企业，因此，在对外直接投资的母国技术增长效应中，企业的作用与价值更为显著，而国家特殊性的影响次之。进一步研究发现,从国家特殊性的角度来看,母国特殊性与东道国特殊性都一定程度上影响了对外直接投资的母国就业增长效应。但是,对于中国对外直接投资的母国就业增长效应而言,母国特殊性对于中小微企业的影响作用更大,东道国特殊性影响次之;对于中国大中型企业的对外直接投资的母国就业增长效应而言,母国特殊性与东道国特殊性的影响都较大。

第五章　不同国家对外直接投资母国增长效应的国别差异比较与启示

　　企业为什么要开展对外直接投资？按照 Buckley(2017)①的观点,企业的国际化主要建立在四种理论基础上:(1)国际投资理论。建立在不同的国际化动机,如市场寻求型、自然资源寻求型、战略资源寻求型、效率寻求型等动机基础上,企业为实现一定的目标而选择国际化。(2)本土资本市场的不完善理论。由于存在预算软约束、非效率性银行系统、产业内商业互助、银行小贷业务等便捷的融资渠道,新兴市场国家,如中国的资本市场不完善程度较高,使企业更易于融资并降低对外直接投资融资与海外风险,有利于提高母国的市场嵌入性与降低距离东道国的制度距离,使品牌优势与技术优势即使在较弱情况下都能够得以发挥。新兴市场国家企业,如中国的企业仍然能够在海外市场短期生存,但其长期生存的可能性降低了。(3)企业的国际生产网络理论。新兴市场经济体企业能够通过接近国际商业和服务网络获利,具体包括发挥规模经济、范围经济、整合国际生产网络、政治网络、寻求经济租,以及金融循环、分散风险、寻求政治目标或提供政治保障等方式。(4)制度优势理论与制度逃离理论。制度优势理论认为良好的国内制度环境为企业的国际化提供了基础,使企业更好参与到国际化进程中,而制度逃离理论认为由于母国制度的不完善,企业通常选择逃离母国不完善的制度环境,寻求相适宜的制度环境发展壮大。建立在已有理论和事实基础上研究发现,不同国家的对外直

---

　　①　Buckley P J.Internalisation Theory and Outward Direct Investment by Emerging Market Multi-nationals.Management International Review,2017(5):1-30.

接投资具有特殊性。另外,按照 Dunning 等人的观点,不同国家的跨国企业开展对外直接投资的前提是需要建立在某种竞争优势基础上的,Dunning 等人把其归纳为 OLI 生产折中理论范式,美国等国家符合了这一基础,但日本对外直接投资之初的情况与中国无优势的跨国企业却不具备 OLI 竞争优势,不同国家的对外直接投资有其特殊性。

同时,中国企业在"一带一路"倡议中的国际化理论,出于政策性目标与自身获益的双重目标,中国的大型国企和央企将在短期不获利的情况下,在亚投行、丝路基金与中国政府的大力支持下,在"一带一路"地区开展大规模对外直接投资,兴修基础设施与互联互通,打造"一带一路"境外产业园区,并吸引大量的其他国家企业,以及中国地方中小规模企业"抱团"走出去,在"一带一路"地区开展对外直接投资,使得中国对外直接投资的特殊性更为明显。本书将对不同类型对外直接投资的特殊性及其母国增长效应予以研究,探讨其是"殊路同归"还是一种差别化效应?

第一节　美国模式:以邻为壑的自我中心式

"中心—外围"模式与"全球价值链"分工。二战后世界形成了以美国为核心的资本主义阵营与苏联为中心的社会主义阵营。随着苏联的解体,美国为核心的资本主义"中心—外围"格局向全球扩张,美国通过在全球范围内制定经贸规则,发挥其独一无二的垄断竞争所有权优势,利用良好的区域营商环境,发挥交通运输与交易成本较低的区位优势,发挥整合国内外市场资源的内部化优势。美国企业在全球市场进行国际投资,采用"以邻为壑"的战略在世界市场上攫取东道国利益。美国作为技术、管理经验、制度规则、资源配置与全球治理的中心。广大的发展中东道国则处于提供资源、廉价劳动力、出让市场,加工与代加工的地位。随着美国经济发展实力与产业的不断优化升级,不断地通过对外直接投资的方式向发展中国家转移低技术含量与低附加值的低端价值链环节,美国则处于高技术含量、高附加值的高端价值链环节。美国的对外直接投资给自身产业价值链升级与收益提升创造了良好的条件,给母公司或母国带来了巨大的增长效应,促进其自身技术提升、贸易发展,使资金流充足、就业扩大。而对于外围世界的发展中国家则使其生产环节锁定在了微笑曲线的低端环节,美国通过"贸易规则优先"的对外直接投资国际跨区域合作,为自身攫取利益,对东道国"以邻为壑"。

美国的OFDI是建立在经典的Dunning等人的OLI竞争优势基础上的,属于拥有所有权优势、区域优势与内部化优势的跨国企业,美国按照"贸易规则"优先的OFDI发展模式,在东道国攫取东道国利益,获取自身母国或母企业的增长,属于典型的具备OLI竞争优势的跨国企业。

第二节　日本雁行模式:边际产业转移的独善其身

"雁行模式"与"黑字环流"。建立在边际产业转移的理论基础上,日本主要通过对外直接投资转移国内过剩的边际产业与落后产能。日本通过把国内生产成本过高、劳动力密集型、低技术含量与低附加值的产业转移到周边发展中国家,以及大量的贸易顺差,达到资金回流到日本本土的目的。日本的对外直接投资同样也是一种"中心—外围"模式的具体演化,其目标及母国增长效应与"中心—外围"模式下的发达国家对外直接投资无本质区别。日本通过边际产业与落后产能对发展中东亚国家的转移,实现其母公司或母国增长效应,日本也因此成为"群雁"中的"领头雁"。日本与亚洲四小龙等国家和地区共同带来了东亚增长的奇迹,然而,日本的"雁型模式"虽然为自身攫取了利益,带来了母国增长效应的实现,但对于东亚国家等接受边际产业转移的国家却带来了危害,使其金融脆弱,经济风险大,高度依赖于外国对外直接投资。

日本和亚洲四小龙等国家的跨国企业在开展对外直接投资之初,是缺乏核心竞争优势的,具有缺乏资源的劣势,但随着日本等国家的壮大发展,其在国际市场逐渐培育了其垄断竞争优势、核心竞争力、人力资本、技术优势等不可替代性的所有权优势,在应用东道国区域优势与资源、劳动力、技术方面积累了丰富的经验,且能够较好地整合企业国内国外两种资源,以及国内国外两个市场,拥有整合资源、技术、人力资本的内部化优势,随着日本跨国企业的壮大,其逐渐培育出了OLI竞争优势,其OFDI的国际化发展壮大也越来越靠近美国的"中心—外围模型",且以攫取东道国利益,壮大自身经济利益与优势为最终目的。

第三节　中国的优先开发与国际产能合作: 互利共赢的命运共同体

中国政府"一带一路"倡议下的"开发优先"战略,则是开展跨国区域合作的另外一套逻辑。拟建立在政府搭建跨国国际投资合作平台的基础上,实现与沿线国家的合作共赢。结合"一带一路"地区经济发展较为落后,开放程度不高的特点,以及中国国内产能过剩,"供给侧"结构性改革的要求。中国政府主要承担为"一带一路"地区创造投资发展平台的要务,既克服了基础设施建设等公共品回报率低,回报周期长,一般私人部门不愿意涉足的劣势,又能够使中国及沿线国家在"一带一路"区域投资平台上实现生产和贸易发展,进一步为中国带来对外直接投资的母国增长效应,并为沿线东道国带来增长与发展的可能性。2013 年 9 月,中国政府提出了"一带一路"的国际区域合作倡议,建立在亚投行、丝路基金等以中国政府为主导的政府资金政策支持下,广泛兴修基础设施,构建政府主导下的"一带一路"国际区域合作平台,为"一带一路"国家提供良好的"政策沟通、设施联通、贸易畅通、资金融通、民心相通"的软硬件基础设施服务条件与制度文化环境。拟通过打造国际合作平台引领跨国投资与实现中国与沿线国家的对外直接投资母国的互利共赢。

一、优先开发

中国的国有大型企业的对外直接投资虽然也是建立在理性经济人假设与资源的稀缺性假设基础上的,并且以获取自身利益为对外直接投资的目标,然而,对于中国的央企和国有大型企业而言,更大程度上则是承担着发展社会经济与谋求人类福利的社会责任。过去,拉动中国经济增长的动力是需求侧的,主要是投资、消费和出口等三驾马车拉动了国民经济的增长。而随着我国供需矛盾的激化,国内产能过剩问题凸显,经济结构的不合理更多的凸显在供给侧结构性问题上。为优化资源配置,提高经济结构与经济增长的质量与效率,改变资源要素配置的扭曲,提升资源的有效供给,优化供给侧结构对需求侧结构的适应力,更好地满足人民的物质文化需求,优化劳动力、土地、资本、制度、创新等方面的能力是有效改革的必由之路。

"一带一路"倡议中,中国央企和国有大型企业将对"一带一路"地区进行大规模的投资,主要是借助央企与大型企业资金实力雄厚,投资回报周期长,对于短期收益风险不敏感等优势。中国的央企和大型企业将在中国政府、丝路基金、亚投行的大力支持下,在"一带一路"地区进行同时的大规模投资,主要投向基础设施、电力、能源、交通、运输、工业园区基础设施维护等领域,为打造"一带一路"地区国际开发大平台而服务。中国央企和国企对"一带一路"地区的同时大规模投资能够一定程度上的转移过剩产能,促进中国国内部分过剩产能向"一带一路"地区转移,进而缓解国内产能过剩的问题。

但是,"一带一路"的建设与项目投资,并不是为中国的过剩产能转移而服务的,无论是工程承包、设备建设、原材料的采购把关,"一带一路"地区的建设都是建立在严格的商业标准与规章基础上的。中国央企和国企为获得国际投资机遇,也会面临着来自其他国家的竞争与挑战,并不具备特殊性待遇地位(裴长洪和于燕,2015)①。因此,中国企业在"一带一路"地区的大规模对外直接投资中,虽然能够利用国际产能合作与国内供给侧结构性改革的历史契机,但同时也面临着一定的风险。因此,国家的"一带一路"倡议支撑,政府的扶植与政策导向,大量的补贴环节与资金支持,是中国央企和国有大型企业开展"一带一路"地区对外直接投资的必要前提。

作为"先行者",大型央企和国有企业在利用国家优势的前提下,将培养异于一般发达国家的 OLI 竞争优势,也不同于中国无优势的大型企业"跟风式"的在外开展高风险的对外直接投资行为。具体来说,按照国际投资发展路径理论与生产折中理论,一般发达国家的对外直接投资是建立在所有权优势、区域优势与内部化优势基础上的。同时,建立在 Rugman 和 Ver-

---

① 裴长洪、于燕:《"一带一路"建设与我国扩大开放》,《国际经贸探索》2015 年第 10 期。

beke(2003)①的理论分析视角基础上,企业开展对外直接投资的优势可以分为企业特定优势、东道国优势与母国优势等三个层面,而据裴长洪和郑文(2011)②的观点,母国特定优势在企业的对外直接投资过程中又发挥着十分重要的地位。中国中央企业与国企的对外直接投资在"一带一路"地区的投资正是利用了母国特定的战略优势与政策支撑优势,得以在"一带一路"的对外直接投资投资中占据优势,并为东道国企业与中小型企业的尾随投资提供条件。

中国的中小型企业,建立在大型企业在"一带一路"地区大规模对外直接投资,完善基础设施和投资平台建设的基础上,以及打造大型国际工业园区的基础上,将"抱团式"转移到"一带一路"地区。这种"抱团式"的转移既不同于传统发展中国家对外直接投资的跟风型投资,也不同于中国事实上大量的中小型企业在迫于国内高成本情况下的战略性转移的一种"制度套利"行为。"一带一路"地区的中小型企业的对外直接投资是一种顺应历史社会发展,国内供给侧结构性改革,与"一带一路"地区发展需要的"抱团式"战略转移。中国中小型企业在"一带一路"地区的对外直接投资正是利用国家战略优势与国家政策支撑优势,通过利用自身规模小微与灵活性强的特点,服务于"一带一路"地区海外东道国市场,有利于"一带一路"地区发展的同时,带来了东道国企业,母国企业,东道国与母国的增长。

二、国际产能合作

"开发优先"思想是不同于发达国家旨在贸易自由推动区域发展的"贸易规则优先"思想,立足于通过对经济社会不发达的落后国家和地区开展大规模的投资以打破金融经济危机的影响,推动区域经济的发展(张平,2017)③。

---

①　Rugman A M,Verbeke A.Extending the theory of the multinational enterprise:internalization and strategic management perspectives.Journal of International Business Studies,2003,34(2):125-137.

②　裴长洪、郑文:《国家特定优势:国际投资理论的补充解释》,《经济研究》2011年第11期。

③　张平:《"一带一路":中国"开发优先"跨国区域合作的探索》,《学习与探索》2017年第5期。

中国的"一带一路"倡议是"开发优先"思想的典型战略代表。"一带一路"以"五通"为主要内容,即包括政策沟通,基础设施互联互通,资金融通,投资贸易合作与民心相通。其中,政策沟通,为"一带一路"区域内国家提供政治互信与政策合作,推动区域内法律法规的完善与产权保护,寻找各国的合作契合点,在政策合作上开展"开发优先"与互信沟通;"基础设施互联互通"是"开发优先"思想的重要体现,在亚投行和国有大型企业的对外直接投资助推下,中国大型企业依托亚投行的支撑,在"一带一路"地区加强公路、铁路、管道、航空、港口运输的建设,维护电力运输设备与供电设备,促进路网和公路网络的建设,为境外产业园区提供基础的运营设施与良好的服务环境,在区域合作环境条件上实施"开发优先";在国际投资与贸易合作方面开展广泛地开发与合作,清除贸易壁垒与投资贸易障碍,为"一带一路"地区提供良好的贸易投资与营商环境,在贸易投资合作方面实施软硬件设施的"开发优先";通过人民币国际化与"一带一路"区域内广泛深化金融合作,与亚洲经济货币体系协调发展。完善投融资环境与信贷体系,优化区域内融资约束环境,促进区域内投资合作,是"开发优先"思想在"一带一路"地区投融资问题与资金流动性方面的较好应用;"开发优先"思想应用于"一带一路"地区的民间合作,要求语言、文化、风俗、习惯、人才、学术等多方面的交流沟通,为"一带一路"地区的区域开发与合作提供良好的软环境与必备的基础设施条件。

"国际产能合作",顾名思义,由"产"和"能"在"一带一路"地区的国际合作两层含义构成。第一,"能"即"能力",由于中国国内大量投资,国内需求市场难以消化现有的投资能力而带来"产能过剩"。继续开展"三去一降一补"的供给侧结构性改革,是中国在面临国内产能过剩,国内投资利润回报不断下降的趋势下,为获取高额的利润回报,在"一带一路"地区开展对外直接投资战略(张良悦和刘东,2015①)。但是,中国对"一带一路"地区的对外直接投资虽然能够一定程度上转移过剩产能,但"一带一路"地区的国际产能合作并不旨在释放中国的过剩产能,其对投资者有较高的要求与标准(裴长洪和于

---

① 张良悦、刘东:《"一带一路"与中国经济发展》,《经济学家》2015 年第 11 期。

燕,2015)①;第二,"产"即"产业",是通过国际投资使产业在国家间实现转移,为产业输出国消化边际产业,为产业输入国提供资本积累经验和发展优势产业的基础。通过产业的转移,实现技术、管理经验、先进制度的相互转移和在"一带一路"地区的优化配置。

表 5-1 "一带一路"开发优先与国际产能合作的可能契合点

战略思想	主要形式	基本功能	合作契合点
开发优先	"五通战略"创造良好合作基础	为"一带一路"地区与"境外产业园区"提供合作基础设施与基本营商环境	基础设施条件与产业合作内容的契合;边际产业与优质产业的契合;低投资收益资本与高投资收益资本的契合;边缘过剩产业与稀缺前沿产业的契合
国际产能合作	能力与产业的转移,嵌入全球价值链合作	为"一带一路"地区与"境外产业园区"提供合作内容、产业合作内涵及资金基础	

资料来源:作者根据内容绘制。

在亚投行和丝路基金的大力支持下,中国大型企业在国内供给侧结构性改革与国内产能过剩,投资回报率空间下降通道的压迫下,以及政府对"一带一路"地区投资政策的支撑下,将率先入驻"一带一路"地区,兴修基础设施,为境外产业园区提供良好的营商环境与投资环境所必需的基础设施与服务条件,促进供水、供电、交通、园区服务的完善,通过"开发优先"战略的指导与政府的政策带来支持,为国际产能合作在"一带一路"地区的开展提供良好的服务环境条件。国际产能合作,则通过大量大型企业、中型企业、中小型企业与海内外企业在"一带一路"地区的对外直接投资。把其原本在国内过剩的、投资收益低的、边缘的过剩产能转移到"一带一路"地区,由于"一带一路"地区的经济发展较为落后,许多产业的发展阶段"一带一路"地区还未经历。因此,通过对外直接投资的大量尾随,能够实现对"一带一路"地区的产业转移,并开展广泛意义上的产能合作,在"开发优先"战略提供基础设施与营商环境的条件下,国际产能合作通过边际产业转移与国际产业合作及价值链分工,在

① 裴长洪、于燕:《"一带一路"建设与我国扩大开放》,《国际经贸探索》2015 年第 10 期。

不同的地理区域寻找高投资回报率的边际产业生存空间。把某些国家国内过剩的产业转移到"一带一路"地区,一些产业在一些国家是过剩的,但在"一带一路"地区是稀缺的,通过产业转移和产能合作的方式,实现边际产业与优质产业的契合,低投资收益资本与高投资收益资本的契合,边缘过剩产业与稀缺前沿产业的契合,以及基础设施条件与产业合作内容的契合。

第四节　对比分析:殊途同归抑或差别效应?

中国 2003 年起已逐渐从单纯的引进外资,开始逐渐放开对外直接投资市场,而"一带一路"倡议(2013 年提出)以来的对外直接投资的母国增长效应,与我国无优势的跨国企业的对外直接投资的母国增长效应有何联系与区别?较之其他发展中国家的对外直接投资的母国增长效应的区别与联系,是殊途同归抑或差别化效应? 本书将进一步探讨。

一、中国无优势的跨国企业

根据经典的西方经济学理论,跨国公司的行为是建立在资源的稀缺性与"理性经济人"假设基础上的,也就是说,跨国企业的壮大和发展以及开展对外直接投资都是为了最大限度地攫取东道国利益,为自身企业获利与母公司的经济增长而服务。为自身企业与母公司的壮大,在海外市场寻找"稀缺资源"并为本国企业的利益链服务。即建立在国际投资理论基础上的,战略资源搜寻型、效率搜寻型、市场搜寻型以及自然资源搜寻型对外直接投资,无论建立在何种目标基础上,这些对外直接投资都是为了获取本土市场的稀缺资源,进而推动投资母公司或母国的发展。且开展对外直接投资,必须建立在某种优势基础上。

然而,中国的跨国企业属于没有优势的跨国企业(王碧珺和王辉耀,2013)[1]。中国的跨国企业缺乏垄断竞争优势,难以对所从事的行业形成垄断

---

① 王碧珺、王辉耀:《中国制造业企业对外直接投资:模式、动机和挑战》,《中国对外直接投资研究》,北京大学出版社 2013 年版。

壁垒;也缺乏稀缺的,不可替代的唯一性资源与发展能力;同时,缺乏在全球市场上整合资源与全球化治理的能力。同时,按照 Dunning 等(1981;2008)①的观点,区位优势与内部化优势也是企业开展跨国投资的重要能力基础。按照 Dunning 等的生产折中理论分析框架,跨国企业应该是在拥有自身特定的竞争优势后才开展对外直接投资的,但是,面对经济全球化的趋势,商品、劳动力、资源等要素的流动壁垒减少,跨国经营成本较低,同时,中国政府大力支持企业开展对外直接投资,而国内高昂的交易成本,迫使企业在不具备 OLI 竞争优势的前提下率先"走出去",中国的企业在并不具备 OLI 竞争优势的前提下,率先开展了 OFDI。

第一,中国无优势的跨国企业开展对外直接投资的目标包括战略资源寻求型、自然资源寻求型、效率寻求型与市场寻求型等,同时也是一种"制度逃离型"的对外直接投资。无论是何种目标,都是以母公司或母国的最终获益为目的。按照魏巧琴和杨大楷(2003)②的观点,对外直接投资通过内部渠道和外部渠道促进母国经济增长。其一,通过获取人力资本等战略资源进而提升母公司或母国的知识能力、管理水平、技术能力、国际化运营能力促进母公司或母国的经济增长是对外直接投资促进母国经济增长的主要内部渠道。其二,对外直接投资通过边干边学,提升国际竞争能力,促进母公司或母国的知识技术进步与能力提升;通过获取东道国的能源、资源储备和原材料等,推动母国经济与技术的增长进步;同时,对外直接投资在获取先进知识、低成本生产要素、市场、稀缺资源的过程中,能够推动产业结构的优化升级与高端化进步,延长产业生存周期;促进国际收支状况的改良,平衡国际收支;能够有效地降低金融波动,防范金融风险,促进资金使用率的提高;提升母国企业或母国的国际竞争力与国际影响力,这些都是对外直接投资促进母国或母国企业经济增长的外部溢出渠道。

---

① Dunning J H.International production and the multinational enterprise /// International production and the multinational enterprise.Allen & Unwin,1981:175-176. Duning J H,Lundan S.M.Multinational Enterprise and the Global Economy.UK Northampton:Cheltenham,USA;MA,2008.

② 魏巧琴、杨大楷:《对外直接投资与经济增长的关系研究》,《数量经济技术经济研究》2003 年第 1 期。

第二,中国无优势的跨国企业与美国对外直接投资的国际化路径的理论基础与具体过程不同,但其最终目的仍然是为母公司或母国攫取东道国利益。制度优势理论基础上发展的 OLI 生产折中理论是目前企业开展国际直接投资较为通用的经典理论。按照 Dunning 和 Ludan(2015)[①]的观点,企业的国际化是建立在完善的法律制度、产权保护制度、良好的营商环境等制度基础上建立起的所有权优势、区位优势与内部化优势,发达国家的对外直接投资遵循本土壮大再到海外经营的一般过程。首先,发达国家的企业在本土培育 OLI 竞争优势,在具备不可替代性的所有权优势(O 优势),地理区位优势(L 优势)和整合资源的内部化优势(I 优势)的基础上,在本土市场壮大立足。对于发达国家的企业国际化而言,由于其国内制度环境与营商环境良好,能够有效地降低国内运营成本与运营风险,其国际运营成本高于国内运营成本,在国际市场不仅要面对新进者负担也要面临外来者负担,所以,发达国家企业通常选择先在本土市场壮大,而后开展海外经营,以在全球市场上获利。

与制度优势理论相对应的是制度逃离理论。制度逃离理论是建立在 Dunning(1996)[②],Narula(2002)[③],Vernon(1998)[④]等的研究基础上的,Witt 和 Lewin(2007)[⑤]认为,当制度与企业需求不匹配时,企业要主动或被动的寻找与其相匹配的制度,而开展对外直接投资就是一种重要的选择。按照 Max Boisot 和 Marshall Meyer(2008)[⑥]的观点,由于中国中央权利的地方化制度,使得地方政府间竞争激烈,中国企业多以规模小微,缺乏 OLI 优势的灵活性企业

①　Dunning J H,Lundan S M.Multinational Enterprises and the Global Economy,Second Edition. Books,2015.

②　Dunning J H.Multinationl Enterprises and the Global Economy,Anddison-Wesley:Reading, MA.

③　Narula R.Innovation systems and"inertia"in R&D location:Norwegian firms and the role of systemic lock-in.Research Policy,2002,31(5):795-816.

④　Vernon R.In the Hurricane's Eye:The Troubled Prospects of Multinational Enterprises.American Political Science Association,1998,94(3):537-539.

⑤　Lewin A Y.Outward Foreign Direct Investment as Escape Response to Home Country Institutional Constraints.Journal of International Business Studies,2007,38(4):579-594.

⑥　Boisot M,Meyer M W.Which Way through the Open Door? Reflections on the Internationalization of Chinese Firms.Management & Organization Review,2008,4(3):349-365.

为主,国内跨省运营成本高于国际运营成本,同时,中国企业为外资企业提供了更加适宜的营商环境与制度优惠,由此,迫使中国企业制度逃离本国生产,在不具备本土壮大的 OLI 竞争优势的前提下开展国际经营,获取外资身份,并回归母国进行"制度套利"。

第三,中国无优势的跨国企业与美国对外直接投资的具体方式选择不同,无论是主要选择开展绿地投资还是跨国并购,其最终目的都是为了母公司或母国获利而攫取东道国利益。中国企业对外直接投资通过跨国并购与绿地投资等两种方式进入东道国,而跨国并购是主要方式,前者指在东道国设立新的海外子公司,而后者指直接兼并海外已存在的企业,如蒋冠宏和蒋殿春(2017)[①]研究发现,随着中国对外直接投资的迅速增长,跨国并购逐渐成为中国企业对外直接投资的主要方式,并用 Helpman 等(2004)[②],Nocke 和 Yeaple(2007)[③]的企业异质性理论对这一问题予以了解释,认为,生产率更高、资本密集性更大、市场规模更大、研发能力更强、流动资产更多的跨国企业更倾向于跨国并购,而出口规模越大的企业越愿意开展绿地投资,主要是由于母国企业优势的差异,当母国企业具有可转移优势时,通常选取跨国并购获取可转移资源(技术管理经验,产品品牌等)与不可转移资源(良好的营销网络),而若缺乏可转移优势,其优势不可转移时,企业通常选择绿地投资,充分利用其自身市场管理渠道,资源与营销网络获取东道国资源。可以发现,无论是选择跨国并购还是绿地投资的跨国企业,建立在自身拥有可转移优势或不可转移优势基础上开展对外直接投资,其目标仍然是到东道国获取自身所缺乏的稀缺资源或优势,进而服务于母公司或母国的发展,攫取东道国利益。

中国的国有企业在开展对外直接投资的过程中,肩负着盈利与发展社会经济的双重目标,其资金来源充足,有预算软约束优势,且有国家政策支撑,较

---

① 蒋冠宏、蒋殿春:《绿地投资还是跨国并购:中国企业对外直接投资方式的选择》,《世界经济》2017 年第 7 期。

② Elhanan Helpman, Marc J. Melitz, Stephen R. Yeaple. Export versus FDI with Heterogeneous Firms. The American Economic Review, 2004, 94(1):300–316.

③ Nocke V, Yeaple S. Cross-border mergers and acquisitions vs. greenfield foreign direct investment: The role of firm heterogeneity. Journal of International Economics, 2007, 72(2):336–365.

之短期收益,其更看重长期收益,为实现社会经济发展与政治目标,其愿意投向高风险,短期回报率低,资金需求大的能源、基础设施建设等行业。且其投资与其他发达国家的对外直接投资有类似的特点,具有盲目性与跟风投资的特点。因此,在缺乏明显政府指导与政府规划的情况下,投资失败的可能性较大,在东道国生存困难,且母国增长效应不明显或明显弱于发达国家的母国增长效应。对于中国的中小型企业而言,通常由于国内发展更看重国有大型企业,其在国内面临新进者劣势,而在国际经营中,面临外来者劣势。由于中国制度环境的特殊性,其国内跨省份经营的成本远高于跨国经营的成本,因此,其在不具备 OLI 竞争优势的情况下会选择开展跨国经营,获取"外资身份",回国利用"外资身份"进行"制度套利"。所以,中国中小型企业更多的是实现了"制度套利"而不是获取了母公司或母国的增长效应。

虽然中国无优势的跨国企业开展对外直接投资,其开端始于 OLI 竞争优势的缺乏与对本国高额运营成本的"制度逃离",建立在国家政策与资金双重支撑的基础上开展,但随着时间的推移,在市场机制与国际规则的作用下,其在国际市场开展 OFDI 的国家优势与特殊性将逐渐丧失,回归到最本质的生产折中理论 OLI 竞争优势基础上来,培育 OLI 竞争优势与转型为典型的一般拥有国际竞争优势的跨国企业,是中国无优势跨国企业在国际市场上立足并不断壮大发展的必由之路。

二、其他发展中国家的 OFDI 母国增长效应

广大的发展中国家在发达国家的对外直接投资带领下,学习到部分现成的知识与管理经验。了解国际市场经营的理念,在寻求战略资源、寻求广阔市场空间以及稀缺自然资源的动力作用下,也"效仿"发达国家,开展对外直接投资。其对外直接投资分为投向较之经济发达程度不足的更为落后的发展中国家的顺向投资,在这些发展中国家能够发挥其竞争优势。更多的对外直接投资则是投向较之经济发达程度高的发达国家的逆向对外直接投资。发展中国家的对外直接投资有一定的盲目性,在发达国家领头羊的带领下存在一定的跟风问题,其对外直接投资发生投资失败的可能性远大于发达国家的对外直接投资。因此,这些发展中国家在依附发达国家对外直接投资技术能力经

验开展对外直接投资的时候,其母国增长效应不明显,或明显弱于发达国家对外直接投资带来的母企业或母国增长效应。

研究发现,"一带一路"倡议以来的中国对外直接投资的母国增长效应,既不同于发达国家,也与中国无优势的跨国企业的对外直接投资以及其他发展中国家的模式有较大差距。中国企业的国际化过程不仅存在大量的规模小微的民企和地方政府企业,同时也以拥有大量政策性的大型央企和国有企业为典型特征。Rudy 等(2016)[1]分析发现,建立在中国公有制经济为主体的特征基础上,国企拥有与私人企业相似的盈利目标和异于私企的社会发展非营利性双重目标。中国国企在开展对外直接投资过程中,拥有预算软约束,资金来源充足。一般来说,企业开展国际直接投资会选择耗时短期,收益良好的项目。然而,对于中国国有企业而言,政府则作为国企长期的有耐性的"持股者",使得国有企业更倾向于投向投资规模大,短期回报率不佳,风险较大的垄断行业与基础设施服务行业。这也解释了中国国企在"一带一路"倡议中大规模投资于"互联互通"的基础设施行业的行为。如张平(2017)[2]所述,与西方发达国家主导的"贸易规则"优先的国际跨区域合作战略不同,中国企业并不旨在类似于西方发达国家通过"中心—外围"模式与"依附性道路"理论为基础,通过对外直接投资为西方国家汲取更大程度的大规模跨国套利收益,进一步把对外直接投资东道国的收益转移到发达的西方母国;中国企业的对外直接投资也不同于日本的"边际产业转移"理论为基础的"雁行模式",通过把国内相对落后的产业转移到发展中国家,通过大量的对外直接投资与贸易顺差,实现"黑字环流",促进日本母国的产业升级与母国增长效应的实现。同时,中国"一带一路"倡议下的对外直接投资是有明确目标和明确规划的,并不是盲从的"跟风式"投资。

所以,发达国家企业的国际化过程是建立在所有权优势、区域优势与内部化优势基础上的生产折中理论基础上的,而企业开展对外直接投资的优势来

---

① Rudy B C,Miller S R,Wang D.Revisiting FDI Strategies and the Flow of Firm-Specific Advantages:A Focus on State-Owned Enterprises.Global Strategy Journal,2016,6(1):69—78.

② 张平:《"一带一路":中国"开发优先"跨国区域合作的探索》,《学习与探索》2017 年第5 期。

源包括企业自身优势、东道国优势与母国优势等三个层面。发达国家的优势更多地来源于企业自身层面,而无优势的中国跨国企业与其他发展中国家,其对外直接投资在缺乏自身优势的情况下,更多的是盲目追随跟风,风险性较大。而在"一带一路"倡议下,能够把握中国国内供给侧结构性改革与国际产能合作的契机,能够较好在利用国家战略优势与支持政策,利用母国优势开展对外直接投资,在央企和国有大型企业对外直接投资优先的情况下,中小型企业尾随,将企业"开发优先"的思想与国际产能合作相契合。

但是,随着发展中国家企业的发展壮大,其在国际市场上将面对统一的市场机制与生产经营条件,势必要走向培育自身竞争优势与发展壮大的道路,否则将最终在国际市场上遭到"淘汰"而经营失败,其过去的"盲目跟风"特点将逐渐淡化,并开始培育适合其发展壮大的 OLI 竞争优势,以求在国际市场上立足发展。

第五节　启示:助推"一带一路",打造"共生"发展的对外直接投资

现有的国际化理论认为,跨国企业开展海外投资的目的是攫取东道国利益,使自身利益最大化,换言之,大型的,具有垄断优势或寡头优势的企业建立在 OLI 竞争优势的基础上,更倾向于遵循投资增长路径理论,实现国际化。发达国家企业的国际化是建立在"中心—外围模式"发展理论基础上的,发达国家作为全球化与跨国投资的中心,在全球价值链分工中处于上游与高端地位,而发展中国家在国际价值链分工中则处于微笑曲线的底端,依附发达国家发展。这一理论是建立在发达国家"贸易规则优先"的跨国区域合作方式基础上的,发达国家通常是贸易规则的制定者和执行者,在跨国区域合作中拥有垄断优势地位,而发展中国家则是贸易规则的接受者与服从者,不得不依附于发达国家的发展。

随着世界经济格局的变化,以及全球性经济金融危机的频发,中国等新兴经济体迅速崛起,全球跨区域合作格局正在由单一的"中心—外围"局面转变为"双循环结构"的跨区域合作格局,存在以发达国家为核心与以发展中国家

的中国为核心的两个新循环中心(王跃生和马相东,2014)①,而以中国为核心的"一带一路"倡议为适应"一带一路"地区由于经济发展与基础设施落后,单纯依靠"贸易规则优先"的自由贸易难以促进"一带一路"地区跨区域合作发展。最后提出了依托中国大型央企和国有企业"开发优先"的"一带一路"跨区域合作倡议,建立在兴修基础设施与国际合作平台的基础上,推动跨区域合作发展(张平,2017)②。

中国"一带一路"倡议的经验明显异于发达国家的"中心—外围"模式,中国在规模和实力上存量两个极端类型的企业,类似于发达国家的中等规模的企业较少。其一是大量的中央企业和国有企业,这些企业规模巨大,拥有强大的经济实力和融资能力,且多是政策目标导向的,拥有自身营利和实现社会经济发展政治目标的双重国际化动力。其并不追求短期盈利,以长期的发展与国家经济社会繁荣为目标,资金来源雄厚,风险承担力强;其二是中国有为数众多的中小型企业,这些企业与发达国家企业相比,实力较弱,规模小微,但适应利基市场的能力强,有较强的灵活性。中国的企业类型与发达国家企业类型的差距也意味着中国企业的国际化过程无法遵循发达国家所遵循的一般IDP理论(投资增长路径理论)。

总之,无论是中国"一带一路"倡议下的对外直接投资带来的中国母国与周边东道国的"互利共赢"经验,还是美国的"中心—外围模式"、日本的"边际产业转移模式"、中国无优势跨国企业的对外直接投资与其他发展中国家对外直接投资存在的"盲目跟风"问题,不同类型国家由于自身的发展战略与企业性质的差异,其对外直接投资带来了差异化的母国增长效应。在各国的跨国企业进入国际市场之初,由于不同类型国家的对外直接投资具有与其自身国家特点相适应的特殊性,面对着不同的"新进者"成本和"外来者"成本,随着各国对外直接投资在国际市场上的不断壮大,不同类型国家跨国企业所面临的生产经营环境将会趋同,具有无差异性。不同类型国家的对外直接投资

---

① 王跃生、马相东:《全球经济"双循环"与"新南南合作"》,《国际经济评论》2014年第2期。

② 张平:《"一带一路":中国"开发优先"跨国区域合作的探索》,《学习与探索》2017年第5期。

表现出的特殊性不过是对外直接投资特定发展阶段的特殊性表现而已,最终,不同国家对外直接投资的国家特殊性将逐渐消失并表现出趋同的趋势,是一种"殊途同归",需要回归到一般发达国家对外直接投资的 OLI 竞争优势基础上,培育国际竞争优势。

市场机制与国际规则会对国际市场上的跨国企业进行"适者生存"的"自然法则"选择,随着各国跨国企业在国际市场上运营时间的推移,国际市场上的跨国企业将面临相类似的生产经营条件与市场运营环境,无论 OFDI 来自哪个国家,曾经拥有何种特殊性,随着在国际市场上生存时间的推移这种特殊性都将被淡化,转为一种普遍性。各国跨国企业所面临的"新进者"成本与"外来者"成本将趋于一致,此时,随着国际竞争环境的趋同,激烈的国际竞争对于不同国家跨国企业的对外直接投资生存发展的条件是无差异的,各国跨国企业的生存竞争回归到了最本质的生产率竞争。因此,各国的跨国企业开展 OFDI 的路径最终都是"殊途同归"的,没有一个国家的跨国企业能够仅依托特殊性而长期生存发展下去,要依托跨国企业发展壮大的普适性规律。需要培育经典的 OLI 竞争优势,使得企业更好地在统一的市场机制、国际规则与运营条件下生产发展。如何最小化成本,最大化收益? 成为跨国企业开展 OFDI 需要考虑的关键问题。

生产率的高低很大程度上决定了跨国企业在对外直接投资过程中的成败与否。而通过对外直接投资,提升母国或母国企业的生产率,实现母国效应又是所有类型国家开展对外直接投资的深层次目的,也是各国跨国企业开展"对外直接投资—壮大发展—面对相类似的国际竞争环境"的这一过程的必然结果之一。拥有较高的企业生产率或拥有较高的国家生产率,既是开展对外直接投资的基础,又是开展对外直接投资的目的,所以,无论是何种类型的国家,要成功地开展对外直接投资,实现母国增长效应,都应该回归到提升自身技术条件,优化升级自身企业生产率基础的前提条件下,回归到开展对外直接投资生产率提升的最本质的基础上。

第六章 助力新时期:腐败惩治、腐败距离对国际直接投资的影响研究

腐败惩治推进国际直接投资发展,这一命题是否具有普遍意义? 本书以世界主要国家 2013—2016 年的数据,从国家视角分析腐败距离与腐败惩治对国际直接投资的影响。研究发现:就世界多数国家而言,腐败距离小且腐败惩治较为严厉的投资环境,有利于国家之间开展国际直接投资;东道国与投资母国之间腐败距离较大,腐败惩治对其国际直接投资的影响不显著或稳健性值得商榷;腐败距离较小与腐败惩治较严厉的国家,其清廉制度为其展开国际直接投资提供了良好的营商环境;在腐败距离大而资源、能源与要素成本优势凸显的国家,国际直接投资存在较大的不确定性。

第一节 问题来源

一般而言,腐败是指为私利而滥用公职的行为。腐败发生不仅损坏社会利益、正义与公平,不利于制度与经济的健康发展,而且还损害了资源配置的效率(Andrei Shleifer & Robert Vishny,1993;World Bank Group,1997;Copyright D C,2000;Arvind Jain,2001)[1]。与国内市场的资源配置活动不同,国际直接投资是由跨国公司主导的跨国经济行为,生产要素和其他经营要素在国家之间实现一揽子转移,而腐败则强化了这一过程的不确定性和成本(Jose

---

① Andrei Shleifer & Robert Vishny (1993) , "Corruption", Nber Working Papers 108 (3) : 599-617. World Bank Group, "World Development Report:The State in a Changing World", New York:New York Oxford University Press 1997 29(2):14-31. Arvind Jain(2001) , "Corruption:A Review",Journal of Economic Surveys 15(1):71-121.

Godinez & Ling Liu,2015)①。为了与腐败作斗争,国际社会缔约了《联合国反腐败公约》,中国作为缔约国之一,始终不遗余力推进反腐败进程。但是,腐败惩治是否有利于国际直接投资的健康发展? 基于经验的研究并没有给出同一的答案。

有学者认为,腐败惩治既是"帮助之手"又是"掠夺之手"(Alvaro Cuervo-Cazurra,2008;Alvaro Cuervo-Cazurra & Mehmet Genc,2008;聂辉华,2014)②,严厉的腐败惩治为国际投资者节约了贿赂官员的寻租成本,在成本控制与提高利润方面有良好的效果,将吸引更多的海外投资,且能够对企业的贿赂行为与官员的腐败行为形成限制,保障国际投资者的权益(王永钦等,2014)③。因此,多数研究显示,腐败惩治越严厉越有利于开展国际直接投资,现有研究分别提供了来自美国、世界45个东道国双向投资和68个国家的跨国投资经验证据(Paulo Mauro,1999;Shang-Jin Wei,2000;Per Fredriksson 等,2003)④。然而,也有证据表明,对腐败容忍也有利于国际直接投资的发展,如对于发展中国家而言,由于制度上的漏洞,投资者往往能够获取额外的经济租,腐败惩治不足反而能够带来对国际直接投资的较大吸引力(Pierre-Guillaume Méon & Laurent Weill,2008;Tarun Khanna & Krishna Palepu,2010)⑤。

① Jose Godinez & Ling Liu(2015),"Corruption Distance and FDI Flows into Latin America",International Business Review 24(1):33-42.

② Alvaro Cuervo-Cazurra & Mehmet Genc (2008), "Transforming Disadvantages into Advantages:Developing-Country MNEs in the Least Developed Countries",Journal of International Business Studies 39(6):957-979. Alvaro Cuervo-Cazurra(2008),"Better the Devil you Don't Know:Types of Corruption and FDI in Transition Economies",Social Science Electronic Publishing 14(1):12-27. 聂辉华:《腐败对效率的影响:一个文献综述》,《金融评论》2014 年第 1 期。

③ 王永钦等:《中国对外直接投资区位选择的决定因素:制度、税负和资源禀赋》,《经济研究》2014 年第 12 期。

④ Paulo Mauro(1997),"Corruption and Growth",Trends in Organized Crime 2(4):67-67. Per Fredriksson & John List & Daniel Millimet(2003),"Bureaucratic Corruption,Environmental Policy and Inbound US OFDI:Theory and Evidence",Journal of Public Economics 87(7-8):1407-1430. Shang-Jin Wei(2000),"How Taxing is Corruption on International Investors",Review of Economics and Statistics 82(1):1-11.

⑤ Pierre-Guillaume Méon & Laurent Weill(2008),"Is Corruption an Efficient Grease?",Working Papers of Large Research Center 38(3):244-259. Tarun Khanna & Krishna Palepu,"Winning in Emerging Markets",USA:Harvard Business Press 2010.

部分研究者在文化距离、制度距离等概念的基础上予以拓展,提出了腐败距离的概念。所谓腐败距离,实质上就是国家之间腐败差异的程度。引入腐败距离的概念之后,国家之间腐败惩治效应的复杂性得到更好的刻画和分析。有的研究表明,在对制度变量进行控制后,结果显示腐败距离对国际直接投资的影响是非对称性的。如果东道国与母国之间腐败距离为"正"的话,其引进外资增与减均不显著。但是,东道国与母国之间腐败距离为"负"的话,引进外资流入必然是低水平的。其原因在于,来自相对较低腐败水平的母国的企业,不熟悉东道国那些正式或者非正式的腐败制度,与之相反,来自较高腐败水平的母国的企业,反而能够顺应东道国的高度腐败环境(Jose Godinez & Ling Liu,2015)[1]。

现有的研究反映出一个基本特征,即世界各国腐败惩治差异大,既有区位特点、发达程度特点又有国家异质性。东道国腐败惩治会对引进外资产生直接影响,东道国体制既会与母国正式的体制相互影响,又会与母国非正式制度因素相互影响(包括与腐败行为、文化差异等的相互影响),并进一步作用于对外国投资者的投资行为(Michael Holmes 等,2011)[2]。研究发现,当母国和东道国腐败惩治态度存在差异时,不同的投资者将基于环境带来的不确定性和额外成本考虑(Chuck Kwok & Solomon Tadesse,2006)[3],做出不同的国际直接投资选择:一是为了避免对腐败环境不适应而遭受损失,来自腐败惩治较为严厉的国家的投资者不倾向于对腐败惩治较宽松的东道国开展国际直接投资;二是来自腐败惩治较不严厉国家的投资者更倾向于对腐败较容忍的东道国开展国际直接投资,其更能够利用腐败获利,获取额外经济租,其对东道国的腐败惩治的质量并不看重(Jose Godinez & Ling Liu,2015)[4]。因此,母国和

① Jose Godinez & Ling Liu(2015),"Corruption Distance and FDI Flows into Latin America", International Business Review 24(1):33-42.

② Michael Holmes,et al(2011),"The Interrelationships among Informal Institutions,Formal Institutions,and Inward Foreign Direct Investment",Journal of Management 39(2):531-566.

③ Chuck Kwok & Solomon Tadesse(2006),"The MNC as an Agent of Change for Host-Country Institutions:FDI and Corruption",Journal of International Business Studies 37(6):767-785.

④ Jose Godinez & Ling Liu(2015),"Corruption Distance and FDI Flows into Latin America", International Business Review 24(1):33-42.

东道国对腐败惩治状态是研究这一问题的重要变量。

现有关于腐败惩治对国际直接投资影响的研究,大多是单向研究,即或从东道国引进外资角度分析,或从母国对外投资视角展开研究,较少同时从双向视角看待问题,对腐败距离的研究尚有欠缺;同时,对不同国家的分组样本经验研究不足,多是以某几个国家或某几个地区作为研究对象,缺失普遍意义的依据和结论。另一方面,大多研究仅考虑了单向国际直接投资行为的收益极大化,未考虑双向投资和本国国内投资的整体收益极大化问题。基于大多数国家同时具有东道国和对外投资母国的双重身份,本书的拓展一是从引进外资和对外投资的两个视角,把国家同时视为引进外资、对外投资的双向国际直接投资主体,又考虑其本国投资,同时分析腐败惩治与腐败距离对国际直接投资影响的问题,并进一步讨论其内生性与稳健性问题;二是以腐败惩治和腐败距离的均值为分类标准,把世界多数国家划分为四种类型,分别研究其腐败惩治及腐败距离对引进外资与对外投资的影响,并综合考虑稳健性,得到了相应结论。这四类国家类型分别是:(1)腐败严惩治国家,这类国家的腐败惩治指标大于整体样本的腐败惩治指标均值;(2)腐败松惩治国家,这类国家的腐败惩治指标小于整体样本的腐败惩治指标均值;(3)腐败距离较小的国家,这类国家的腐败距离指标小于整体样本的腐败距离指标均值;(4)腐败距离较大的国家,这类国家的腐败距离指标大于整体样本的腐败距离指标均值。三是对理论模型的进一步拓展。胡兵等人(2013)①的研究方法建立在国际直接投资收益极大化的基础上建模,而本书则进一步考虑了国内投资的收益,建立在国内投资与国际直接投资整体投资收益极大化的理论基础上建模,并进一步考虑在双向投资和国内投资整体投资收益极大化基础上建模,为国际直接投资的可持续性发展奠定了市场利益基础。在样本选择上利用2013—2016年的世界多数国家的引进外资(对外投资)与对外投资(引进外资)的数据,在整体分析世界多数国家的腐败惩治与腐败距离对引进外资与对外投资的影响后,进一步分组研究四类国家的腐败惩治与腐败距离对国际直接投资的影响,

---

① 胡兵等:《东道国腐败与中国对外直接投资——基于跨国面板数据的实证研究》,《国际贸易问题》2013年第10期。

得出了较为稳健可靠的结论。本书的结构与内容安排如下：第二部分建立在胡兵、邓富华和张明的理论模型基础上予以拓展，建立基于整体收益极大化原则的腐败惩治与腐败距离对引进外资与对外投资影响的理论模型，并提出相应的假设；第三部分对世界多数国家进行研究，探讨腐败惩治与腐败距离对引进外资与对外投资的影响，并控制了时间效应、国家所属地区固定效应及国家发达程度类型固定效应，采用不同的模型方法对这一问题研究，综合考虑内生性与稳健性，并进一步得到了稳健可靠的结论，第四部分建立在第三部分的经验方法基础上进一步进行了四类分组样本探讨，并对其成因予以了解释，进一步理解差异的形成；第五部分是结论与政策启示。

第二节　腐败惩治、腐败距离与国际直接投资：一个理论框架

国际直接投资主要做出两种决策，一是是否开展对外投资，二是对外投资的规模是多少。腐败作为一种寻租行为，必然会对国际直接投资行为的成本与收益带来影响，因此跨国投资者的贿赂或寻租行为建立在贿赂成本小于寻租收益的基础上。但是，跨国投资者的贿赂行为的经济租，还受到寻租目标所在国家腐败惩治的影响，其往往面临着两种状况，即寻租活动成功获利或寻租活动曝光、遭受额外损失。基于以上考虑，把跨国公司国际直接投资收益极大化的理论模型分析方法扩展到了国家层面建模并加入对国内投资收益的考虑，从东道国引进外资和母国对外投资的两个视角，在整体投资收益极大化的基础上进行建模。

从东道国引进外资与东道国国内投资收益极大化的视角建模。东道国引进外资和国内投资分为 t 及 $t+1$ 期。为获得腐败经济租，国际投资者与国内投资者都开展寻租活动并面临四种结果：（1）对东道国投资的国际投资者寻租成功，东道国国内投资者寻租曝光；（2）对东道国投资的国际投资者寻租曝光，东道国国内投资者寻租成功；（3）二者都曝光；（4）二者都成功。把胡兵、邓富华和张明用于跨国公司国际直接投资收益极大化的理论模型分析方法扩展到了东道国引进外资和东道国国内投资整体收益极大化的理论模型上，建

立东道国引进外资和在本国内投资的整体跨期收益函数,考虑国际投资者和东道国国内投资者的整体收益函数:

$$\prod(b_t,a_t) = \alpha\{R_t - C_t - b_t + \gamma R_{t+1} + \gamma\rho V_{t+1}[U(b_t)]\}$$
$$+ (1-\alpha)[R_t - C_t - b_t + \gamma R_{t+1} - \gamma\rho T_{t+1}(b_t)]$$
$$+ \lambda[R1_t - C_t - a_t + \gamma R_{t+1} + \gamma\psi W_{t+1}[U(a_t)]\}$$
$$+ (1-\lambda)[R1_t - C_t - a_t + \gamma R_{t+1} - \gamma\psi M_{t+1}(a_t)]$$

模型 6-1

R_t、R_{t+1} 为国际投资者开展东道国投资的正常收益,C_t 是 t 时期国际投资者在东道国开展国际直接投资的正常成本,b_t、$U(b_t)$、$V_{t+1}[U(b_t)]$ 和 $T_{t+1}(b_t)$ 是东道国官员获得引进外资的腐败经济租、效用函数、东道国官员对行贿的国际投资者的转移支付及官员受贿曝光后国际投资者对东道国的转移支付,东道国引进外资官员受贿不被曝光的概率为 α;$R1_t$、$R1_{t+1}$ 为东道国国内投资者的正常收益,C_t 是 t 时期东道国国内投资者投资的正常成本,a_t、$U(a_t)$、$W_{t+1}[U(a_t)]$ 和 $M_{t+1}(a_t)$ 是东道国官员获得国内投资的腐败经济租、效用函数、东道国官员对国内行贿投资者的转移支付及官员受贿曝光东道国国内投资对国家的转移支付,东道国官员此类受贿行为不被曝光的概率为 λ。γ 是贴现因子,ρ、ψ 是东道国对待官员在引进外资和国内投资活动中受贿的腐败惩治因子,其中,$\rho = \dfrac{\partial G_{t+1}}{\partial b_t}$ 和 $\psi = \dfrac{\partial H_{t+1}}{\partial a_t}$,其中 $G_{t+1}(\cdot)$ 和 $H_{t+1}(\cdot)$ 是 b_t 和 a_t 的函数,代表东道国对政府官员参与国际投资受贿和本国投资受贿的惩罚函数。

建立在模型 6-1 的基础上,可以对函数 $\prod(b_t,a_t)$ 的一阶偏导进行讨论:

其中,
$$\frac{\partial\prod(\cdot)}{\partial b_t} = -1 + \alpha\gamma\rho\frac{\partial V_{t+1}}{\partial U_{t+1}}\frac{\partial U_{t+1}}{\partial b_t} - (1-\alpha)\gamma\rho\frac{\partial T_{t+1}}{\partial b_t} = 0$$

模型 6-2

$$\frac{\partial\prod(\cdot)}{\partial a_t} = -1 + \lambda\gamma\psi\frac{\partial W_{t+1}}{\partial U_{t+1}}\frac{\partial U_{t+1}}{\partial a_t} - (1-\lambda)\gamma\psi\frac{\partial M_{t+1}}{\partial a_t} = 0$$

模型 6-3

同样,构建东道国官员引进外资活动受贿的效用函数和东道国官员在国内投资活动中受贿的效用函数：

$$U(b_t) = (w_t + d_t b_t) + \gamma[(1 - d_t) + d_t \alpha] w_{t+1} - \gamma(1 - \alpha)\rho G_{t+1}(b_t)$$

模型 6-4

$$U(a_t) = (w_t + d'_t a_t) + \gamma[(1 - d'_t) + d'_t \lambda] w_{t+1} - \gamma(1 - \lambda)\psi H_{t+1}(a_t)$$

模型 6-5

其中，w 为东道国官员正常工资收入，d_t、d'_t 则是东道国国官员引进外资受贿和国内投资受贿的腐败决策系数，其取值在 0 到 1 之间。b、a、α、γ、λ 的含义同上。由模型 6-5 和 6-6 得出引进外资和国内投资官员效用极大化一阶函数条件：

$$\frac{\partial U}{\partial d_t} = b_t - \gamma(1 - \alpha)w_{t+1} = 0$$

模型 6-6

$$\frac{\partial U}{\partial d'_t} = a_t - \gamma(1 - \lambda)w_{t+1} = 0$$

模型 6-7

$$\frac{\partial U}{\partial b_t} = d_t - \gamma(1 - \alpha)\rho^2 = 0$$

模型 6-8

$$\frac{\partial U}{\partial a_t} = d'_t - \gamma(1 - \lambda)\psi^2 = 0$$

模型 6-9

有 $\rho = \dfrac{\partial G_{t+1}}{\partial b_t} = \dfrac{d_t}{\gamma(1 - \alpha)\rho}$ 和 $\psi = \dfrac{\partial H_{t+1}}{\partial a_t} = \dfrac{d'_t}{\gamma(1 - \lambda)\psi}$ 表示东道国官员参与国际投资受贿和国内投资受贿曝光成本，即两种行为的腐败惩治程度。又令国际投资者和国内投资者开展寻租活动的曝光成本为 $\delta_t = \dfrac{\partial T_{t+1}}{\partial b_t}$ 和 $\varphi_t = \dfrac{\partial M_{t+1}}{\partial b_t}$，进一步可以求出：

$$A = \frac{\partial^2 \prod(\cdot)}{\partial b_t^2} = -(1 - \alpha)\gamma\rho \frac{\partial^2 T_{t+1}}{\partial b_t^2}$$

$$= -(1 - \alpha)\gamma\rho\delta \frac{\partial\delta}{\partial b_t}$$

$$= d_t \frac{\delta}{\rho} * \frac{\partial\delta}{\partial b_t}$$

同理模型 6-4 可以表示为：

$$C = \frac{\partial^2 \prod (\cdot)}{\partial a_t^2} = -(1-\lambda)\gamma\psi \frac{\partial^2 M_{t+1}}{\partial a_t^2}$$

$$= -(1-\lambda)\gamma\psi\varphi \frac{\partial\varphi}{\partial b_t}$$

$$= d_t' \frac{\varphi}{\psi} \frac{\partial\varphi}{\partial b_t}$$

由于 $d_t \in (0,1)$, $d_{t+w}' \in (0,1)$,又 δ、φ 分别是 b_t 的函数,其有相同的增减性,恒有不等式 $AC - B^2 > 0$ 恒成立($B = A = \frac{\partial^2 \prod (\cdot)}{\partial b_t \partial a_t} = 0$)。当腐败惩治较为严厉时($\delta > 0, \rho > 0$), $\frac{\partial\delta}{\partial b_t} > 0$ (腐败惩治越严厉寻租成本越高), $A > 0$ 成立。根据二元函数求极值与增减性的数学性质,可知,东道国对官员与国际投资者的腐败惩治越严厉,越有利于获取东道国引进外资与本国投资的整体更大收益。同理适用于母国。

假设1:腐败惩治越严厉,越有利于东道国(母国)引进外资(对外投资)

进一步,把一个国家既视为引进外资又视为对外投资的主体,从国家对外投资、引进外资与母国国内投资整体收益极大化的视角建模,同理,可以得出母国对外投资主体和国内投资主体的整体跨期收益函数。

$$\begin{aligned}
\prod (b_t, a_t) = {} & \alpha\{R_t - C_t - b_t + \gamma R_{t+1} + \gamma\rho V_{t+1}[U_{t+1}(b_t)]\} \\
& + (1-\alpha)[R_t - C_t - b_t + \gamma R_{t+1} - \gamma\rho T_{t+1}(b_t)] \\
& + \lambda[R_t - C_t - a_t + \gamma R_{t+1} + \gamma\psi W_{t+1}[U_{t+1}(a_t)]\} \\
& + (1-\lambda)[R_t - C_t - a_t + \gamma R_{t+1} - \gamma\psi M_{t+1}(a_t)] \\
& + \beta[R2_t - C_t - c_t + \gamma R_{t+1} + \gamma\varpi Q_{t+1}[U_{t+1}(c_t)]\} \\
& + (1-\beta)[R2_t - C_t - c_t + \gamma R_{t+1} - \gamma\varpi P_{t+1}(c_t)]
\end{aligned}$$

模型6-10

与模型(1)相比,此时的国家既是母国又是东道国, $R2_t$、$R2_{t+1}$ 为开展对外投资的正常收益, C_t 是 t 时期对外投资的正常成本, c_t、$U(c_t)$、$V_{t+1}[U(c_t)]$ 和 $T_{t+1}(c_t)$ 是东道国官员从该对外投资获得的腐败经济租、效用函数、东道国官员对对外投资者的转移支付及官员受贿曝光后对对外投资者对东道国的转移支付,东道国引进外资官员受贿不被曝光的概率为 α。考虑模型 6-10 的前两项时该国被视为东道国,中间两项时研究其本国投资,后两项时其为母国。考虑该国作为东道国引进外资、本土投资、作为东道国对外投资时,对官员腐败惩治来看,其官员受国际投资者贿赂、官员受本土投资者贿赂及外国受该国投资者贿赂的腐败惩治因子分别用 ρ、ψ、ϖ 表示(其中 ρ、ϖ 间的差额用 μ 表示,即腐败距离),对投资者腐败惩治来看,外国投资者行贿、本土投资行为行贿及对外投资者行贿受到外国的惩治因子,分别用 δ、φ、θ 表示(其中 δ、θ 间的差额用 μ 表示),其余变量相类似,不做赘述。$d_t - d_t^n = \chi(\mu)$,即该国官员受国际投资者贿赂及外国官员受该国投资者贿赂的腐败决策系数是腐败距离的函数,此时,$A = (d_t^n + \chi(\mu)) \dfrac{\delta}{\rho} * \dfrac{\partial \delta}{\partial b_t}$,其符号主要取决于 $\chi(\mu)$,它是腐败距离的增函数(腐败距离越大,腐败环境差异越大,官员腐败决策的差异越大)。A、C、D(A、C、D 是对不同的 b_t、a_t、c_t 做类似的求解处理,略)。采用相类似的方法判断多元函数增减性问题,借助海塞矩阵的判断方法,由于海塞矩阵为三阶行列式,其行列式的值与 A 异号,腐败惩治较为严厉时($\delta > 0, \rho > 0$),$\dfrac{\partial \delta}{\partial b_t} > 0$,腐败距离越大,A 取正值的可能性越大,海塞矩阵为负定矩阵的可能性越大。在腐败惩治较为严厉时,腐败距离越大,越不利于获取东道国引进外资、本国投资与对外投资的整体更大收益,国家越不愿意开展引进外资、国内投资与对外投资。

假设 2:腐败距离越大,越不利于国家引进外资和对外投资

第三节 国际直接投资行为的经验分析

本书的面板数据样本主要来源于美国传统基金会的 2013 年至 2016 年度《世界经济自由度指数》数据以及联合国贸发会议发布的《2017 世界投资报告》。在研究过程中,按照以往的文献经验,部分影响国家特质的变量被纳入了控制变量,主要包括经济发展水平、政府支出规模、人口规模、经济增长水平、关税壁垒水平、国内税负规模、债务规模、失业水平、通货膨胀水平等。

一、变量选取、经验模型与数据说明

1. 因变量：引进外资（$IFDI$）和对外投资（$OFDI$）。在对世界主要国家引进外资进行研究时，本书采用世界主要国家引进外资指标度量其引进外资状况；在对世界主要国家对外投资进行研究时，本书采用世界主要国家对外投资指标度量其对外投资状况。

2. 自变量：腐败惩治（fc）和腐败距离（cd）。本书的核心解释变量主要包括腐败惩治和腐败距离。（1）腐败惩治是指国家以法律法规、行政处罚及经济制裁等手段对腐败行为主体的惩罚，包括对经济、人身自由等方面的剥夺和限制，以及一国的国际投资与国内投资免受腐败行为影响的程度，腐败惩治可用腐败自由度指数表示。该数据主要来源于美国传统基金会《世界经济自由度指数》的腐败自由度指数，指标越高表示国家对腐败惩治越严厉，取值范围在1—100之间，该指数越高，对于腐败的惩治越严厉。（2）腐败距离是指国家之间腐败差异的程度。如何衡量腐败距离？本书选取国际直接投资规模大、其跨国公司全球分布最广且腐败自由度指数大的美国与日本作为基准。与之比较，腐败自由度指数之差的绝对值越大，国家腐败距离就越大。

3. 控制变量。（1）经济发展水平：可表示国家整体投资收益，选取人均GDP作为国家整体投资收益度量指标。经济规模方面的特征变量包括：（2）政府支出规模，用政府支出占GDP的比重表示。（3）人口规模，用人口数量表示。（4）经济增长水平，用经济增长率表示。宏观经济运营环境方面的控制变量还包括：（5）关税壁垒水平，用关税比例表示。（6）国内税负水平，用税负占GDP的比重表示。（7）债务规模，用公债占GDP的比重表示。（8）失业水平，用失业率表示。（9）通货膨胀水平，用通货膨胀率表示。

结合上述分析，可以得出以下计量回归模型：

$$IFDI_{it} = \alpha_0 + \beta_0 fc_{it} + \beta_1 controls_{it} + u_i + \lambda_t + \varepsilon_{it} \qquad \text{模型 6-11}$$

$$IFDI_{it} = \alpha_1 + \chi_0 cd_{it} + \chi_1 controls_{it} + u_i + \lambda_t + \varepsilon_{it} \qquad \text{模型 6-12}$$

$$OFDI_{it} = \alpha_2 + \gamma_0 fc_{it} + \gamma_1 controls_{it} + u_i + \lambda_t + \varepsilon_{it} \qquad \text{模型 6-13}$$

$$OFDI_{it} = \alpha_3 + \kappa_0 cd_{it} + \kappa_1 controls_{it} + u_i + \lambda_t + \varepsilon_{it} \qquad \text{模型 6-14}$$

模型6-11到模型6-14中，考虑到国家样本较大，可能存在异方差较大的问题，为减少异方差，采用winsor2命令对数据样本进行了1%和99%分位的缩尾处理,剔除离群值的影响,采用 Stata13.0 进行实证分析。四个回归方差中,控制变量中囊括了代表国家特性的 9 个控制变量。α_0、α_1、α_2、α_3 分别是截距项,ε 是随机误差项,u、λ 分别代表个体效应和时间效应,下标 i 和 t 分别代表国家和时间。所有的变量解释如下表所示。

表 6-1 腐败惩治与国际直接投资的跨国分析:经验变量汇总

	变量名	变量含义
因变量	引进外资	一国引进外资指标(百万美元)
	对外投资	一国对外投资指标(百万美元)
自变量	腐败惩治	腐败自由度指数
	与美国的腐败距离	一国腐败自由度指数与美国腐败自由度指数之差的绝对值
	与日本的腐败距离	一国腐败自由度指数与日本腐败自由度指数之差的绝对值
控制变量	经济发展水平	一国人均 GDP(美元)
	政府支出规模	一国政府支出占 GDP 的比重(%)
	人口规模	一国人口数量(百万人)
	经济增长水平	一国经济增长率(%)
	关税壁垒水平	一国关税比例(%)
	国内税负水平	一国税负占 GDP 的比重(%)
	债务规模	一国公债占 GDP 的比重(%)
	失业水平	一国失业率(%)
	通货膨胀水平	一国通货膨胀率(%)

数据来源:美国传统基金会 2013—2016 年《世界经济自由度指数》与联合国贸易和发展会议组织《2017 世界投资报告》。

模型中的对外投资数据来源同上所述。在经验模型中的所有变量的处理过程中,一些国家在一些年份所有数据缺漏,对其予以整个截面样本的删除处理。部分国家在某些年份缺失部分变量,在另一些年份缺失其他变量,本书采用缺失值补漏的方法,首先进行前临近补漏,然后进行后临近补漏,得到了平衡面板数据。本书主要选取 2013—2016 年 4 年的数据予以研究。最终,本书得到世界主要国家和地区 2013—2016 年 4 年间的 708 个研究引进外资问题的平衡面板数据和世界主要国家和地区 2013—2016 年 4 年间的 612 个研究对外投资问题的平衡面板数据。为了进行离群值的处理,本书对所有变量进行了 1% 和 99% 水平上的缩尾处理,采用 winsor2 命令。对于百分比的指标,统一以 % 作为单位,口径一致。再者,引进外资、对外投资和人均 GDP 等指标涉及金额,由于数据来源对象已开展了价格调整和汇率调整,口径上基本保持一致,本书不再赘述。

二、经验结果分析

1. 描述性统计研究结果。从表 6-2 可以看出,引进外资水平最大值为 100000 百万美元,最小值为 -2406 百万美元,意味着不同国家在引进外资水平上存在较大差异,均值(6796 百万美元)远大于中位数(1004 百万美元),意味着多数国家的引进外资水平低于平均水平,少量国家较高的引进外资水平拉高了平均值。这一现象在对外投资指标上有类似的表现,且其表现更明显。自变量中,腐败惩治的最小值为 8,最大值为 92.25。腐败距离的最小值为 0,最大值为 65.37。这些核心指标意味着,各国的腐败惩治存在明显差异,因此与最大对外投资大国(美国)的腐败距离也有着较大的差异。控制变量中,经济发展水平(人均 GDP)最大值为 80119 美元,最小值为 600 美元,意味着世界贫富差异较大,政府支出规模、人口规模、经济增长水平、关税壁垒水平、国内税负水平、债务规模、失业水平、通货膨胀水平等也存在较大差距。甚至,在通货膨胀水平和经济增长水平等指标上也出现了负数。

表 6-2　腐败惩治与国际直接投资的跨国比较:变量的描述性统计

变量	样本数	均值	标准差	最小值	25 分位数	50 分位数	75 分位数	最大值
引进外资	732	6797	16650	-2406	213.8	1004	3923	100000
对外投资	624	9695	33269	-12000	3	97	2957	240000
腐败惩治	732	40.96	20.48	8	26	34.18	53	92.25
与美国腐败距离	732	33.86	16.39	0	21.06	38	46.05	65.37
经济发展水平	732	15378	16517	600	3013	9204	23106	80119
政府支出规模	724	34.49	13.75	13.77	25.12	32.40	41.85	100

续表

变量	样本数	均值	标准差	最小值	25分位数	50分位数	75分位数	最大值
人口规模	732	37.50	130.5	0.0900	2.230	8.500	28.02	1207
经济增长水平	732	3.530	3.090	-4.730	1.590	3.350	5.420	13
关税壁垒水平	720	6.100	4.900	0	1.710	5.120	8.900	21.10
国内税负水平	728	21.78	13.37	1.900	13.29	19.35	28.24	100
债务规模	724	48.18	30.84	0	28.12	41.48	63.89	158.6
失业水平	728	11.02	10.77	0.500	4.600	7.800	13.10	60
通货膨胀水平	724	5.360	5.810	-0.920	2.020	3.880	6.730	36.91

数据来源:美国传统基金会 2013—2016 年《世界经济自由度指数》、联合国贸易和发展会议组织 2017 《世界投资报告》与 Stata13.0 统计输出。

2. 主要变量的相关关系分析。结合腐败惩治与国际直接投资关系图(图 6-1)及相关系数的关系表可以发现,整体来看,腐败惩治与引进外资表现出正相关的显著关系,与对外投资表现出正相关的显著关系。在世界多数国家样本、发达国家或地区样本及发展中国家或地区样本,这种显著的正向关系十分明显。而在转型国家或地区中,这种正向关系不明显,甚至表现出一定的负向关系。但是就总体而言,腐败惩治越严厉,越有利于各国引进外资或开展对外投资,不过这种关系的显著性在不同的国家样本中有差异,限于篇幅,相关关系表略,备索。

注:国家类型固定效应主要控制的是按照联合国贸易和发展组织《世界投资报告》划分的发达国家和地区、发展中国家和地区、转型国家和地区等。

结合腐败距离与国际直接投资关系图(图 6-2)及相关系数的关系表可以发现,腐败距离与引进外资表现出负相关的显著关系,与对外投资也表现出负相关的显著关系。总体来看,在发达国家或地区、发展中国家或地区中,这种显著的负向关系十分明显,仅仅在转型国家或地区中这种负向关系不明显,甚至表现出一定的正向关系。这意味着腐败距离越大,越不利于各国引进外资或开展对外投资,但是这种关系在不同的国家样本中有差异,限于篇幅,相关关系表略,备索。

3. 不同国家类型的腐败惩治的国际直接投资效应。表 6-2 的腐败惩治平均值(40.96)与腐败距离基准值(与美国的腐败距离平均值:33.86),为进一步的类型研究提供了衡量基础。据此把腐败惩治高于均值定义为严厉腐败

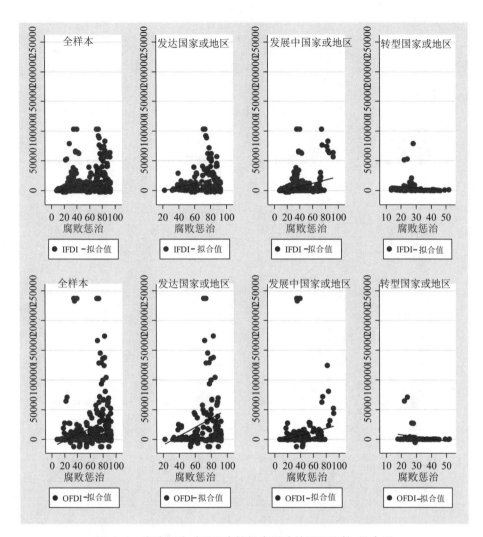

图 6-1 腐败惩治对国际直接投资影响的跨国比较:散点图

数据来源:美国传统基金会 2013—2016 年《世界经济自由度指数》、联合国贸易和发展会议组织 2017 《世界投资报告》与 Stata13.0 统计输出。

惩治类型、把腐败惩治低于均值定义为腐败惩治较不严厉类型、把高于腐败距离基准值定义为腐败距离较大类型、把低于腐败距离基准值定义为腐败距离较小类型,分别研究世界多数国家、亚太地区、欧洲地区、中东和北非地区、撒哈拉以南的非洲地区、拉丁美洲和加勒比地区、北美地区等 7 类地区所属国家。所有的地区类型都表现出了相似的特征:(1)腐败惩治较为严厉的国家较腐败惩治

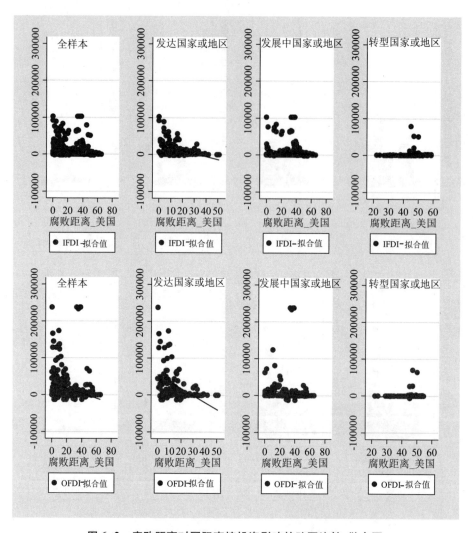

图6-2　腐败距离对国际直接投资影响的跨国比较：散点图

资料来源：美国传统基金会2013—2016年《世界经济自由度指数》、联合国贸易和发展会议组织《2017世界投资报告》与Stata13.0统计输出。

注：国家类型固定效应主要控制的是按照联合国贸易和发展组织《世界投资报告》划分的发达国家和地区、发展中国家和地区、转型国家和地区等。

较不严厉的国家的引进外资和对外投资水平要高，且均通过了组间 t 检验，表明在不同的腐败惩治条件下，所有国家的引进外资和对外投资都有明显差异，且腐败惩治越严厉，引进外资和对外投资规模越大；（2）腐败距离较大的国家引进外资和对外投资较腐败距离较小的国家引进外资和对外投资水平要低，且均通

过了组间 t 检验,表明在不同的腐败距离条件下,所有国家引进外资和对外投资有明显差异,且腐败距离越大,引进外资和对外投资规模越小。

表6-3　不同腐败惩治下的引进外资与对外投资规模

地区编号	按平均值分组	引进外资	对外投资	地区编号	按平均值分组	引进外资	对外投资
世界多数国家(1)	腐败惩治较为严厉的国家	11000 [285]	18000 [263]	中东和北非地区(4)	腐败距离较大的国家	2200 [33]	309.5 [29]
	腐败惩治较不严厉的国家	4000 [447]	4000 [361]		腐败距离较小的国家	4200 [35]	4100 [35]
	腐败距离较大的国家	3600 [432]	3300 [346]	撒哈拉以南的非洲地区(5)	腐败惩治较为严厉的国家	1000 [37]	716.5 [35]
	腐败距离较小的国家	11000 [300]	18000 [278]		腐败惩治较不严厉的国家	897.8 [155]	619.8 [117]
亚太地区(2)	腐败惩治较为严厉的国家	22000 [41]	34000 [37]	拉丁美洲和加勒比地区(6)	腐败距离较大的国家	867 [153]	630.4 [115]
	腐败惩治较不严厉的国家	6500 [127]	11000 [95]		腐败距离较小的国家	1200 [39]	678.3 [37]
	腐败距离较大的国家	5800 [125]	8700 [93]		腐败惩治较为严厉的国家	6400 [38]	1400 [22]
	腐败距离较小的国家	23000 [43]	38000 [39]		腐败惩治较不严厉的国家	4400 [78]	469.9 [70]
欧洲地区(3)	腐败惩治较为严厉的国家	9800 [128]	15000 [128]		腐败距离较大的国家	3600 [77]	439.8 [69]
	腐败惩治较不严厉的国家	6400 [48]	5400 [44]		腐败距离较小的国家	8000 [39]	13000 [23]
	腐败距离较大的国家	6500 [40]	5400 [36]	北美地区(7)	腐败惩治较为严厉的国家	76000 [8]	150000 [8]
中东和北非地区(4)	腐败距离较小的国家	9600 [136]	15000 [136]		腐败惩治较不严厉的国家	23000 [4]	7500 [4]
	腐败惩治较为严厉的国家	4400 [33]	4400 [33]		腐败距离较大的国家	23000 [4]	7500 [4]
	腐败惩治较不严厉的国家	2200 [35]	292.1 [31]		腐败距离较小的国家	76000 [8]	150000 [8]

数据来源:美国传统基金会 2013—2016 年《世界经济自由度指数》、联合国贸易和发展会议组织《2017世界投资报告》与 Stata13.0 统计输出。

4. 回归结果。描述性统计显示数据样本质量较好,在大样本平衡面板数据下,采用最小二乘法(OLS),并在此基础上加入时间效应、个体效应与双向固定效应进行分析。其中地区固定效应控制的主要是该国家所属区域,如表6-3所示,主要包括亚太、欧洲、中东和北非、撒哈拉以南的非洲、拉丁美洲和加勒比、北美等地区;国家类型固定效应主要控制的是按照联合国贸易和发展组织《世界投资报告》划分的发达国家和地区、发展中国家和地区、转型国家和地区(同图6-1和图6-2的地区划分方法);时间固定效应控制的主要是年份(关于固定效应和时间效应的控制,主要方法下文相同,限于篇幅,不再重申)。

首先,以腐败惩治作为核心变量分析其对世界多数国家引进外资和对外投资的影响(见表6-4)。对世界多数国家而言,腐败惩治对引进外资和对外投资都显现出显著的正向影响,虽然模型(8)中腐败惩治对于对外投资的影响并不显著,但其符号为正,也具有一定的参考意义。通过对核心解释变量的研究认为,对世界多数国家而言,腐败惩治越严厉越大,越有利于世界各国引进外资和开展对外投资。

表6-4　腐败惩治对国际直接投资的影响:世界多数国家

	引进外资				对外投资			
	(1)	(2)	(3)	(4)	(5)	(6)	(7)	(8)
腐败惩治	82.835 *	78.014 *	92.135 **	88.068 **	157.858 **	147.198 **	131.340 *	121.191
	(1.90)	(1.78)	(2.16)	(2.06)	(2.15)	(1.99)	(1.76)	(1.62)
经济发展水平	0.311 ***	0.315 ***	0.319 ***	0.326 ***	0.481 ***	0.492 ***	0.499 ***	0.515 ***
	(4.48)	(4.50)	(4.57)	(4.62)	(4.13)	(4.18)	(5.36)	(5.45)
政府支出规模	-107.009 **	-112.912 **	-77.992 **	-81.712 **	-0.934	-9.700	37.388	33.354
	(-2.30)	(-2.42)	(-2.27)	(-2.34)	(-0.01)	(-0.12)	(0.52)	(0.46)
人口规模	65.115 ***	65.140 ***	60.418 ***	60.546 ***	118.046 ***	118.137 ***	111.485 ***	111.833 ***
	(6.04)	(6.04)	(5.79)	(5.80)	(3.63)	(3.63)	(3.43)	(3.44)
经济增长	2.312	-25.839	-176.517	-216.752	317.869	276.937	-37.046	-102.101
	(0.02)	(-0.18)	(-1.12)	(-1.40)	(1.26)	(1.10)	(-0.14)	(-0.40)

续表

	引进外资				对外投资			
	（1）	（2）	（3）	（4）	（5）	（6）	（7）	（8）
关税壁垒	-229.650***	-227.656***	-244.050***	-253.582***	-288.462**	-288.020**	-324.055*	-349.009**
	（-3.71）	（-3.63）	（-2.66）	（-2.73）	（-2.41）	（-2.37）	（-1.94）	（-2.03）
国内税负	60.638	65.431	68.900	75.423	-7.981	-0.156	34.347	46.368
	（1.12）	（1.20）	（1.35）	（1.47）	（-0.08）	（-0.00）	（0.37）	（0.49）
债务规模	16.967	17.198	6.110	7.154	158.858***	159.458***	124.497***	126.424***
	（0.79）	（0.80）	（0.33）	（0.38）	（3.06）	（3.07）	（3.03）	（3.09）
失业水平	2.223	-8.802	19.584	6.837	5.481	-10.684	23.051	1.937
	（0.11）	（-0.41）	（0.85）	（0.27）	（0.11）	（-0.21）	（0.47）	（0.04）
通货膨胀水平	56.623	30.614	57.464	27.099	-256.242**	-294.580***	-217.300**	-263.867**
	（1.29）	（0.72）	（1.31）	（0.63）	（-2.58）	（-2.92）	（-1.98）	（-2.31）
常数项	-1.3e+03	466.940	-1.5e+03	-77.795	-1.6e+04***	-1.4e+04***	-4.6e+03	-3.1e+03
	（-0.56）	（0.21）	（-0.52）	（-0.03）	（-3.58）	（-2.81）	（-0.86）	（-0.53）
样本数	708.000	708.000	708.000	708.000	612.000	612.000	612.000	612.000
调整后的R2	0.420	0.420	0.503	0.504	0.390	0.389	0.472	0.472
时间效应	N	Y	N	Y	N	Y	N	Y
地区效应	N	N	Y	Y	N	N	Y	Y
国家类型效应	N	N	Y	Y	N	N	Y	Y
聚类稳健型标准误	Y	Y	Y	Y	Y	Y	Y	Y

数据来源：美国传统基金会2013—2016年《世界经济自由度指数》、联合国贸易和发展会议组织《2017世界投资报告》与Stata13.0统计输出，* $P<0.1$，** $P<0.05$，*** $P<0.01$。

在对控制变量的研究中发现，经济发展水平和人口规模显著正向影响引进外资和对外投资。这和理论预期相符合，即经济越发达、人力资本越充足的国家，越容易开展国际直接投资。而政府支出规模与关税壁垒对于国际直接投资的影响显著为负，符合对本国的投资会分化国际投资资本的理论假设，再者,较大的关税壁垒将阻碍国际直接投资的发展,这同样也是符合理论预期的。

其次,分析腐败距离对世界多数国家引进外资的影响。美国和日本是世界上主要的对外投资大国,以两国为基准来度量腐败距离对引进外资的影响研究后发现,腐败距离与世界各国的引进外资呈负相关,且十分显著。无论是采用 OLS 基准回归的方法、加入时间固定效应、个体固定效应还是同时加入双向固定效应的分析方法,均显示出了相类似的结论,即腐败距离越大,越不利于世界多数国家引进外资。

表 6-5   腐败距离对引进外资的影响:世界多数国家

	(1)	(2)	(3)	(4)	(5)	(6)	(7)	(8)
与美国的腐败距离	-61.888	-55.470	-85.497*	-79.517*				
	(-1.44)	(-1.27)	(-1.95)	(-1.79)				
与日本的腐败距离					-85.035**	-84.437*	-102.107**	-104.712**
					(-2.18)	(-1.86)	(-2.55)	(-2.26)
经济发展水平	0.340***	0.344***	0.341***	0.348***	0.321***	0.320***	0.324***	0.325***
	(5.26)	(5.29)	(4.90)	(4.96)	(4.93)	(4.75)	(4.76)	(4.64)
政府支出规模	-108.623**	-114.459**	-80.412**	-83.902**	-108.583**	-114.327**	-80.154**	-83.889**
	(-2.29)	(-2.41)	(-2.29)	(-2.35)	(-2.31)	(-2.43)	(-2.31)	(-2.39)
人口规模	65.078***	65.111***	60.288***	60.430***	65.071***	65.090***	60.283***	60.387***
	(6.07)	(6.07)	(5.80)	(5.81)	(6.05)	(6.05)	(5.79)	(5.80)
经济增长	-11.994	-40.181	-194.827	-233.863	-4.431	-34.157	-188.509	-231.166
	(-0.08)	(-0.27)	(-1.21)	(-1.47)	(-0.03)	(-0.23)	(-1.19)	(-1.48)
关税壁垒	-232.312***	-230.493***	-243.017***	-252.908***	-230.327***	-227.996***	-243.023***	-251.839***
	(-3.68)	(-3.62)	(-2.61)	(-2.68)	(-3.63)	(-3.56)	(-2.60)	(-2.67)
国内税负	74.804	79.152	78.972	85.211*	67.683	71.496	73.858	79.611
	(1.40)	(1.47)	(1.58)	(1.69)	(1.27)	(1.33)	(1.48)	(1.58)
债务规模	18.177	18.566	4.794	6.046	15.818	15.730	3.597	4.236
	(0.84)	(0.85)	(0.25)	(0.31)	(0.73)	(0.73)	(0.19)	(0.22)

续表

	（1）	（2）	（3）	（4）	（5）	（6）	（7）	（8）
失业水平	−2.245	−13.124	15.772	3.258	1.192	−11.138	19.614	5.268
	(−0.11)	(−0.60)	(0.69)	(0.13)	(0.06)	(−0.51)	(0.85)	(0.21)
通货膨胀水平	41.682	14.737	53.982	22.836	58.017	31.892	65.505	35.595
	(0.97)	(0.34)	(1.21)	(0.50)	(1.34)	(0.73)	(1.48)	(0.79)
常数项	3679.128	5017.706	5475.849	6506.400	5258.561*	7055.840**	6575.646	8290.962*
	(1.22)	(1.63)	(1.22)	(1.44)	(1.68)	(1.97)	(1.49)	(1.73)
样本数	708.000	708.000	708.000	708.000	708.000	708.000	708.000	708.000
调整后的R2	0.418	0.418	0.502	0.503	0.420	0.420	0.504	0.505
时间效应	N	Y	N	Y	Y	Y	N	Y
地区效应	N	N	Y	Y	N	N	Y	Y
国家类型效应	N	N	Y	Y	N	N	Y	Y
聚类稳健型标准误	Y	Y	Y	Y	Y	Y	Y	Y

数据来源:美国传统基金会 2013—2016 年《世界经济自由度指数》、联合国贸易和发展会议组织 2017《世界投资报告》与 Stata13.0 统计输出,* P<0.1,** P<0.05,*** P<0.01。

　　进行控制变量的研究后发现,经济发展水平和人口规模与引进外资显著正相关。这和理论预期相符合,即经济越发达,人力资本越充足的国家,越容易引进外资。而政府支出规模与关税壁垒对于引进外资的影响为负,符合国家对本国的投资分散了引进外资力度的理论假设,具有一定"挤出效应",再者,较大的关税壁垒将阻碍引进外资发展,这同样也是符合理论预期的。

　　再次,分析腐败距离对世界多数国家对外投资的影响。采用上述基准和方法研究后发现,腐败距离与世界多数国家的对外投资负相关。无论是采用OLS基准回归的方法、加入时间固定效应、个体固定效应还是同时加入双向固定效应的分析方法,均显示出了相类似的结论。即腐败距离越大,越不利于世界多数国家开展对外投资。

表 6-6　腐败距离对对外投资的影响：世界多数国家

	（1）	（2）	（3）	（4）	（5）	（6）	（7）	（8）
与美国腐败距离	-169.530 **	-157.053 **	-209.700 ***	-197.686 ***				
	(-2.28)	(-2.12)	(-2.92)	(-2.77)				
与日本腐败距离					-192.242 ***	-175.416 **	-205.409 ***	-190.528 **
					(-2.62)	(-2.25)	(-2.78)	(-2.39)
经济发展水平	0.507 ***	0.517 ***	0.485 ***	0.500 ***	0.479 ***	0.490 ***	0.471 ***	0.485 ***
	(5.47)	(5.54)	(6.08)	(6.21)	(4.72)	(4.63)	(5.79)	(5.65)
政府支出规模	-5.486	-13.923	36.037	32.654	-4.100	-11.423	36.640	34.098
	(-0.07)	(-0.17)	(0.50)	(0.45)	(-0.05)	(-0.14)	(0.51)	(0.47)
人口规模	117.919 ***	118.018 ***	111.010 ***	111.371 ***	117.959 ***	118.047 ***	111.122 ***	111.486 ***
	(3.63)	(3.63)	(3.42)	(3.43)	(3.63)	(3.63)	(3.42)	(3.43)
经济增长	290.443	251.025	-76.478	-136.199	300.972	256.122	-61.021	-128.206
	(1.12)	(0.97)	(-0.29)	(-0.52)	(1.18)	(1.00)	(-0.24)	(-0.49)
关税壁垒	-284.462 **	-284.715 **	-295.080 *	-320.515 *	-278.535 **	-282.304 **	-299.498 *	-329.073 *
	(-2.31)	(-2.28)	(-1.71)	(-1.79)	(-2.27)	(-2.26)	(-1.76)	(-1.88)
国内税负	16.028	22.336	40.967	51.578	2.374	9.630	33.655	45.338
	(0.16)	(0.22)	(0.44)	(0.55)	(0.02)	(0.10)	(0.36)	(0.49)
债务规模	157.054 ***	157.873 ***	117.599 ***	119.851 ***	154.179 ***	155.385 ***	117.451 ***	119.837 ***
	(3.19)	(3.21)	(3.03)	(3.10)	(3.08)	(3.10)	(3.00)	(3.06)
失业水平	-6.642	-22.682	15.651	-5.197	3.349	-16.832	26.316	0.601
	(-0.13)	(-0.43)	(0.31)	(-0.10)	(0.07)	(-0.32)	(0.52)	(0.01)
通货膨胀水平	-263.584 ***	-302.844 ***	-188.647 *	-235.290 **	-241.949 **	-288.662 ***	-182.627 *	-236.643 **
	(-2.63)	(-2.97)	(-1.68)	(-2.01)	(-2.44)	(-2.88)	(-1.65)	(-2.06)
常数项	-4.3e+03	-3.0e+03	9096.044	9734.515	-2.2e+03	-716.540	9627.395	1.1e+04
	(-1.00)	(-0.65)	(1.31)	(1.39)	(-0.40)	(-0.12)	(1.31)	(1.37)
样本数	612.000	612.000	612.000	612.000	612.000	612.000	612.000	612.000
调整后的R2	0.389	0.388	0.474	0.474	0.391	0.389	0.475	0.474

续表

	（1）	（2）	（3）	（4）	（5）	（6）	（7）	（8）
时间效应	N	Y	N	Y	N	Y	N	Y
地区固定效应	N	N	Y	Y	N	N	Y	Y
国家类型固定效应	N	N	Y	Y	N	N	Y	Y
聚类稳健型标准误	Y	Y	Y	Y	Y	Y	Y	Y

数据来源：美国传统基金会 2013—2016 年《世界经济自由度指数》、联合国贸易和发展会议组织 2017《世界投资报告》与 Stata13.0 统计输出，* P<0.1，** P<0.05，*** P<0.01。

同样进行控制变量的研究，经济发展水平和人口规模显著正向影响对外投资。这和理论预期相符合，即经济越发达，人力资本越充足的国家，越容易开展对外投资。而政府支出规模与关税壁垒对于对外投资的影响显著为负，符合国内投资分散对外投资力度的理论假设，具有一定"挤出效应"，再者，较大的关税壁垒将阻碍对外投资，这同样也是符合理论预期的。

三、内生性与稳健性讨论

1. 内生性讨论。关于腐败惩治与腐败距离的内生性问题。腐败惩治与腐败距离会影响一国的国际直接投资，但是国际直接投资的发展也对腐败惩治与腐败距离有导向作用（Stephen Knack & Omar Azfar，2003；Pablo Pinto & Boliang Zhu，2009；Sotirios Bellos & Turan Subasat，2012；胡兵等，2013）①。为了在异方差条件下解决内生性问题，本书在陆铭等（2004）的研究基础上予以拓展，采用 GMM 估计方法。如表 6-7 所示，在研究引进外资的实证研究过程中，在模型（1）中引入世界经济自由度指数及其滞后一期作为腐败惩治模型

① Stephen Knack & Omar Azfar(2003)，"Trade Intensity，Country Size and Corruption"，Economics of Governance 4(1)：1–18. Pablo Pinto & Boliang Zhu，"Fortune or Evil？ The Effect of Inward Foreign Direct Investment on Corruption"，Social Science Electronic Publishing 2009. Sotirios Bellos & Turan Subasat(2012)，"Corruption and Foreign Direct Investment：A Panel Gravity Model Approach"，Social Science Electronic Publishing 64(4)：565–574. 胡兵等：《东道国腐败与中国对外直接投资——基于跨国面板数据的实证研究》，《国际贸易问题》2013 年第 10 期。

外的工具变量,同时引入经济发展水平滞后一期及经济增长水平滞后一期作为工具变量,其余模型自动加入的工具变量不做赘述。表 6-7 中模型(2)—(3)的工具变量与模型(1)的引入相类似,其主要内生解释变量之一是与基准国家的腐败距离(仍然以美国与日本为基准)。

表 6-7　腐败惩治与腐败距离对国际直接投资影响的 GMM 估计:内生性讨论

	引进外资			对外投资		
	(1)	(2)	(3)	(4)	(5)	(6)
腐败惩治	170.753**			224.585*		
	(2.43)			(1.87)		
与美国的腐败距离		-199.705**			-216.552**	
		(-2.37)			(-2.24)	
与日本的腐败距离			-191.330**			-333.341***
			(-2.40)			(-2.83)
经济发展水平	0.254***	0.263***	0.257***	0.434***	0.443***	0.388***
	(3.13)	(3.16)	(3.09)	(4.06)	(4.74)	(3.94)
经济增长	-583.196	-651.600*	-634.826*	-361.070	-256.785	-508.875
	(-1.61)	(-1.71)	(-1.69)	(-0.85)	(-0.65)	(-1.18)
政府支出规模	-109.640**	-115.060**	-113.829**	77.334	43.552	73.447
	(-2.41)	(-2.46)	(-2.45)	(0.88)	(0.49)	(0.86)
人口规模	59.442***	58.972***	59.104***	137.612***	127.456***	141.553***
	(4.98)	(4.97)	(4.97)	(3.23)	(2.95)	(3.40)
关税壁垒	-238.642**	-225.037**	-233.454**	-225.409	-122.290	-141.699
	(-2.26)	(-2.08)	(-2.16)	(-0.87)	(-0.51)	(-0.55)
国内税负	49.506	64.022	59.943	-89.803	22.557	-52.704
	(0.84)	(1.10)	(1.03)	(-0.72)	(0.19)	(-0.43)
债务规模	-11.765	-18.694	-17.189	150.521***	94.792*	106.805*
	(-0.51)	(-0.76)	(-0.71)	(2.58)	(1.74)	(1.93)

续表

	引进外资			对外投资		
	(1)	**(2)**	**(3)**	**(4)**	**(5)**	**(6)**
失业水平	10.205	−0.191	4.101	−111.124	−162.247	−185.271
	(0.29)	(−0.01)	(0.12)	(−0.65)	(−1.02)	(−1.10)
通货膨胀水平	16.926	24.923	23.102	−155.703	−199.572	−157.367
	(0.28)	(0.40)	(0.38)	(−1.29)	(−1.52)	(−1.28)
常数项	−946.127	1.4e+04*	1.5e+04*	−1.0e+04	6957.169	1.5e+04
	(−0.23)	(1.77)	(1.83)	(−1.22)	(0.72)	(1.33)
样本数	528.000	528.000	528.000	306.000	306.000	306.000
调整后的 R2	0.508	0.504	0.507	0.422	0.433	0.420
GMM C 统计量	6.486	6.273	5.352	2.713	0.009	2.108
P 值	0.090	0.099	0.148	0.100	0.925	0.147

数据来源:美国传统基金会 2013—2016 年《世界经济自由度指数》、联合国贸易和发展会议组织 2017 《世界投资报告》与 Stata13.0 统计输出,* $P<0.1$, ** $P<0.05$, *** $P<0.01$。

在对外投资为研究对象的表 6-7 的模型(4)—(6)中,内生变量主要为腐败惩治及与基准国家的腐败距离,模型外的工具变量主要包括世界经济自由度指数及其滞后一期与滞后二期,内生解释变量的滞后一期和滞后二期也作为工具变量,其余模型自动加入的工具变量不做赘述。表 6-7 中报告了 GMM C 统计量及其 P 值,即 Sargan 差,研究显示,P 值均大于 0.05,无法支撑腐败惩治、与基准国家的腐败距离、经济发展水平、经济增长水平等解释变量具有内生性的备择假设,因此,模型的设定并不存在内生性问题。

2. 稳健性讨论。稳健性讨论一:表 6-4 到表 6-7 采用了不同的研究方法,探讨腐败惩治与腐败距离对引进外资和对外投资的影响,研究结果显示,对世界多数国家而言,腐败惩治与引进外资和对外投资正相关,而腐败距离与引进外资和对外投资负相关,且影响显著。在内生性问题讨论的表 6-7 中,采用 GMM 估计方法,其结果也同样一致。尽管少数部分系数不显著,但其符号仍然一致,有一定参考价值,研究结论具有稳健性。稳健性讨论二:表 6-5

到表6-7中关于腐败距离对引进外资和对外投资的影响,采用了与美国的腐败距离和与日本的腐败距离两个指标来度量腐败距离,在不同的指标选取与研究方法下得出了相类似的结论,即腐败距离越大,越不利于世界多数国家开展引进外资和对外投资。

第四节　拓展分析:分组样本回归结果

上述分析已得出较为稳健性结论:对于世界多数国家而言,腐败惩治越严厉越有利于各国开展引进外资和对外投资(符合假设1),腐败距离越大越不利于开展引进外资和对外投资(符合假设2),现对分组回归结果进行进一步讨论。

一、腐败惩治对国际直接投资影响:分组回归

按照腐败距离均值把样本分为腐败距离大于均值的样本(腐败距离较大的国家)和腐败距离小于均值的样本(腐败距离较小的国家),研究腐败惩治对引进外资和对外投资的影响,并进一步采用引入交叉项的邹至庄检验(Chow Test),探讨腐败惩治对引进外资和对外投资的影响,在分组回归中是否存在组间系数差异,探讨其在不同的样本中表现是否一致。

表6-8　腐败惩治对国际直接投资的影响:腐败距离较小的国家

	引进外资				对外投资			
	(1)	(2)	(3)	(4)	(5)	(6)	(7)	(8)
腐败惩治	300.674***	294.802***	196.584**	192.740**	648.522***	632.185***	582.459***	562.813***
	(3.79)	(3.75)	(2.12)	(2.10)	(5.96)	(5.75)	(4.35)	(4.14)
经济发展水平	0.278***	0.278***	0.251***	0.252***	0.394***	0.407***	0.310***	0.334***
	(3.64)	(3.65)	(3.25)	(3.29)	(3.54)	(3.64)	(3.06)	(3.32)
政府支出规模	−247.467**	−261.782**	−140.531	−150.680*	−478.560**	−506.601**	−591.280***	−596.364***
	(−2.11)	(−2.25)	(−1.60)	(−1.68)	(−2.43)	(−2.55)	(−2.80)	(−2.84)

续表

	引进外资				对外投资			
	（1）	（2）	（3）	（4）	（5）	（6）	（7）	（8）
人口规模	135.684 ***	135.845 ***	107.220 ***	107.372 ***	295.065 ***	293.514 ***	256.819 ***	255.625 ***
	(3.79)	(3.80)	(5.03)	(5.06)	(4.25)	(4.19)	(5.86)	(5.79)
经济增长	−587.356	−706.623	−687.304	−824.823	−291.924	−327.967	−1.0e+03	−1.1e+03 *
	(−1.21)	(−1.40)	(−1.34)	(−1.56)	(−0.43)	(−0.47)	(−1.62)	(−1.72)
关税壁垒	−740.745 ***	−734.003 ***	−695.515 ***	−700.691 ***	−1.2e+03 ***	−1.2e+03 ***	−503.578 *	−574.644 **
	(−3.98)	(−3.95)	(−3.30)	(−3.31)	(−3.46)	(−3.49)	(−1.97)	(−2.10)
国内税负	−159.494	−156.664	−135.783	−128.263	−455.549 ***	−438.279 ***	−409.249 **	−394.242 **
	(−1.43)	(−1.42)	(−0.95)	(−0.89)	(−2.97)	(−2.92)	(−2.48)	(−2.39)
债务规模	74.260 *	72.751 *	30.536	29.481	335.956 ***	337.970 ***	254.940 ***	256.322 ***
	(1.75)	(1.71)	(0.74)	(0.71)	(4.56)	(4.55)	(3.87)	(3.85)
失业水平	139.283	127.343	106.047	89.445	435.282 **	428.511 **	182.776	164.835
	(1.36)	(1.22)	(1.05)	(0.84)	(2.51)	(2.45)	(1.27)	(1.10)
通货膨胀水平	1504.725 ***	1463.068 ***	1347.007 ***	1287.017 ***	−443.559	−583.596	−211.384	−391.142
	(3.69)	(3.32)	(3.76)	(3.21)	(−0.76)	(−1.01)	(−0.41)	(−0.75)
常数项	−1.0e+04	−7.0e+03	−1.0e+03	1984.820	−2.9e+04 ***	−2.6e+04 **	−9.3e+03	−6.8e+03
	(−1.53)	(−0.99)	(−0.11)	(0.22)	(−2.92)	(−2.28)	(−0.83)	(−0.55)
样本数	298.000	298.000	298.000	298.000	276.000	276.000	276.000	276.000
调整后的 R2	0.448	0.445	0.524	0.522	0.574	0.572	0.650	0.648
时间效应	N	Y	N	Y	N	Y	N	Y
地区固定效应	N	N	Y	Y	N	N	Y	Y
国家类型固定效应	N	N	Y	Y	N	N	Y	Y
聚类稳健型标准误	Y	Y	Y	Y	Y	Y	Y	Y

数据来源:美国传统基金会 2013—2016《世界经济自由度指数》、联合国贸易和发展会议组织 2017《世界投资报告》与 Stata13.0 统计输出, * P<0.1, ** P<0.05, *** P<0.01,样本以腐败距离均值为标准进行分类。

表 6-8 显示,无论采用 OLS 回归、时间效应模型、个体效应模型或是双向固定效应模型的分析方法,其结论均类似,腐败惩治对引进外资和对外投资的影响,系数均显著为正,这意味着在腐败距离较小的国家,腐败惩治越严厉,越有利于其开展国际直接投资的结论稳健可靠,符合假设 1。

表 6-9　腐败惩治对国际直接投资的影响:腐败距离较大的国家

	引进外资				对外投资			
	（1）	（2）	（3）	（4）	（5）	（6）	（7）	（8）
腐败惩治	-18.046	-0.713	-34.846	-12.572	-209.579 **	-172.806 **	-257.697 ***	-203.623 **
	(-0.36)	(-0.01)	(-0.57)	(-0.19)	(-2.37)	(-2.07)	(-2.62)	(-2.23)
经济发展水平	0.446 ***	0.457 ***	0.448 ***	0.469 ***	0.445 ***	0.449 ***	0.601 ***	0.637 ***
	(5.33)	(5.32)	(4.56)	(4.65)	(3.24)	(3.35)	(3.11)	(3.31)
政府支出规模	-66.893 ***	-70.131 ***	-53.728 **	-57.018 **	-42.673	-44.119	-32.900	-34.523
	(-2.75)	(-2.77)	(-2.21)	(-2.24)	(-0.73)	(-0.75)	(-0.49)	(-0.49)
人口规模	52.596 ***	52.443 ***	53.336 ***	53.143 ***	85.856 **	85.428 **	87.963 **	87.555 **
	(5.08)	(5.05)	(5.00)	(4.98)	(2.57)	(2.56)	(2.58)	(2.57)
经济增长	-10.226	-11.782	41.161	29.909	250.715	249.627	325.938 *	303.643
	(-0.10)	(-0.12)	(0.41)	(0.30)	(1.44)	(1.44)	(1.68)	(1.62)
关税壁垒	-154.695 ***	-145.794 ***	-148.569 **	-149.949 **	-281.218 ***	-269.262 **	-514.035 ***	-540.890 ***
	(-3.03)	(-2.80)	(-2.31)	(-2.30)	(-2.63)	(-2.53)	(-2.61)	(-2.70)
国内税负	97.459 *	97.236 *	94.027 *	94.379 **	131.733	131.396	141.756	147.830
	(1.93)	(1.94)	(1.95)	(1.97)	(1.51)	(1.53)	(1.39)	(1.45)
债务规模	-34.290 **	-34.165 **	-30.286 **	-29.475 **	-70.398 **	-69.824 **	-65.286 **	-62.550 **
	(-2.52)	(-2.49)	(-2.48)	(-2.41)	(-2.44)	(-2.43)	(-2.15)	(-2.11)
失业水平	-13.022	-23.249	-29.700	-42.063 **	22.099	-4.930	-61.257 *	-106.913 ***
	(-0.99)	(-1.51)	(-1.59)	(-2.12)	(0.84)	(-0.18)	(-1.85)	(-2.71)
通货膨胀水平	-82.472 **	-91.786 **	-97.023 **	-109.649 ***	-273.013 ***	-296.150 ***	-325.950 ***	-366.768 ***
	(-2.38)	(-2.55)	(-2.47)	(-2.66)	(-2.77)	(-2.95)	(-2.91)	(-3.04)

续表

	引进外资				对外投资			
	（1）	（2）	（3）	（4）	（5）	（6）	（7）	（8）
常数项	2587.849	2703.126	-3.0e+03	-3.3e+03	6084.392	7021.384*	-1.2e+03	-1.4e+03
	(1.33)	(1.28)	(-1.48)	(-1.49)	(1.58)	(1.75)	(-0.29)	(-0.35)
样本数	410.000	410.000	410.000	410.000	336.000	336.000	336.000	336.000
调整后的 R2	0.591	0.592	0.602	0.602	0.430	0.427	0.428	0.428
时间效应	N	Y	N	Y	N	Y	N	Y
地区固定效应	N	N	Y	Y	N	N	Y	Y
国家类型固定效应	N	N	Y	Y	N	N	Y	Y
聚类稳健型标准误	Y	Y	Y	Y	Y	Y	Y	Y

数据来源:美国传统基金会 2013—2016《世界经济自由度指数》、联合国贸易和发展会议组织 2017《世界投资报告》与 Stata13.0 统计输出,* P<0.1,** P<0.05,*** P<0.01,样本以腐败距离均值为标准进行分类。

表 6-9 的研究结果显示,在腐败距离较大的国家中,腐败惩治对引进外资与对外投资的影响表现出了一定的负向显著影响,但是这种显著性在引进外资上并不具备,这意味着腐败惩治对于腐败距离较大的国家,一定程度上存在"摩擦效应"。

为了判断表 6-8 和表 6-9 的相同分组回归方法的腐败惩治系数是否存在组间系数差距,本书采用邹至庄检验方法,通过引入虚拟变量交叉项检验组间系数差异的显著性,在检验过程中放松了只允许腐败惩治系数存在组间差异的较为严格的假定,允许所有的变量在两组之间存在系数差异,同时为了考虑干扰项存在组间异方差的问题,采用聚类稳健型标准误进行估计。估计结果显示,所有的分组回归组间系数差异检验的 P 值均小于 0.05,意味着在 5%水平下,腐败惩治对引进外资和对外投资的影响,存在显著的组间系数差异。即对于腐败距离较小的国家腐败惩治正向影响引进外资和对外投资,符合假设 1;对于腐败距离较大的国家腐败惩治对引进外资的影响不显著,显著负向影响对外投资,不符合假设 1。

二、腐败距离对国际直接投资影响:分组回归

按照腐败惩治均值把样本分为腐败惩治大于均值(腐败惩治较为严厉的国家)的样本和腐败惩治小于均值的样本(腐败惩治较不严厉的国家),研究腐败距离对引进外资和对外投资的影响,并进一步同样采用邹至庄检验的方法,判断分组回归后组间系数差异的显著性。

表 6-10   腐败距离对国际直接投资的影响:腐败惩治较为严厉的国家

	引进外资				对外投资			
	(1)	(2)	(3)	(4)	(5)	(6)	(7)	(8)
与美国腐败距离	-261.970**	-250.914**	-248.467	-244.510	-619.705***	-584.351***	-814.363***	-770.231***
	(-2.15)	(-2.01)	(-1.61)	(-1.56)	(-3.25)	(-3.14)	(-3.74)	(-3.56)
经济发展水平	0.305***	0.305***	0.284***	0.284***	0.425***	0.439***	0.369***	0.401***
	(3.98)	(3.97)	(3.57)	(3.54)	(5.30)	(5.45)	(4.03)	(4.33)
政府支出规模	-273.141**	-288.190**	-126.511	-135.166	-510.005***	-560.240***	-467.368**	-474.161**
	(-2.03)	(-2.15)	(-1.25)	(-1.33)	(-2.61)	(-2.86)	(-2.29)	(-2.36)
人口规模	239.453***	239.739***	169.494***	169.777***	526.674***	527.315***	434.368***	437.091***
	(11.58)	(11.60)	(5.13)	(5.11)	(8.02)	(8.13)	(7.69)	(7.80)
经济增长	-623.876	-725.797	-760.184	-879.279	-553.448	-658.197	-1.3e+03*	-1.5e+03**
	(-1.18)	(-1.33)	(-1.31)	(-1.45)	(-0.68)	(-0.82)	(-1.75)	(-1.97)
关税壁垒	-673.348***	-664.959***	-653.166***	-660.499***	-1.1e+03***	-1.1e+03***	-622.092**	-754.068***
	(-3.39)	(-3.35)	(-2.80)	(-2.80)	(-3.04)	(-3.08)	(-2.31)	(-2.62)
国内税负	-31.944	-28.701	-141.263	-133.942	-132.685	-114.377	-270.196	-255.822
	(-0.33)	(-0.29)	(-1.03)	(-0.97)	(-0.89)	(-0.79)	(-1.53)	(-1.45)
债务规模	17.036	16.274	-8.824	-9.299	207.218***	210.509***	152.838***	157.837***
	(0.34)	(0.33)	(-0.18)	(-0.18)	(3.72)	(3.74)	(2.86)	(2.91)
失业水平	72.182	65.426	113.918	100.444	184.257	190.911	42.123	17.165
	(0.79)	(0.69)	(1.24)	(1.03)	(0.99)	(1.01)	(0.24)	(0.10)

续表

	引进外资				对外投资			
	（1）	（2）	（3）	（4）	（5）	（6）	（7）	（8）
通货膨胀水平	1103.444***	1031.012**	1106.536***	1033.662***	-1.1e+03**	-1.4e+03**	-623.096	-1.0e+03**
	(2.79)	(2.44)	(3.15)	(2.66)	(-2.05)	(-2.38)	(-1.27)	(-2.00)
常数项	1.2e+04	1.5e+04*	1.8e+04*	2.0e+04*	2.1e+04**	2.5e+04**	4.0e+04***	4.2e+04***
	(1.58)	(1.87)	(1.68)	(1.84)	(1.99)	(2.24)	(3.02)	(3.16)
样本数	284.000	284.000	284.000	284.000	262.000	262.000	262.000	262.000
调整后的R2	0.460	0.457	0.509	0.505	0.614	0.615	0.651	0.652
时间效应	N	Y	N	Y	N	Y	N	Y
地区固定效应	N	N	Y	Y	N	N	Y	Y
国家类型固定效应	N	N	Y	Y	N	N	Y	Y
聚类稳健型标准误	Y	Y	Y	Y	Y	Y	Y	Y

数据来源:美国传统基金会2013—2016《世界经济自由度指数》、联合国贸易和发展会议组织2017《世界投资报告》与Stata13.0统计输出,* P<0.1,** P<0.05,*** P<0.01,样本以腐败惩治均值为标准进行分类。

表6-10的研究结果显示,在腐败惩治较为严厉的国家,腐败距离对引进外资和对外投资的影响显著为负,无论采用何种模型方法,均得出相类似的结论。尽管表6-10中模型(3)和模型(4)的显著性不理想,但其符合仍然为负,具有一定的参考价值,意味着在腐败惩治较为严厉的国家,腐败距离越大,越不利于其开展国际直接投资,结论稳健可靠,符合假设2。

表6-11　腐败距离对国际直接投资的影响:腐败惩治较不严厉的国家

	引进外资				对外投资			
	（1）	（2）	（3）	（4）	（5）	（6）	（7）	（8）
与美国腐败距离	-22.977	-15.118	-18.071	-10.712	147.530*	156.513*	188.818**	198.001**
	(-0.42)	(-0.27)	(-0.26)	(-0.15)	(1.72)	(1.84)	(1.99)	(2.10)

续表

	引进外资				对外投资			
	（1）	（2）	（3）	（4）	（5）	（6）	（7）	（8）
经济发展水平	0.449***	0.463***	0.461***	0.493***	0.475***	0.487***	0.646***	0.699***
	(5.66)	(5.70)	(4.77)	(4.93)	(3.55)	(3.70)	(3.46)	(3.69)
政府支出规模	−73.339***	−77.911***	−55.945**	−60.856**	−49.425	−54.785	−41.302	−47.279
	(−2.86)	(−2.88)	(−2.17)	(−2.20)	(−0.77)	(−0.83)	(−0.56)	(−0.61)
人口规模	56.598***	56.596***	57.727***	57.684***	98.462***	98.477***	100.617***	100.650***
	(5.76)	(5.75)	(5.70)	(5.70)	(3.11)	(3.10)	(3.13)	(3.12)
经济增长	6.109	0.045	25.613	9.191	278.605	267.506	329.490*	292.714
	(0.06)	(0.00)	(0.25)	(0.09)	(1.57)	(1.50)	(1.67)	(1.52)
关税壁垒	−113.653**	−106.897*	−112.158	−123.794*	−266.787**	−261.929**	−538.148***	−587.081***
	(−2.05)	(−1.90)	(−1.56)	(−1.74)	(−2.47)	(−2.42)	(−2.72)	(−2.90)
国内税负	119.696**	121.446**	121.654**	124.706**	154.703*	158.161*	171.331	181.384
	(2.24)	(2.26)	(2.28)	(2.30)	(1.67)	(1.70)	(1.58)	(1.63)
债务规模	−32.492**	−32.758**	−26.443*	−25.879*	−77.043**	−76.736**	−74.250**	−71.402**
	(−2.21)	(−2.21)	(−1.95)	(−1.90)	(−2.45)	(−2.44)	(−2.25)	(−2.18)
失业水平	−22.616	−34.147*	−35.579*	−50.197**	29.764	8.071	−58.672*	−99.601**
	(−1.51)	(−1.92)	(−1.83)	(−2.35)	(1.05)	(0.28)	(−1.65)	(−2.50)
通货膨胀水平	−79.896**	−96.811***	−97.285***	−121.146***	−304.015***	−330.133***	−356.105***	−405.512***
	(−2.39)	(−2.79)	(−2.61)	(−3.04)	(−3.25)	(−3.49)	(−3.35)	(−3.55)
常数项	2484.804	3065.392	−3.6e+03	−3.5e+03	−7.0e+03	−5.7e+03	−1.7e+04**	−1.6e+04**
	(0.97)	(1.13)	(−0.77)	(−0.74)	(−1.44)	(−1.20)	(−2.48)	(−2.46)
样本数	424.000	424.000	424.000	424.000	350.000	350.000	350.000	350.000
调整后的R2	0.616	0.616	0.623	0.625	0.495	0.492	0.495	0.494
时间效应	N	Y	N	Y	N	Y	N	Y
地区固定效应	N	N	Y	Y	N	N	Y	Y

续表

	引进外资				对外投资			
	（1）	（2）	（3）	（4）	（5）	（6）	（7）	（8）
国家类型固定效应	N	N	Y	Y	N	N	Y	Y
聚类稳健型标准误	Y	Y	Y	Y	Y	Y	Y	Y

数据来源：美国传统基金会 2013—2016《世界经济自由度指数》、联合国贸易和发展会议组织 2017《世界投资报告》与 Stata13.0 统计输出，* P<0.1，** P<0.05，*** P<0.01，样本以腐败惩治均值为标准进行分类。

如表 6-11 所示，在腐败惩治较不严厉的国家样本中，腐败距离对引进外资的影响不显著，但其腐败均为负，采用同样的邹至庄检定的方法判断其与表 10 中分组回归结果腐败距离系数显著性差异发现，腐败距离对于引进外资的影响，在两类样本中并不存在显著的组间系数差异。因此认为，腐败距离对引进外资的影响显著为负，且这一结果在分组回归中的差异不显著。在表 6-11 中，腐败惩治较不严厉的国家样本，腐败距离对对外投资的影响显著为正，且与表 6-10 的模型（5）—（8）进行对比，开展组间系数差异检验，在 10% 的显著水平上，两组样本的腐败距离系数存在显著的组间系数差异。因此认为，对于所有国家而言，腐败距离负向显著影响引进外资，符合假设 2；对于腐败惩治较为严厉的国家，腐败距离负向影响对外投资，符合假设 2；对于腐败惩治较不严厉的国家，腐败距离正向影响对外投资，不符合假设 2。

三、腐败惩治对国际直接投资的影响：关系与成因

上述研究得到了较为稳健可靠的结论，但这些结论在不同的分组回归中部分存在显著差异，这些结论的内在的原因是什么？在此予以探讨。

第一，在腐败惩治较为严厉的国家及腐败距离较小的国家，通常制度环境较好，腐败行为较少，母国投资者在开展国际直接投资时会充分考虑文化、制度等环境差异而带来的不确定性大小与成本风险，以控制开展国际直接投资带来的额外成本，以获取投资的极大化收益，而寻租成本就是额外成本中的重要组成部分。这类国家占世界国家引进外资和对外投资的比重大，其对国际

直接投资起主导作用。因此,以世界多数国家为样本的研究结论与这些国家相类似。具体来说,对这类国家的母国投资者而言,其比较熟悉在清廉的环境中开展投资活动,极少拥有开展寻租活动的经验,因此,在其开展国际直接投资活动的过程中,通常会选择较为清廉东道国进行国际直接投资,以避免因"水土不符"而带来的投资失败问题。因此,腐败惩治越严厉、与基准的腐败距离越小、越清廉的国家,会获得引进外资的竞争优势。另一方面,这类国家通常为经济实力较强,制度相对完善,跨国公司多且发展成熟,拥有明显的所有权优势、内部化优势,这些国家开展对外投资时重视并有实力进行区位的选择,从而能够在国际直接投资中获益。

第二,在腐败惩治较不严厉、与基准的腐败距离较大的国家中,腐败惩治及腐败距离对引进外资的影响不显著,对对外投资的影响与腐败惩治较为严厉、与基准腐败距离较小的国家表现相反。其原因与上述类似,即:来自清廉环境较差国家的投资者同样会考虑由于文化、制度等环境差异而带来的不确定性和成本风险,追求收益极大化势必推动其控制对外投资的寻租等额外成本;不过比较而言,这些投资者熟悉在清廉程度低的环境中开展投资活动,其寻租活动的经验丰富,因此,其对腐败的环境能够相对较好的适应,腐败一定程度上给这类国家带来了额外经济租;其若在清廉的投资环境中开展对外直接投资,则能获取东道国腐败次优选择的"寻租"红利,有时,对东道国次优"腐败"资源配置"润滑效应"的利用也将带来对外投资的发展。因此,对于此类国家,清廉投资环境在其投资决策过程中的权重相对较轻。另一方面,在引进外资的过程中,这些国家的吸引力并不在于制度环境,其资源禀赋、要素成本如充足且廉价劳动力等,成为引进外资的主要吸引力,从而弱化了腐败惩治与腐败距离对这类国家引进外资的影响。

第五节　启示:严惩腐败营造良好对外直接投资环境

腐败惩治与腐败距离作为制度环境中的重要组成部分,对国际直接投资产生了重要的影响。本书采用世界多数国家2013—2016年的跨国面板数据,以及四类分组国家为研究对象,研究发现:

第一,廉洁的国际直接投资环境是投资的区位优势的基本体现,这一结论无论对任何分组类型的国家均合适,即环境越清廉良好,越有利于引进外资或对外投资。跨国公司投资正常运行的条件即 OIL 模式的不可分性,内生地决定了企业的所有权优势和内部化优势必须同时以区位优势为基础。腐败惩治越严厉,区位优势就越凸显,这符合国际直接投资的发生机制:国际直接投资之所以发生,是跨国公司追求要素成本和交易成本最小化的结果,惩治腐败必然产生交易成本降低的效果,因此腐败惩治将有利于所有国家的国际直接投资发展。

第二,国家之间的腐败差异程度的客观存在,迫使企业在其他国家的投资过程必然要进入一个适应机制,腐败距离大小决定了企业调适的难度、时间和成本,制约了不同类型国家之间的国际直接投资规模和质量,甚至影响了不同或者类型国家之间的国际直接投资进入的速度和效率。腐败距离不过是制度距离的体现,对制度距离的调适,存在向上调适和向下调适的选择问题。国家向更严厉的反腐败标准看齐,符合本书揭示的腐败与国际直接投资的基本关系和趋势;企业为了寻求投资效率而向下调适,顺应当地的腐败态势,必然增强了企业海外发展的不确定性。因此,为了减少本国企业对外投资风险和防止本国腐败对外来投资的侵蚀,加强反腐缩小腐败距离应是制度改进的基本方向。

本书延续了制度经济学与国际直接投资研究关于腐败等制度因素对国际直接投资影响的研究,将国家的腐败惩治与腐败距离作为开展国际直接投资的重要外部制度变量,通过量化分析,力图回答了这样的问题,即:投资环境与资源禀赋在国际直接投资区位发现过程中孰轻孰重? 研究的答案其实已很明确。世界无净土,但是相对清廉的投资环境仍然是国际企业必须寻求的第一要素,也是各国政府有责任去构建的制度环境。从长期看,在腐败的环境中不可能获取国际直接投资的可持续的增长效应,国际企业如追求"多花钱好办事"的行为模式,最终会在投资安全这一底线上承付沉重的代价。中国在成长成为世界第三大对外投资大国过程中,所遭遇的投资失败的案例已经反证了上述观点。

第七章　结语:助力新时代中国 对外直接投资发展

本书基于对外直接投资的异质性国家理论、对外直接投资的母国增长效应理论、Rugman 的国家企业竞争优势理论,纳入中国对外直接投资的母国特殊性、企业特殊性与东道国特殊性等三层次特殊性,构成了本书基于中国对外直接投资特殊性的母国增长效应的理论分析视角,并在此视角下开展经验分析。识别中国对外直接投资特殊性的母国增长效应特殊性内容,以及中国对外直接投资母国增长效应特殊性的来源,并展开了国别对比分析,得出相应结论。

第一节　结　语

一般来说,对外直接投资的母国增长效应研究的是西方发达国家建立在其制度环境优势基础上,培育出所有权优势,区域优势,与内部化优势。企业先在国内壮大发展,再开展对外直接投资海外经营。通常来说,对外直接投资能够带来母国增长效应,这种母国增长效应既包括促进效应,也包括挤出效应,还包括综合效应的发挥,不同的研究者得出了涉及发达国家对外直接投资母国就业、产业、贸易、经济、生产率等方面的不同增长效应的差异化结论。然而,中国的对外直接投资由于是建立在中国社会主义市场经济特殊的制度环境基础上的,有中央权利地方化的中央直管特色,其企业分为大型国企和中小企业。大型企业在国际化过程中主要肩负着获取利益与社会经济发展目标的双重任务,而民营中小型企业的国际化则是为规避国内运营成本过高的"新进者劣势",首先开展海外经验获取"外资身份"再回到母国"制度套利"。中国的对外直接投资具有特殊性,无论是母国方面,企业方面,还是东道国方面都具有不同。

为回答"中国对外直接投资的特殊性是否带来母国增长效应的特殊性?"的核心问题,本书建立在一般对外直接投资母国增长效应的多层次母国增长效应理论分析基础上,基于对外直接投资的异质性理论,并嵌入 Rugman 的国家特定竞争优势理论与企业特定竞争优势理论,构成本书的理论分析视角。在本书的理论分析视角下,首先开展中国对外直接投资特殊性的识别与描述性统计分析,发现中国的对外直接投资无论是企业层面,东道国层面还是母国层面都具有特殊性,并归纳出了中国对外直接投资多个的特殊性。基于中国对外直接投资的特殊性,通过四个实证分析,对中国母国增长效应的特殊性进行识别与来源分析。首先识别中国对外直接投资的特殊性是否带来母国经济增长效应的特殊性,发现答案是肯定的。然后,分析中国对外直接投资的特殊性带来的母国增长效应的特殊性是来自东道国特殊性、母国特殊性还是企业特殊性。最后,对比分析一般发达国家、日本、中国无优势的跨国企业与"一带一路"倡议下的中国对外直接投资的特殊性的母国增长效应的不同之处以及"殊途同归"的问题,加深对核心问题的理解。并得出了以下结论:

第一,研究中国对外直接投资的特殊性问题及其母国增长效应,不能简单笼统的使用西方国家研究者分析发达国家问题的方法,应该建立在一般对外直接投资带来母国多层面增长效应的机制上,纳入对外直接投资的异质性理论,并考虑对外直接投资企业特殊性、东道国特殊性与母国特殊性等三个方面,构建理论分析视角,需要一个全新的研究视角分析基于中国对外直接投资特殊性的母国增长效应。

第二,中国的对外直接投资具有特殊性。中国对外直接投资企业自身具有特殊性,总体来说,企业规模较小,实力不足,不具备发达国家对外直接投资企业的所有权优势和内部化优势。具体来说,中国对外直接投资企业分为国有大型企业和民营中小型企业,前者受政府政策与资金的支撑较多,具有获利与实现国家发展双重目标的对外直接投资动力。民营中小型企业国内运营成本较高,先开展海外经营后回母国壮大,开展"制度套利",使得中国企业的对外直接投资动机、方式及路径选择等方面都具有特殊性。中国对外直接投资的东道国具有特殊性,国有企业偏好资源充足,技术水平高的东道国,较少考虑东道国经验环境与政治风险,中小型企业对东道国的运营环境、融资环境及生存空间的要求较高;中国对外直接投资的母国具有特殊性,在法律制度、知识产权保护、政府管理能力等方面都不及发达国家,无论是正式制度还是非正式制度来看,都具有社会主义市场经济特色,且对于国有大型企业的对外直接投资的资金与政策支持力度强于发达国家。具体来说,中国对外直接投资的特殊性表现在规模巨大、趋势发展良好、并购为主、偏好于发达国家与海外避税地、集中于服务业与制造业、东中西部地区特色明显、社会主义市场经济特色明显等方面。

第三,中国对外直接投资的特殊性能够带来母国增长效应的特殊性,且这种特殊性表现在两个方面。其一,中国对外直接投资具有特殊性,主要受母国制度影响,表现在社会经济等多个层面上,中国的对外直接投资在短期中需要支付一个沉没成本,中国对外直接投资的短期母国增长效应并不明显,在长期,中国的对外直接投资将正向冲击母国经济增长,且与中国制度和经济社会环境的多方面要素相关;其二,中国对外直接投资的特殊性来源于中国对外直接投资自身特殊性、母国特殊性还有东道国特殊性。发现,中国对外直接投资的母国增长效应主要是来源于中国对外直接投资自身特殊性,规模较大的对外直接投资受母国特殊性与东道国特殊性的影响都较大,规模较小的对外直接投资受母国特殊性的影响大,主要是受中国国有大型企业与中小型企业特征的影响。

第四,"一带一路"倡议下的中国对外直接投资的母国增长效应是契合了国际产能合作与"开发优先"思想的,能够带来互利共赢的母国增长效应,既不同于西方发达国家"中心—外围"模式与"全球价值链"分工,日本的"雁型模式"与黑字环流,也不同于发展中国家的"羊群效应"和"依附性道路理论",以及中国无优势的跨国企业的"高风险"对外直接投资与中小型企业的"制度套利"行为。

总之,本书建立在国际投资理论基础上,寻找了适用于研究中国这一国家对外直接投资特殊性基础上的母国增长效应问题,构建了理论分析视角,在明确中国对外直接投资特殊性的基础上展开实证研究与国别分析经验对比。结合现行的"一带一路"倡议进行了分析,对于国际投资理论的发展与研究中国对外直接投资母国增长效应的特殊对象提供了一定的理论支撑与经验证据,拥有一定的边际贡献。

第二节　政策含义

中国对外直接投资具有特殊性,国有企业与中小型企业的发展路径不同,但都带来了较大的沉没成本,影响了母国增长效应的发挥。同时,中国对外直接投资的母国增长效应发挥受自身特殊性、母国特殊性与东道国特殊性的影响,需要培养各个层面的竞争优势。另一方面,"一带一路"倡议下的对外直接投资母国增长效应与其他国家类型的对外直接投资母国增长效应有较大差距,拥有前所未有的优势与先进性,但不同国家对外直接投资的特殊性仅会在特定的阶段存在,最终都将"殊途同归",回归到一般发达国家跨国企业的OLI竞争优势基础上,由生产率决定其对外直接投资的成败问题。建立在本书分析基础上,得出了相应的政策含义:

第一,中国的对外直接投资具有特殊性,国有大中型企业的对外直接投资建立在国家充足的资金支持与政策支撑的基础上,具有获取经济利益与实现国家发展目标的双重目的,因此,倾向投资于资金需求大、准入门槛高、投资回报周期长、风险大的行业领域,或一般对外直接投资资本不愿涉足或难以涉足的东道国领域;中小型企业的对外直接投资具有规模小微、资金支持不足、国内运营成本高、行政成本高等的特点,迫于国内"新进者劣势",在选择国内运营前率先开展对外直接投资,获取"外资身份"再回国"制度套利"。因此,倾向投资于东道国利基市场,以便发挥其灵活性高、创新能力强与适应能力强的优势,赚取运营利润。二者的运营都需要较长的周期,才能带来母国增长效应,中国对外直接投资不同周期的母国增长效应具有差异。由于国企和中小型企业对外直接投资的这种特殊性,中国对外直接投资带来的母国经济增长效应发挥,需要投入大量的沉没成本。鉴于此,一方面应该优化中国的中央权利的地方化制度,从制度入手,变革各省份间的政绩竞争与考核制度,使得各省份间的关系更多的由"竞争关系"转化为合作关系。支持民营中小型企业发展,降低国内运营成本,培育中国中小型企业的竞争优势,从政策、资金、知识产权保护、行政规范与法律规范等方面,规范中小型企业的发展,为中小型企业的壮大提供政策支撑和保障;另一方面,需要发挥国有企业拥有的政府资金支持与政策支撑优势,使资金基础有保障,能够集中力量办大事,在"一带一路"地区大力推动基础设施建设,投资于境外产业园区的建设发展。另外,国有企业在开展对外直接投资的过程中,应该充分论证对外直接投资项目的合理性与可行性,防范投机风险,降低投资失败的概率,降低短期投资所消耗的沉没成本。

第二,因为中国对外直接投资特殊性的母国增长效应,受到对外直接投资自身特殊性,对外直接投资东道国特殊性,与对外直接投资母国特殊性等多方面的影响。其中,对外直接投资的自身特殊性影响最大,对外直接投资的母国特殊性影响次之,对外直接投资的东道国特殊性影响最小。因此,在发挥中国对外直接投资特殊性的母国增长效应时,要着重从"内因"入手,培育从事对外直接投资主体企业的竞争优势。中国跨国企业主要受自身规模较小,缺乏不可替代性竞争优势,国内运营成本过高,以及整合资源能力不足,技术能力缺乏等方面的限制。需大力培育国内企业竞争优势,大力支持技术创新与科技发展,发展规模化经营,培育竞争优势。国家层面也要着重培育对外直接投资的母国竞争优势,制定完善的制度与法律法规体系,创造良好的经营环境,保护自主知识产权,支持国有企业的发展,大力推动中小型企业的发展,提供良好的母国经营环境。同时,在进入东道国前,应充分考虑东道国的经济、政治、文化、法律、制度等多层面要素与中国母国的差距,深入考虑东道国的特殊性,在选择东道国时,把风险和不确定性降低到最小的程度。

第三,中国对外直接投资的特殊性带来了母国增长效应的特殊性,西方发达国家、日本、"一带一路"地区与中国无优势的跨国企业表现各异。"一带一路"倡议下的中国对外直接投资的母国增长效应契合了国际产能合作与"开发优先"发展战略的合作模式,不仅有利于自身母国增长效应的发挥,也能推动其他国家增长效应的发挥。我国应该加大在"一带一路"地区的投资力度,在亚投行和"丝路基金"的支持下大力推动对外直接投资,发挥中国公有制经济主体的优势,集中力量办大事,搭建"一带一路"地区开放发展的国际合作平台。提供政治、经济、文化、教育等多方面的合作交流,促进基础设施互联互通,民心沟通,政策沟通,贸易畅通,资金融通等"五通"政策的发展,为"开发优先"战略与国际产能合作提供更有利的契合点,通过对外直接投资带动母国增长效应的发挥。

第三节 展 望

由于在数据的可得性方面存在一定的问题,本书尚缺乏研究中国对外直接投母国增长效应的企业层面的经验样本,限于时间精力限制,本书并未能够手动人工收集较为完善的大样本企业层面数据经验进行更为微观细致的分析。本书的理论研究视角,虽然在理论分析方面取得了一定的进步与边际贡献,但限于作者数学建模能力的有限性,并未把问题全部数理逻辑化进行分析。后续研究建议在数据经验样本的选择上进行大量调研与数据收集,获取一手的企业经验样本进行分析,作者已经部分开展此研究工作。并建议把理论分析视角与模型的建立进一步抽象化并数理化,形成逻辑更为缜密的数理模型分析视角进行问题研究。

附　　录

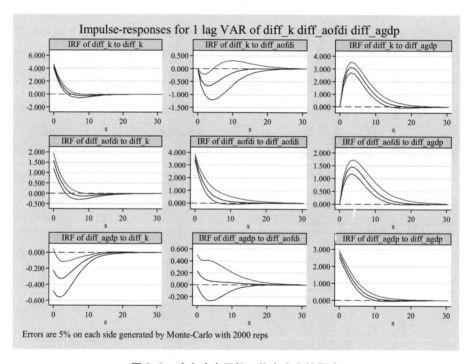

图 3-3　冲击响应函数—能力成本的影响

资料来源:中国国家统计局,中国商务部,由 EPS DATA 整理,Stata13.0 统计输出。

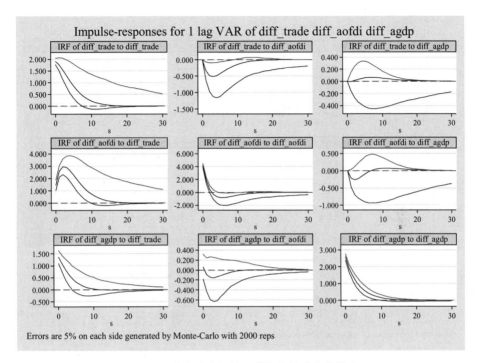

图 3-4　冲击响应函数—科斯交易成本的影响

资料来源：中国国家统计局，中国商务部，由 EPS DATA 整理，Stata13.0 统计输出。

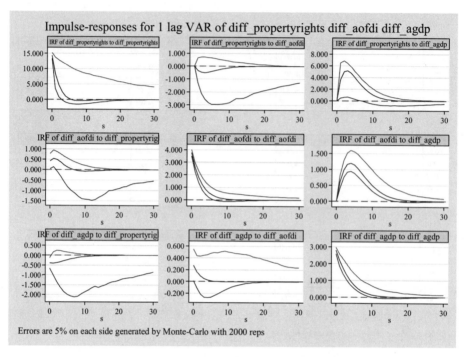

图 3-5　冲击响应函数—行政成本的影响

资料来源：中国国家统计局，中国商务部，由 EPS DATA 整理，Stata13。

参考文献

蔡冬青、周经:《东道国人力资本、研发投入与我国 OFDI 的反向技术溢出》,《世界经济研究》2012 年第 4 期。

陈菲琼、虞晓丹:《企业对外直接投资对自主创新的反馈机制研究:以万向集团 OFDI 为例》,《财贸经济》2009 年第 3 期。

陈俊聪、黄繁华:《对外直接投资与贸易结构优化》,《国际贸易问题》2014 年第 3 期。

陈岩:《中国对外投资逆向技术溢出效应实证研究:基于吸收能力的分析视角》,《中国软科学》2011 年第 10 期。

程惠芳:《对外直接投资比较优势研究》,复旦大学 1998 年博士学位论文。

戴翔:《中国企业"走出去"的生产率悖论及其解释——基于行业面板数据的实证分析》,《南开经济研究》2013 年第 2 期。

单豪杰:《中国资本存量 K 的再估算:1952~2006 年》,《数量经济技术经济研究》2008 年第 10 期。

符磊、李占国:《关于 OFDI 逆向技术溢出的文献述评》,《国际经贸探索》2013 年第 9 期。

付海燕:《OFDI 对中国国际收支影响的机理与实际测算》,《统计研究》2014 年第 31 期。

戈雷、宋立刚主编:《崛起的中国:全球机遇与挑战》,社会科学文献出版社 2012 年版。

葛顺奇、罗伟:《中国制造业企业对外直接投资和母公司竞争优势》,《管理世界》2013 年第 6 期。

何帆：《中国对外投资的特征与风险》，《国际经济评论》2013 年第 1 期。

胡兵等：《东道国腐败与中国对外直接投资——基于跨国面板数据的实证研究》，《国际贸易问题》2013 年第 10 期。

黄益平：《对外直接投资的"中国故事"》，《国际经济评论》2013 年第 1 期。

蒋冠宏、蒋殿春：《绿地投资还是跨国并购：中国企业对外直接投资方式的选择》，《世界经济》2017 年第 7 期。

李国学：《制度约束与对外直接投资模式》，《国际经济评论》2013 年第 1 期。

李磊、白道欢、冼国明：《对外直接投资如何影响了母国就业？——基于中国微观企业数据的研究》，《经济研究》2016 年第 8 期。

李梅、柳士昌：《对外直接投资逆向技术溢出的地区差异和门槛效应——基于中国省际面板数据的门槛回归分析》，《管理世界》2012 年第 1 期。

李梅、袁小艺、张易：《制度环境与对外直接投资逆向技术溢出》，《世界经济研究》2014 年第 2 期。

李雪松、赵宸宇、聂菁：《对外投资与企业异质性产能利用率》，《世界经济》2017 年第 5 期。

李泳：《中国企业对外直接投资成效研究》，《管理世界》2009 年第 9 期。

林念：《从企业扬帆到政府起航——关于国际投资协定的讨论》，《国际经济评论》2013 年第 1 期。

刘海云、聂飞：《中国制造业对外直接投资的空心化效应研究》，《中国工业经济》2015 年第 4 期。

刘军、王恕立：《异质性服务企业、沟通成本与 FDI 动机》，《世界经济》2015 年第 6 期。

陆铭、陈钊：《城市化、城市倾向的经济政策与城乡收入差距》，《经济研究》2004 第 6 期。

聂辉华：《腐败对效率的影响：一个文献综述》，《金融评论》2014 第 1 期。

裴长洪、于燕：《"一带一路"建设与我国扩大开放》，《国际经贸探索》

2015 年第 10 期。

裴长洪、郑文:《国家特定优势:国际投资理论的补充解释》,《经济研究》2011 年第 11 期。

邱立成、杨德彬:《中国企业 OFDI 的区位选择——国有企业和民营企业的比较分析》,《国际贸易问题》2015 年第 6 期。

覃毅、张世贤:《FDI 对中国工业企业效率影响的路径——基于中国工业分行业的实证研究》,《中国工业经济》2011 年第 11 期。

田巍、余淼杰:《企业生产率和企业"走出去"对外直接投资:基于企业层面数据的实证研究》,《经济学(季刊)》2012 年第 2 期。

王碧珺:《被误读的官方数据——揭示真实的中国对外直接投资模式》,《国际经济评论》2013 年第 1 期。

王碧珺、王辉耀:《中国制造业企业对外直接投资:模式、动机和挑战》,《中国对外直接投资研究》,北京大学出版社 2013 年版。

王胜、田涛:《中国对外直接投资区位选择的影响因素研究——基于国别差异的视角》,《世界经济研究》2013 年第 12 期。

王永钦、杜巨澜、王凯:《中国对外直接投资区位选择的决定因素:制度、税负和资源禀赋》,《经济研究》2014 年第 12 期。

王永钦等:《中国对外直接投资区位选择的决定因素:制度、税负和资源禀赋》,《经济研究》2014 年第 12 期。

王跃生、马相东:《全球经济"双循环"与"新南南合作"》,《国际经济评论》2014 年第 2 期。

魏江、王诗翔、杨洋:《向谁同构? 中国跨国企业海外子公司对制度双元的相应》,《管理世界》2016 年第 10 期。

魏巧琴、杨大楷:《对外直接投资与经济增长的关系研究》,《数量经济技术经济研究》2003 年第 1 期。

徐忠、徐荟竹、庞博:《金融如何服务企业走出去》,《国际经济评论》2013 年第 1 期。

许真、陈晓飞:《基于扩展的 IDP 模型的对外直接投资决定因素分析——来自国家面板回归的证据》,《经济问题》2016 年第 2 期。

严兵、张禹、韩剑:《企业异质性与对外直接投资——基于江苏省企业的检验》,《南开经济研究》2014 年第 4 期。

叶德珠、连玉君、黄有光等:《消费文化、认知偏差与消费行为偏差》,《经济研究》2012 年第 2 期。

衣长军、李赛、张吉鹏:《制度环境、吸收能力与新兴经济体 OFDI 逆向技术溢出效应——基于中国省际面板数据的门槛检验》,《财经研究》2015 年第 11 期。

尹东东、张建清:《我国对外直接投资逆向技术溢出效应研究——基于吸收能力视角的实证分析》,《国际贸易问题》2016 年第 1 期。

袁其刚、商辉、张伟:《对外直接投资影响工资水平的机制探析》,《世界经济研究》2015 年第 11 期。

张良悦、刘东:《"一带一路"与中国经济发展》,《经济学家》2015 年第 11 期。

张平:《"一带一路":中国"开发优先"跨国区域合作的探索》,《学习与探索》2017 年第 5 期。

张为付:《影响我国企业对外直接投资的因素研究》,《中国工业经济》2009 年第 11 期。

赵伟、古广东、何元庆:《外向 FDI 与中国技术进步:机理分析与尝试性实证》,《管理世界》2006 年第 7 期。

周升起:《OFDI 与投资国(地区)产业结构调整:文献综述》,《国际贸易问题》2011 年第 7 期。

[美]戴维·罗默:《高级宏观经济学》,王根蓓译,上海财经大学出版社 2010 年版。

[美]约翰·H.邓宁、萨琳安娜·M.伦丹:《跨国公司与全球经济(第二版)》,马述忠等译,中国人民大学出版社 2016 年版。

A Denzer-Schulz. Home Country Effects of Outward Foreign Direct Investment:Theoretical Approach and Empirical Evidence.Interchange,2014.

Alvaro Cuervo-Cazurra & Mehmet Genc(2008),"Transforming Disadvantages into Advantages:Developing-Country MNEs in the Least Developed Countries",

Journal of International Business Studies 39(6):957-979.

Alvaro Cuervo-Cazurra(2008), "Better the Devil you Don't Know:Types of Corruption and FDI in Transition Economies",Social Science Electronic Publishing 14(1):12-27.

Amiti M,Wei S J.Service Offshoring and Productivity:Evidence from the US. World Economy,2009,32(2):203-220.

Andersson U,Forsgren M,Holm U.The Strategic Impact of External Networks: Subsidiary Performance and Competence Development in the Multinational Corporation.Strategic Management Journal,2002,23(11):979-996.

Andrei Shleifer & Robert Vishny(1993), "Corruption",Nber Working Papers 108(3):599-617.

Aristidis P.Bitzenis,Vasileios A.Vlachos.Greece's Outward FDI:A Window for Growth? [M].Athens:Konstantinos Karamanlis Institute for Democracy,2013.

Arvind Jain(2001), "Corruption:A Review",Journal of Economic Surveys 15 (1):71-121.

Baldwin R.,Harrigan J.Zeros,Quality and Space:Trade Theory and Trade Evidence[R].NBER Working Paper,2007.

Barnard H.Overcoming the liability of foreignness without strong firm capabilities — the value of market-based resources.Journal of International Management, 2010,16(2):165-176.

Behrman J N.The role of international companies in Latin American integration:autos and petrochemicals.Lexington Books,1972.

Bernard A B,Redding S J,Schott P K.Multi-product Firms and Trade Liberalization// Meeting Papers.Society for Economic Dynamics,2006:1271-1318.

Berthélemy J.,Démurger S.Foreign Direct Investment and Economic Growth: Theory and Application to China.Review of Development Economics.2000,4(2): 140-155.

Blomkvist K,Drogendijk R.The Impact of Psychic Distance on Chinese Outward Foreign Direct Investments.Management International Review,2013,53(5):

659-686.

Blomström M, Fors G, Lipsey R E. Foreign Direct Investment and Employment: Home Country Experience in the United States and Sweden. Economic Journal, 1997, 107(445): 1787-1797.

Blomström M, Kokko A. Foreign Investment as a Vehicle for International Technology Transfer. 1998.

Blomström, M. and Kokko, A. Multinational Corporations and Spillovers. Journal of Economic Surveys, 1998, 12(3), 247-278.

Boisot M, Meyer M W. Which Way through the Open Door? Reflections on the Internationalization of Chinese Firms. Management & Organization Review, 2008, 4 (3): 349-365.

Brainard S L, Riker D A. Are U.S. Multinationals Exporting U.S. Jobs?. Nber Working Papers, 1997(1).

Buckley P J. Internalisation Theory and Outward Direct Investment by Emerging Market Multinationals. Management International Review, 2017 (5): 1-30.

Castellani D, Zanfei A. Multinationals, innovation and productivity. 2006.

CesareImbriani, Rosanna Pittiglio, Filippo Reganati. Outward Foreign Direct Investment and Domestic Performance: the Italian Manufacturing and Services Sectors. Atl Econ, 2011, 39: 369-381.

Cheung Y, X.W.Qian. The Empirics of China's Outward Direct Investment. Pacific Economic Review, 2009, 3: 312-341.

Chuck Kwok & Solomon Tadesse(2006), "The MNC as an Agent of Change for Host-Country Institutions: FDI and Corruption", Journal of International Business Studies 37(6): 767-785.

Copyright D C, "Anticorruption in Transition A Contribution to the Policy Debate", Washington DC: the World Bank 2000.

Cuervo-Cazurra A. Extending Theory by Analyzing Developing Country Multinational Companies: Solving the Goldilocks Debate. Global Strategy Journal. 2012, 2

（3）：153-167.

Denzer-Schulz A.Home country effects of outward foreign direct investment：theoretical approach and empirical evidence.Interchange,2015,26（2）：211-213.

Desai M A,Foley C F,Hines J R.Domestic Effects of the Foreign Activities of US Multinationals. American Economic Journal Economic Policy, 2009, 1（1）：181-203.

Desai M A,Foley C F,Hines J R.Foreign Direct Investment and the Domestic Capital Stock.American Economic Review,2005,95（2）：33-38.

DiegoQuer,Enrique Claver,Laura Rienda.Political Risk,Cultural Distance,and Outward Foreign Direct Investment：Empirical Evidence from Large Chinese Firms.Asia Pac J Manag,2012,29：1089-1104.

Dierk Herzer.The Long-run Relationship between Outward Foreign Direct Investment and Total Factor Productivity：Evidence for Developing Countries.Journal of Development Studies,2011,47（5）：767-785.

Duning J H,Lundan S.M.Multinational Enterprise and the Global Economy. UK Northampton：Cheltenham,USA：MA,2008.

Dunning B J H, Narula R. Foreign Direct Investment and Governments：Catalysts for Economic Restructuring.1999.

Dunning J H,Lundan S M.Multinational Enterprises and the Global Economy, Second Edition.Books,2015.

Dunning J H.Explaining international production.International Affairs,1988,66（1）：168.

Dunning J H.International production and the multinational enterprise /// International production and the multinational enterprise. Allen & Unwin, 1981：175-176.

Dunning J H.Location and the MultinationalEnterprise：A Neglected Factor?. Journal of International Business Studies,1998,29（1）：45-66.

Dunning J H.Trade,Location of Economic Activity and the MNE：A Search for an Eclectic Approach// The International Allocation of Economic Activity.Palgrave

MacmillanUK,1977:203-205.

Ekholm, K. and Markusen J. Foreign Direct Investment and EU-CEE Integration. Background Paper for the Conference "Danish and International Economic Policy", University of Copenhangen Copenhangen, May 23-24,2002.

Elhanan Helpman, Marc J. Melitz, Stephen R. Yeaple. Export versus FDI with Heterogeneous Firms. The American Economic Review,2004,94(1):300-316.

Findlay R. Relative Backwardness, Direct Foreign Investment, and the Transfer of Technology: A Simple Dynamic Model. Quarterly Journal of Economics,1978,92(1):1-16.

Ghoshal S. Global strategy: An organizing framework. Strategic Management Journal,1987,8(5):425-440.

Hattari R, Ramkisben R.S. Trends and Drivers of Bilateral FDI Flows in Development Asia[R]. HongKong Institute for Monetary Research.2008.

Helpman, Elhanan. A Simple Theory of International Trade with Multinational Corporations[J]. Journal of Political Economy,1984,92(3):451-471.

Helpman E, Melitz M J, Yeaple S R. Export versus FDI with Heterogeneous Firms. American Economic Review,2004,94(1):300-316.

Helpman E. Trade, FDI, and the Organization of Firms. Journal of Economic Literature,2006,44(3):589-630.

Helpman E., Melits M., Rubinstein Y. Estimating Trade Flows: Trading Partners and Trading Volumes. Quarterly Journal of Economics. 2008, 123 (2): 441-487.

Hennart J M A. A Theory of Multinational Enterprise. Neuroreport,1982.

Hetenstein P, Sutherland D, Anderson J. Internationalization within Networks: Exploring the Relationship between Inward and Outward FDI in China's Auto Components Industy. Asia Pacific Journal of Management.2015:1-28.

Huihuang Liu, Huimin Xiao. Firm Heterogeneity and Location Decision of Chinese Outward FDI. y Journal of Advancements in Computing Technology,2013,5(3):822-829.

Javorcik B S.Does Foreign Direct Investment Increase the Productivity of Domestic Firms? In Search of Spillovers through Backward Linkages.American Economic Review,2004,94(3):605-627.

Jenkins R O.Transnational Corporations and Industrial Transformation in Latin America// Transnational corporations and industrial transformation in Latin America /.Macmillan,1984:557.

Jinzhou Zhao Garrett.Asymmetries in Bilateral FDI Flows between Country-pairs Explained: Heterogeneous Firm Productivities [R]. Hampden-Sydney College,2011.

Johanson,J.Vahlne J.E.The Uppsala Internationalization Process Model Revisited: from Liability of Foreignness to Liability of Outsidership. Journal of International Business Studies.2009,40(9):1141-1431.

John H.Duning,Sarianna M.Lundan.Multinational Enterprise and the Global Economy.UK Northampton:Cheltenham,USA:MA,2008.

Jordan,Vahlne.Domestic Employment Effects of Directs Investment Abroad by Two Swedish Multinationals.Working Paper,1981.

JoseGodinez & Ling Liu (2015), "Corruption Distance and FDI Flows into Latin America",International Business Review 24(1):33-42.

Kalotay K.Outward FDI from Central and Eastern European Countries.Economics of Planning,2004,37:141-172.

Kim Y J.A model of industrial hollowing-out of neighboring countries by the economic growth ofChina ☆.China Econo mic Review,2007,18(2):122-138.

Kobrin S J,Buckley P J,Casson M.The Future of Multinational Enterprise. Journal of Marketing,1976,41(4):137.

Kogut B.,Chang S.J.Technological Capabilities and Japanese Foreign Direct-Investment in the United States. Review of Economics and Statistics, 1991, 73:401-413.

Koi Nyen Wong.Outward FDI and Home Country Economic Growth:a Malaysian Case[R].Monash Economics Working Papers,2010.

Kojima K. Direct Foreign Investment: A Japanese Model of Multination Business Operations.London Croom Helm,1978.

Kravis I B,Lipsey R E.The Effect of Multinational Firms' Operations on Their Domestic Employment.Nber Working Papers,1993.

Kuemmerle W.Foreign direct investment in industrial research in the pharmaceutical and electronics industries: results from a survey of multinational firms// Portland International Conference on Management of Engineering and Technology, 1999. Technology and Innovation Management. Picmet. IEEE, 1999: 402-411 vol.2.

Lankhuizen M.The(Im)possibility of Distinguishing Horizontal and Vertical Motivations for FDI.Review of Development Economics.2014,18(1):139-151.

Lewin A Y.Outward Foreign Direct Investment as Escape Response to Home Country Institutional Constraints.Journal of International Business Studies,2007,38(4):579-594.

Lichtenberg F. Does Foreign Direct Investment Transfer Technology across Borders?.Review of Economics & Statistics,2001,83(3):490-497.

Lipsey, R. E. Home-and Host-Country Effects of Foreign Direct Investment [M].In:R.E.Baldwin and A.L.Winters,eds.2004. Challenges to Globalization:Analyzing the Economics.Chicago:University of Chicago Press,2004.

Love I,Zicchino L.Financial development and dynamic investment behavior: Evidence from panel VAR. Quarterly Review of Economics & Finance, 2007, 46(2):190-210.

Lucas R.E.Why Doesn't Capital Flow from Rich to Poor Countries?.American Economic Review.1990,80(2):92-96.

Lucyna Kornecki.Performance of Inward and Outward U.S.Foreign Direct Investment during Recent Financial Crisis[M].Switzerland:Managerial Issues in Finance and Banking,2014.

MagnusBlomstrom,Ari Kokko.Home Country Effects of Foreign Direct Investment:Evidence from Sweden[R].NBER Working Paper,1994,2.

MariamBehhehani, Said Sami Al Hallaq. Impact of Home Country Outward Foreign Direct Investment on its Economic Growth: A Case of Kuwait. Asian Journal of Business and Management Science, 2012, 3(3): 19-33.

Markusen J R. Trade in Goods and Factors with International Differences in Technology. International Economic Review, 1985, 26(1): 175-192.

Markusen J. R., Multinatioanls, Multi-Plant Economies, and the Gains from Trade. Journal of International Economics. 1984, 16(3-4): 205-226.

Markusen, James R. Multinational Firms and the Theory of International Trade [M]. Cambridge, MA: MIT Press, 2002.

Marta Bengoa, Blanca Sanchez-Robles. Does Foreign Direct Investment Promote Growth? Recent Evidence from Latin America. Ecomod, 2003, 42: 5-17.

Masso J, Varblane U, Vahter P. THE IMPACT OF OUTWARD FDI ON HOME-COUNTRY EMPLOYMENT IN A LOW-COST TRANSITION ECONOMY [M]// Network Dynamics In Emerging Regions Of Europe. 2007: 333-360.

Melitz M. The Impact of Trade on Intra-Industry Reallocations and Aggregate Industry Productivity. Econometrica. 2003, 71(6): 1695-1725.

Michael Holmes, et al(2011), "The Interrelationships among Informal Institutions, Formal Institutions, and Inward Foreign Direct Investment", Journal of Management 39(2): 531-566.

MichaelPfaffermayr. Foreign Outward Direct Investment and Exports in Austria Manufacturing: Substitutes or Complements?. Weltwirschaftliches Archiv, 1996, 132 (2): 501-522.

Mundell R A. International Trade and Factor Mobility. American Economic Review, 1957, 47(3): 321-335.

Narula R. Innovation systems and "inertia" in R&D location: Norwegian firms and the role of systemic lock-in. Research Policy, 2002, 31(5): 795-816.

Nigel Driffield, James H. Love. Productivity and Labor Demand Effects of Inward and Outward Foreign Direct Investment onUK Industry. The Manchester School, 2009, 77(2): 171-203.

Nocke V , Yeaple S.Cross-border mergers and acquisitions vs.greenfield foreign direct investment: The role of firm heterogeneity. Journal of International Economics,2007,72(2):336-365.

Ozawa T.Foreign Direct Investment and Economic Development.World Investment Report,1992,1.

P.Hofmann. The Impact of FDI on Technological Change and Long-Growth [M].Verlag Berlin Heidelberg:Springer,2013.

Pablo Pinto &Boliang Zhu, "Fortune or Evil? The Effect of Inward Foreign Direct Investment on Corruption" ,Social Science Electronic Publishing 2009.

Pant, Anirvan, Ramachandran. Legitimacy Beyond Borders: Indian Software Firms in the United States, 1984 to 2004. Global Strategy Journal, 2012, 2: 224-243.

Paulo Mauro(1997) , "Corruption and Growth" ,Trends in Organized Crime 2 (4):67-67.

PerFredriksson & John List & Daniel Millimet(2003) , "Bureaucratic Corruption,Environmental Policy and Inbound US OFDI:Theory and Evidence" ,Journal of Public Economics 87(7-8):1407-1430.

PeterDebaere, Hongshik Lee. It Matters Where You Go: Outward Foreign Direct Investment and Multinational Employment Growth at Home[R].Joonhyung Lee.2009. 7(14):1-32.

Peter J.Buckley,Adam R.Cross,Hui Tan,Liu Xin,HinrichVoss.Historic and Emergent Trends in Chinese Outward Direct Investment.MIR,2008,6:715-748.

Pierre-Guillaume Méon & LaurentWeill(2008) , "Is Corruption an Efficient Grease?" ,Working Papers of Large Research Center 38(3):244-259.

Porter M E.The Competitive Advantage of Nations.New York,The Free Press. Competitive Intelligence Review,1990,1(1):427.

Prema-chandra Athukorala. Outward Direct Investment from India [R]. Working Paper in Trade and Development,2009.

Ren B,Liang H,Zheng Y. An Institutional Perspective and the Role of the

State for Chinese OFDI [M]// Chinese International Investments. Palgrave Mac-millanUK,2012:270-276.

Riker D A, Brainard S L. U. S. multinationals and competition from low wage countries.Nber Working Papers,1997.

Rudy B C, Miller S R, Wang D. Revisiting FDI Strategies and the Flow of Firm-Specific Advantages: A Focus on State-Owned Enterprises. Global Strategy Journal,2016,6(1):69-78.

Rugman A M, Verbeke A.Strategic Capital Budgeting Decision and the Theory of Internalization[J].Managerial Finance,1990,16(2):17-24.

Rugman A M, Verbeke A.A Note on the Transnational Solution and the Trans-action Cost Theory of Multinational Strategic Management.Journal of International Business Studies,1992,23(4):761-771.

Rugman A M, Verbeke A.Extending the theory of the multinational enterprise: internalization and strategic management perspectives.Journal of International Busi-ness Studies,2003,34(2):125-137.

Rugman A M. Inside the multinationals 25th anniversary edition: the economics of internal markets[M].Palgrave Macmillan,2006;Rugman A M.Inside The Multinationals: The Economics of Internal Markets. Canadian Public Policy, 2006,8(1):64-65.

Rugman A M.Inside the multinationals[M].Columbia University Press,1981.

Rugman A M.Rugman Reviews International Business[M]// Reflections on international law from the low countries:.M.Nijhoff Publishers,2008:03.

Selim Basar, Selda Çakici Özkilbaç.Effects of Outward Foreign Direct Invest-ment of Turkey on Economic Growth and Domestic Investment [R]. Working Paper,2014(11).

Shang-Jin Wei (2000), "How Taxing is Corruption on International Investors",Review of Economics and Statistics 82(1):1-11.

Smith A.An Inquiry into the Nature and Causes of the Wealth of Nations[M]. 译林出版社,2013.

Song J, Almeida P. Learning-by-Hiring: When Is Mobility More Likely to Facilitate Interfirm Knowledge Transfer?. Management Science, 2003, 49 (4): 351-365.

Sotirios Bellos & Turan Subasat(2012), "Corruption and Foreign Direct Investment: A Panel Gravity Model Approach", Social Science Electronic Publishing 64(4): 565-574.

Stefano Federico, Gaetano Alfredo Minerva. Outward FDI and Local Employment Growth in Italy. Review of World Economics, 2008, 144(2): 295-324.

Stephen Knack & OmarAzfar(2003), "Trade Intensity, Country Size and Corruption", Economics of Governance 4(1): 1-18.

Stevens G V G, Lipsey R E. Interactions between domestic and foreign investment. Social Science Electronic Publishing, 1988, 11(1): 40-62.

Sue ClaireBerning, Dirk Holtbrügge. Chinese Outward Foreign Direct Investment——a Challenge for Traditional Internationalization Theories?. J Betreibswirtsch, 2012, 62: 169-224.

Tarun Khanna & Krishna Palepu, "Winning in Emerging Markets", USA: Harvard Business Press 2010.

UNCTAD. World Investment Report 2016[R]. Geneva: United Nations, 2016.

Vernon R. In the Hurricane's Eye: The Troubled Prospects of Multinational Enterprises. American Political Science Association, 1998, 94(3): 537-539.

VolkerNocke, Stephen Yeaple. An Assignment Theory of Foreign Direct Investment. The Review of Economic Studies, 2008, 75(2): 529-557.

Wang Yali, Shao Yanmin. Motivations of Chinese Outward Direct Investment: The Sector Perspective. J Syst Sci Complex, 2016, 29: 698-721.

Wenchung Hsu, Xingbo Gao, Jianhua Zhang, Hsin Mei Lin. The Effects of Outward FDI on Hone-country Productivity: Do Location of Investment and Market Orientation Matter?. Journal of Chinese Economic and Foreign Trade Studies, 2011, 4 (2): 99-116.

World Bank Group, "World Development Report: The State in a Changing

World",New York:New York Oxford University Press 1997 29(2):14–31.

Y.Ouyang.The Development of BRIC and the Large Country Advantage[M].
Truth and Wisdom Press and Springer Science+Business Media Singapore,2016.

Zhang H R. Literature Review on Country-Specific Advantage. Journal of
Service Science & Management,2016,09(2):111–118.

后　记

逝者如斯夫，不舍昼夜。本书是在贵州财经大学引进人才科研启动项目"中国对外直接投资的特殊性与母国增长效应研究"（2018YJ66）基础上，结合中国对外直接投资的特殊性及由于这些特殊性带来的母国增长效应的不同，经过认真修改形成的。本书稿研究历经近2年，研究过程中遇到了许多问题与困难，但是一次很好的学术锻炼与学术提升过程，使得我能够对研究内容予以提炼，研究方法予以应用，进一步提升了我的理论水平及理论与实践相结合的应用水平，在艰难的摸索中得到了成长与提升。

在书稿的研究过程中，得到了云南大学发展研究院杨先明教授、云南大学发展研究院郭树华教授、贵州财经大学欠发达地区经济发展研究中心姚旻副主任、贵州财经大学赵普副校长的悉心指导和帮助，谨在此表示衷心的谢意。感谢家人的无私陪伴，感谢领导、同事、同学和朋友们的鼓励与支持。感谢贵州财经大学引进人才科研启动项目的大力支持，尤其要感谢人民出版社李椒元老师和陈光耀老师的大力帮助与指导。衣带渐宽终不悔，为伊消得人憔悴！再次衷心感谢所有对我给予过指导帮助的领导、老师、朋友、家人和同学们！

笔　者

2019 年 9 月 8 日

责任编辑:李椒元
装帧设计:徐　晖
责任校对:吕　飞

图书在版编目(CIP)数据

基于中国对外直接投资特殊性的母国增长效应研究/蒙昱竹 著. —北京:
　人民出版社,2020.12
ISBN 978－7－01－021852－6

Ⅰ.①基…　Ⅱ.①蒙…　Ⅲ.①对外投资-直接投资-研究-中国
　Ⅳ.①F832.6

中国版本图书馆 CIP 数据核字(2020)第 021487 号

基于中国对外直接投资特殊性的母国增长效应研究

JIYU ZHONGGUO DUIWAI ZHIJIE TOUZI TESHUXING DE MUGUO ZENGZHANG XIAOYING YANJIU

蒙昱竹　著

人民出版社 出版发行
(100706　北京市东城区隆福寺街 99 号)

环球东方(北京)印务有限公司印刷　新华书店经销

2020 年 12 月第 1 版　2020 年 12 月北京第 1 次印刷
开本:710 毫米×1000 毫米 1/16　印张:15
字数:226 千字

ISBN 978－7－01－021852－6　定价:45.00 元

邮购地址 100706　北京市东城区隆福寺街 99 号
人民东方图书销售中心　电话 (010)65250042　65289539